全国革命老区县发展史丛书·广东卷

信宜市革命老区发展史

信宜市革命老区发展史编委会 编

SPM 南方出版传媒·广东人民出版社
·广州·

图书在版编目（CIP）数据

信宜市革命老区发展史／信宜市革命老区发展史编委会编．—广州：广东人民出版社，2020.10

（全国革命老区县发展史丛书·广东卷）

ISBN 978-7-218-14467-2

Ⅰ. ①信… Ⅱ. ①信… Ⅲ. ①信宜市—地方史 Ⅳ. ①K296.54

中国版本图书馆 CIP 数据核字（2020）第 191189 号

XINYI SHI GEMING LAOQU FAZHANSHI

信宜市革命老区发展史

信宜市革命老区发展史编委会 编

出 版 人：肖风华

责任编辑：胡 萍
责任校对：古海阳
装帧设计：张力平等
责任技编：吴彦斌 周星奎

出版发行：广东人民出版社
地　　址：广州市海珠区新港西路 204 号 2 号楼（邮政编码：510300）
电　　话：（020）85716809（总编室）
传　　真：（020）85716872
网　　址：http://www.gdpph.com
印　　刷：广州市浩诚印刷有限公司
开　　本：715mm×995mm　1/16
印　　张：20.75　插　页：10　字　数：266 千
版　　次：2020 年 10 月第 1 版
印　　次：2020 年 10 月第 1 次印刷
定　　价：78.00 元

如发现印装质量问题，影响阅读，请与出版社（020-85716808）联系调换。
售书热线：（020）85716826

微信扫描二维码 ◀◀◀
您立即获得本书主要内容/
丛书介绍。

广东省编纂《革命老区县发展史》丛书
指导小组

组　长：陈开枝（广东省老区建设促进会会长）

副组长：林华景（广东省老区建设促进会常务副会长）

　　　　宋宗约（广东省农业农村厅二级巡视员、广东省老
　　　　　　　　区建设促进会副会长）

　　　　刘文炎（广东省老区建设促进会副会长）

　　　　郑木胜（广东省老区建设促进会副会长）

　　　　姚泽源（广东省老区建设促进会副会长兼秘书长）

　　　　谭世勋（广东省老区建设促进会副会长）

　　　　廖纪坤（广东省农业农村厅总经济师）

办公室

主　任：姚泽源（兼）

副主任：韦　浩（广东省农业农村厅扶贫协作与老区建设处
　　　　　　　　处长）

　　　　柯绍华（广东省老区建设促进会副秘书长）

　　　　伍依丽（广东省老区建设促进会副秘书长）

《信宜市革命老区发展史》编纂委员会

编纂委员会

顾　　问：王土瑞

主　　任：梁志毅

副 主 任：张炳炎　钟传威　杨豪明　赖学坤　吕世林

编辑部

主　　编：杨豪明　张炳炎

副 主 编：梁启德　李学东　陈　智　梁有进　邓　平

成　　员：何瑞荣　卢　昆　曹金华　杨　荣　张丽娟
　　　　　何国荣　黄启营　林　峰　吴明基　罗郑生
　　　　　罗　婷　陈迪龙　颜俊宇　邓华雄　张建强
　　　　　何禄荣　何权辉　黄维善　程德松　梁敬生
　　　　　李富海　陈洽宗

编纂办公室

主　　任：杨豪明

副 主 任：何瑞荣　张丽娟　曹金华

联 络 员：黄启营

采编人员

（排名不分先后）

李　文	张晓聪	叶　茂	黄　燕	潘兴林	吕　凯
杨　力	王贞慧	余绍明	李　嫦	何泽洪	梁海强
罗可盛	吴兴凤	杨清波	罗李德	何　科	裴　略
张肖权	黄　炬	吴明基	罗　炜	王燕飞	罗郑生
梁达纲	黎　栋	朱春燕	陈迪龙	颜俊宇	张建强
何禄荣	邓华雄	唐灿林	符　意	何权辉	黄思源
刘立斌	潘通朝	许辉华			

在举国欢庆新中国成立 70 周年前夕，中国老区建设促进会王健会长请我为《全国革命老区县发展史》丛书作序，作为一名在老区战斗过并得到老区人民生死相助的老兵，回首往事，心潮澎湃，感慨万千，深感义不容辞，欣然应允。

中国革命老区，是以毛泽东为代表的中国共产党人在领导人民推翻帝国主义、封建主义和官僚资本主义三座大山，争取民族独立和人民解放伟大斗争中建立的革命根据地，在这片红色的土地上，诞生了无数可歌可泣的革命英雄儿女，为后人树起了一座不朽的丰碑，她是新中国的摇篮，是党和军队的根。

在艰苦卓绝的战争年代，老区人民把自己的命运与中华民族的命运紧紧地联系在一起，与中国共产党和人民军队的命运紧紧地联系在一起，他们生死相依，患难与共。我曾亲历过战争年代，并得到过老区红哥红嫂的救助，切身感受到发生在身边的一幕幕撼天动地的革命故事，在那极其艰难的条件下，老区人民倾其所有、破家支前，不怕艰难困苦，不怕流血牺牲。"最后一碗米送去做军粮，最后一尺布送去做军装，最后一件老棉袄盖在担架上，最后一个亲骨肉送去上战场"，这是当时伟大的老区人民为建立新中国做出巨大牺牲的真实写照，它将永远镌刻在中国共产党、中国人民解放军、中华人民共和国的历史丰碑上。他们的光辉业绩永载史册，他们的革命精神必将影响一代又一代的革命新人，造就一代又一代的民族脊梁。

在社会主义革命和建设时期，革命老区和老区人民响应党的号召，面对落后的面貌、脆弱的经济、恶劣的生态环境，他们本色不变，精神不丢，自力更生，艰苦奋斗，干一行爱一行。始终坚持"革命理想高于天"，自觉做共产主义远大理想的坚定信仰者和忠实实践者，勇于向恶劣的自然环境和贫穷落后宣战，他们在各条战线上为国建功立业，用平凡的双手创造了一个又一个不平凡的奇迹，彰显了老区人的崇高精神和人格力量。

在改革开放的伟大进程中，老区人民解放思想，勇于创新，发奋图强，攻坚克难，老区的经济社会建设取得了辉煌成就。特别是在改变中国的面貌、中华民族的面貌、中国人民的面貌、中国共产党的面貌的伟大实践中发挥了至关重要的作用。老区人民既是改革开放的参与者，也是改革开放的推动者。

艰苦练意志，危难见精神。老区人民在近百年的革命战争、社会主义建设和改革开放的伟大实践中，孕育形成了伟大的老区精神：爱党信党、坚定不移的理想信念；舍生忘死、无私奉献的博大胸怀；不屈不挠、敢于胜利的英雄气概；自强不息、艰苦奋斗的顽强斗志；求真务实、开拓创新的科学态度；鱼水情深、生死相依的光荣传统。这是党和人民宝贵的精神财富、丰厚的政治资源，是凝心聚力、振奋民族精神的重要法宝，也是社会主义核心价值观的重要内容。

中国老区建设促进会怀着强烈的政治责任感和历史使命感，组织全国各地老促会人员克服困难，尽心竭力编纂《全国革命老区县发展史》丛书，记录老区的光辉历史和辉煌成就，传承红色基因，弘扬老区精神，是功在当代、利及千秋的一件大事。手捧这部丛书的部分书稿，读着书中的故事，倍感亲切，深感这部丛书具有资政、育人、存史的社会功能，有着重要的时代和历史价值。它是不忘初心、牢记使命的源头活水，是赞颂共产党、讴歌老区人民的一部精品力作，是弘扬老区精神、传承红色记忆的丰厚载体，是一项继承优秀传统文化、弘扬革命文化、发展社会主义先进文化，坚定"四个自信"的宏大文化工程。它必将成为一种文化品牌，为各界人士了解老区宣传老区支持老区提供一部有价值的研究史料。希望读者朋友们能从中了解并牢记这些为党和民族的利益不断奉献的老区人民，从中得到教益，汲取人生奋斗的精神动力。

新时代赋予新使命，新起点开启新征程。让我们更加紧密地团结在以习近平同志为核心的党中央周围，坚持以习近平新时代中国特色社会主义思想为指导，增强"四个意识"，坚定"四个自信"，做到"两个维护"，弘扬老区精神，铭记苦难辉煌。为实现"两个一百年"奋斗目标，实现中华民族伟大复兴的中国梦作出新的更大的贡献！

2019 年 4 月 11 日

　　2017 年 6 月，中国老区建设促进会组织全国各地老促会启动编纂《全国革命老区县发展史》丛书，按照"建立中国共产党、成立中华人民共和国、推进改革开放和中国特色社会主义事业"三大里程碑的历史脉络，系统书写革命老区百年历史，深入挖掘革命老区红色文化资源，这对于充实丰富中国革命史籍宝库、在新时代传承红色基因、弘扬革命精神、强固根本，对于激励人们在新的历史条件下夺取中国特色社会主义伟大胜利，实现中华民族伟大复兴的中国梦具有重要意义。

　　丛书编纂以习近平新时代中国特色社会主义思想为指导，以《中国共产党历史》《中国共产党的九十年》等重要文献为基本依据，以党的领导为核心，以老区人民为主体，以老区发展为主线，体现历史进程特征，突出时代发展特色，坚持辩证唯物主义和历史唯物主义相统一、历史真实性与内容可读性相统一的原则，书写革命老区从站起来、富起来到强起来的光辉革命史、不懈奋斗史、辉煌成就史，把老区人民的伟大贡献、伟大创造、伟大成就、伟大精神充分展示出来，形成一部具有厚重历史特征和鲜明时代特色的精品力作。这是一部培根铸魂、守正创新，既为历史立言，又为时代服务，字里行间流淌着红色血脉、催生着革命激情的传世之作。丛书的编纂出版将成为讴歌党讴歌人民讴歌时代、传播红色文化、为革命老区和老区人民树碑立传的重要载体。

　　丛书按照编年体与纪事本末体相结合、以编年体为主的编写体例确定框架结构；运用时经事纬、点面结合的方式记述史实；坚持人事结合、以事带人的原则处理人与事的关系；采取夹叙夹议、叙论结合以叙为主的方法展开内容。做到了史料与史论、历史与现实、政治与学术统一，文献性、学术性、知识性相兼容。

　　为编纂好《全国革命老区县发展史》丛书，打造红色文化品牌，中国老区建设促进会认真组织积极协调，提出政治立场鲜明、史料真实准确、思想论述深刻、历史维度厚重、时代特色突出、编写体例规范、篇目布局合理、审读把关严格、出版制作精良的编纂出版总要求，力求达到革命史籍精品的精神高度、思想深度、知识广度、语言力度，增强丛书的权威性和社会影响力。各省（区、市）、市（州、盟）、县（市、区、旗）老促会的同志，以强烈的使命感、责任感和紧迫感，勇于担当，积极作为，认真实施，组织由老促会成员、专家学者等参加的十余万人编纂队伍。编纂工作主体责任在县，省、市组织协调、有力指导、审读把关。各方面人员以高度负责的精神和科学严谨的态度，满腔热情地投入工作，为丛书编纂出版做出了重要贡献。丛书编纂工作还得到了党和国家有关部委、地方各级党委政府及有关部门的大力支持和积极参与，社会各界也给予了热情帮助。中共中央政治局原委员、中央军委原副主席、原国务委员兼国防部长迟浩田上将，对老区人民怀有深厚感情，对革命老区建设发展十分关注，欣然为《全国革命老区县发展史》丛书作总序。

　　丛书由总册和 1 599 部分册（每个革命老区县编纂 1 部分册）组成，共 1 600 册。鉴于丛书所记述的史实内容多、时间跨度长和编纂时间紧，不妥之处，敬请批评指正。

中国老区建设促进会

● 红色遗址 ●

1927年怀乡起义后，县委机关转移到洪冠地区的办公地址"协昌店"旧址（1986年摄 信宜市地方志编纂委员会办公室 提供）

1949年7月，中共信宜党组织召开党员训练班旧址万禄窝谢候初家（1986年摄 信宜市地方志编纂委员会办公室 提供）

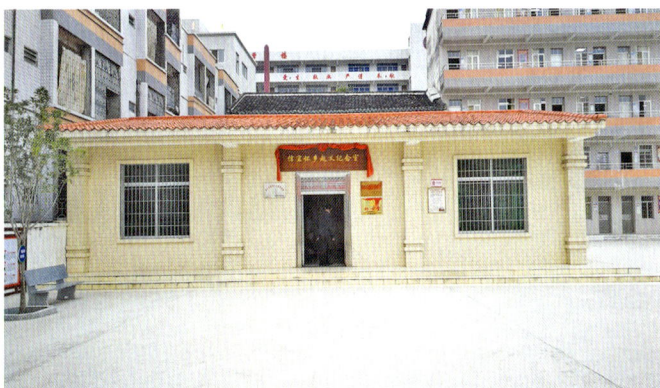

怀乡起义纪念室（沈杰 2009年摄）

● 革命文物 ●

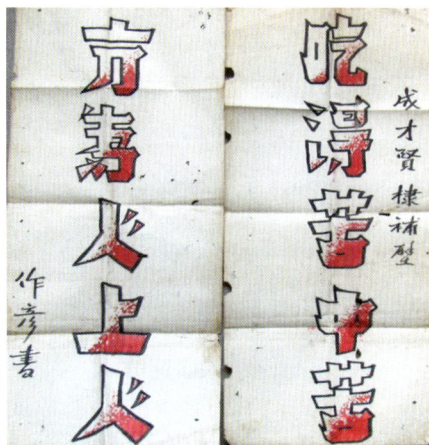

1942年，朱作彦培养教育柯成才的赠联（1986年摄 信宜市地方志编纂委员会办公室 提供）

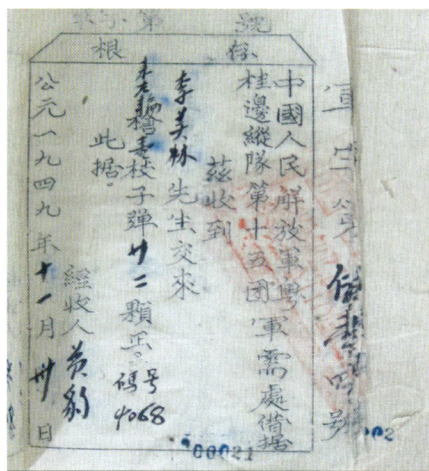

1949年，游击队向群众借枪的借据存根（2009年摄 信宜市地方志编纂委员会办公室 提供）

1949年，中共信宜县委代号"黄河"的出版处在陂底铺秘密油印的毛泽东著作《论人民民主专政》（2009年摄 信宜市地方志编纂委员会办公室 提供）

● 红色记忆 ●

1949年9月，五支十五团收复云开后全体官兵合影（信宜市地方志编纂委员会办公室 提供）

1949年10月22日，信宜解放，县城欢庆情景（信宜市地方志编纂委员会办公室 提供）

1999年，信宜解放50周年，市领导及革命同志祭奠烈士场景（李义摄）

信宜革命烈士纪念碑（曹金华 摄）

云开革命烈士纪念碑
（黄海 摄）

新宝镇枫木村革命烈士纪念
碑（沈杰 2009 年摄）

熊飞、亚黎烈士墓（茶
山镇政府 提供）

● 建设发展 ●

1974 年，黄楼河电站工地劳动场面（信宜市地方志编纂委员会办公室 提供）

1982 年，信宜县召开先进单位、先进个人、劳动致富户代表大会（信宜市地方志编纂委员会办公室 提供）

1985 年，信宜首个开发建设试验小区大木垌（信宜市地方志编纂委员会办公室 提供）

1989 年，县内各镇与
县政府领导签订造林
绿化达标合同书会场
（信宜市地方志编纂
委员会办公室 提供）

1992 年 10 月 8 日，
国道 207 线信宜段一
级公路第二期改建工
程动工剪彩仪式（李
义 摄）

1995 年 9 月，信宜撤
县设市庆典活动场景
（信宜市地方志编纂
委员会办公室 提供）

1997年9月14日，市委书记陈自昌到云开老区现场办公新闻报道（市新闻中心 提供）

1997年10月1日，动工兴建的市区"一河两岸"工程（信宜市地方志编纂委员会办公室提供）

2000年下半年起，全市掀起村村通公路大会战热潮，图为某建设工地（信宜市地方志编纂委员会办公室 提供）

信宜教育城（李学东
2002 年摄）

2002 年 7 月，市体育
中心建成投入使用（信
宜市地方志编纂委员
会办公室 提供）

2003 年 4 月，东莞
大朗（信宜）产业
转移工业园挂牌运作
（信宜市地方志编纂
委员会办公室 提供）

2007 年 12 月 15 日，
信宜市纪念怀乡起义
80 周年暨怀乡起义纪
念室揭幕仪式（信宜
市地方志编纂委员会
办公室 提供）

20 世纪 80 年代的信宜城区（新时代广告公司 提供）

2010 年市区新貌（新时代广告公司 提供）

2011 年 7 月 1 日，洛湛铁路信宜段建成通车（卢文生 摄）

2012 年，信宜某农村新貌（李义 摄）

2015 年 12 月，市内首条高速公路——包茂高速建成（新时代广告公司提供）

● 老区新貌 ●

怀乡老区镇中堂官渡头铁索桥（新时代广告公司 提供）

产业兴旺、生态宜居的钱排老区镇（新时代广告公司 提供）

茶山老区镇（新时代广告公司 提供）

高城老区村新貌
（新时代广告公
司 提供）

钱排老区镇风力发电基地（新时代广告公司 提供）

省著名老区搬迁集中示范
点——金垌良耿村（李义
摄）

镇隆八坊村鸟瞰图（陈科霖 摄）

洪冠老区云丽村南药益智生产基地（李义 摄）

东镇旺同村一景（李义 摄）

老区人民用上了"自来水"
（市老促会 提供）

改建后的池洞老区镇
扶参小学（李义 摄）

钱排老区镇云开村牌坊（市老促会　提供）

面貌焕然一新的大甲小学（市老促会　提供）

改造建设后的洪冠老区镇卫
生院 （李义 摄）

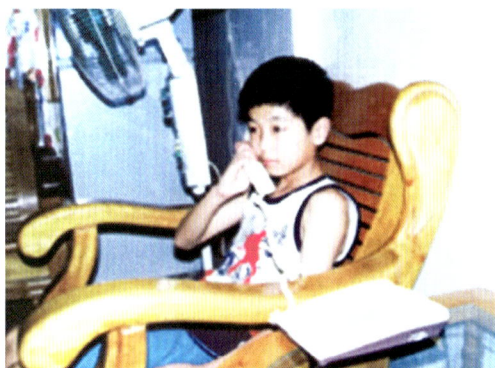

程控电话进农家 （信宜市地方志编纂委
员会办公室 提供）

东镇街道办老区六谢村
农网改造场景(叶茂 摄)

● 特色产业 ●

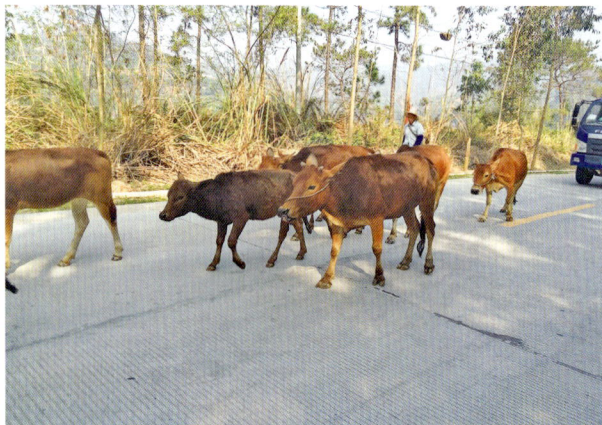

老区人民养牛致富（李义 摄）

土猪养殖场一角（李义 摄）

老区品牌"怀乡三黄鸡"（李义 摄）

"郑氏南兔"立体式生态养
殖基地（李义 摄）

三华李大丰收（卢文生 摄）

钱排老区梭桐村大果三华
李果园示范基地（李义 摄）

怀乡老区镇竹编园区
（信宜市地方志编纂
委员会办公室 提供）

名扬海内外的怀乡老区镇
竹编（吴少波 摄）

省人民政府贺香港回归礼物——信宜南玉雕"一帆风
顺龙船"（石小莹 摄）

微信扫描二维码
您立即开展本书的
延伸阅读。

信宜人民有光荣的革命斗争历史，有怀乡、洪冠、茶山、钱排、东镇、池洞6个革命老区镇。共有革命老区村庄374个，分布于全市19个乡镇144个行政村。《信宜市革命老区发展史》记述1925年至2017年信宜老区人民在中国共产党的领导下，为建立、建设新中国，实现社会主义现代化而浴血战斗和艰苦拼搏的光辉历程。历史表明，老区人民为信宜的解放和建设事业作出了重大的牺牲和贡献。

1925年12月，罗克明、梁本荣受中共广东区委派遣回到信宜传播马列主义，开展学生运动和农民运动，组建中共党组织和共青团组织。1927年5月，中共信宜县委员会和共青团信宜县委员会成立。此时，全县有中共党支部13个，党小组2个，党员217人，共青团员700多人。在中共信宜县委的领导下，共产党员和共青团员积极投身学生运动和农民运动。

"四一二"反革命政变后，中共信宜县委遵照中共广东省委指示，毅然于1927年12月15日，举行了震动粤西的怀乡起义，成立了怀乡区苏维埃政权。怀乡起义是中国共产党领导的，以革命武装抵抗反革命武装，夺取政权的革命实践，是信宜人民的伟大壮举，其革命行动极大地鼓舞了广大革命群众，在广东省革命斗争史上写下了光辉的一页。

1939年11月，中共南路党组织派张昌仁回信宜恢复重建党团组织。1940 年 1 月，中共信宜县特别支部成立。自此，中共信宜党组织恢复活动并日益发展壮大。在抗日救亡运动中，一批批热血青年得到锻炼和培养，先后加入中国共产党组织。1943 年 5 月，全县建立 9 个基层党支部，共产党员 74 人。1945 年 2 月，中共信宜党组织举行了抗击国民党反共逆流的桄榔起义。

抗日战争胜利后，中共信宜党组织加紧发展革命武装，开展武装斗争，不断粉碎国民党的"扫荡"。1949 年 2 月，信宜第一支人民武装部队——信宜独立大队成立。3 月，信宜人民武装主力团第十二团组成。5 月，遵照中共粤桂边区党委决定：中国人民解放军粤桂边纵队第五支队第十五团以第十二团为基础正式成立。随即转战中伙、加益、锦衣、茶垌等地，粉碎了敌人的"围剿"阴谋，消灭了敌人的有生力量，壮大了队伍。1949 年 10 月 22 日，第十五团与陈赓桃起义部队南北呼应，解放信宜县城。信宜历史从此翻开新的一页。

1949 年 11 月 18 日，信宜县人民政府成立，并迅速建立各级人民政权，建立革命秩序，开展剿匪和镇压反革命斗争。1951 年 5 月开始，进行土地改革，彻底废除封建土地制度，实现"耕者有其田"。1951 年冬，开展"三反""五反"运动，遏制了官僚主义、贪污腐化思想作风。1953 年冬，掀起学习贯彻党在过渡时期总路线的高潮，为社会主义改造做准备。1954 年 1 月至 1957 年上半年，完成了社会主义改造。而后，盲目片面追求工农业生产高指标、高速度的"大跃进"运动和片面追求"一大二公"人民公社化运动的发生，给经济造成极大困难。1961 年，中共信宜县委贯彻中央"调整、巩固、充实、提高"的方针和广东省委的指示，连续三年把发展农业放在首位，正确处理工业和农业的关系，促进了工农业全面发展。同时，切实做好贸易流通工作，国民经济得到迅速的恢复和发展，人民生活有了较大的改善。"文化大革命"期间,信宜各级党政机关受到严重破坏,广大干部群众遭受严重打击和迫害,社会主义建设事业遭受严重冲击。

十一届三中全会后,中共信宜县委坚决贯彻党的"一个中心,两个基本点"的基本路线,开展经济体制改革和政治体制改革,加强党的建设、民主法制建设和精神文明建设。1992年,贯彻邓小平南方谈话精神,信宜全面加快社会主义现代化的建设步伐,正确处理改革、发展、稳定的关系,经受住了复杂严峻的经济形势考验,国民经济持续发展,社会各项事业稳步前进,城乡人民的生活水平显著提高,出现了前所未有的繁荣稳定局面。

1991年4月,信宜县老区建设促进会成立。为促进革命老区建设发展,加快老区建设步伐,解决老区"走路难、读书难、看病难、用电难、吃水难、通讯难"六大困难,1998年8月,全市四套领导班子和十多个部门现场办公,掀起了帮扶老区脱贫奔康、解决老区"六难"问题的热潮,并且启动了三轮扶贫攻坚战,全面加快老区建设。党的十八大后,信宜老区人民和全市人民一道,在以习近平同志为核心的党中央的坚强领导下,沿着中国特色社会主义道路前进,为建设宜居宜业宜游的幸福和美信宜而奋斗。

信宜革命老区发展的历程表明,中共信宜党组织是经受得起严峻考验的坚强党组织。中共信宜党组织和信宜革命老区人民创造的红色精神是极其珍贵的精神财富,必将变成强大的精神动力,教育和激励后人为实现"两个一百年"奋斗目标、实现中华民族伟大复兴而奋勇前进!

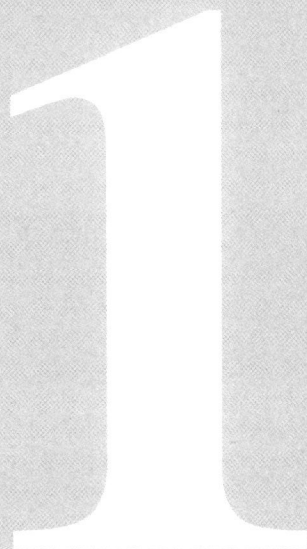

1

第一章
区域和革命老区概况

第一节 区域自然概况

一、建置沿革、位置面积

信宜，古称信义。因南近信山（镇隆沉冲村），北接招义山（今雷公岭）而得名。南朝梁天监元年（502 年）始设县，名梁德县，县治在今池洞镇东郭村围底街，属泷州。隋改怀德县。唐武德四年（621 年）析怀德地置信义、潭峨 2 县。信义县治在今镇隆镇八坊村，潭峨县治在今水口镇旧县村。武德五年（622 年）再析怀德县置特亮县，县治于今金垌镇木威村。同时，设南扶州辖怀德、信义、潭峨、特亮 4 县。唐贞观八年（634 年），南扶州改称窦州，因州治旁边的东、西两江汇合处的罗窦洞而得名，辖域不变。北宋开宝五年（972 年），怀、信、潭、特 4 县合为信义县；北宋太平兴国元年（976 年），避宋太宗赵光义讳改为信宜县；北宋熙宁四年（1071 年），废窦州。信宜属广南西路高州。元、明、清，信宜属高州路或高州府。民国属广东省高雷道、南路行政区、第七区。

1949 年 10 月 22 日，信宜县解放。同年 11 月 18 日，信宜县人民政府成立，属广东省南路专区。1950 年 9 月属广东省高雷专区。1952 年 11 月，属粤西专区，是年县治从镇隆迁东镇。1956 年 2 月，信宜县属湛江专区。1983 年 7 月，实行市管县制，信宜县属茂名市。1995 年 9 月 11 日，国务院批准撤销信宜县，设立信宜市。

信宜市位于广东省西南部，茂名市北部，北、东北与罗定市接壤，东南界阳春市，南连高州市，西、西北毗邻广西壮族自治区的北流、容县、岑溪三市。界于北纬 22°11′10.2″—22°42′25.2″，东经 110°40′29.4″—111°6′17.7″之间。最东为思贺镇八排村的猪姆乳，最西为北界镇旺将村的化银头，最南为镇隆镇的北畔村，最北为贵子镇石马村的尖峰。东西长 102.7 千米，南北宽 57.7 千米，总面积 3 101.7 平方千米。

二、行政区划、人口状况

2003 年，撤销旺沙镇、安莪镇，其地并入朱砂镇；撤销高坡镇，其地并入北界镇；撤销径口镇，其地并入金垌镇。2017 年，信宜市辖镇隆、水口、北界、金垌、丁堡、池洞、朱砂、怀乡、洪冠、茶山、贵子、平塘、白石、大成、钱排、合水、新宝、思贺 18 个镇和东镇街道，400 个村（居）委员会。2017 年，全市年末户籍人口 148.3 万人，常住人口 99.68 万人。

三、地理气候、自然资源

信宜地形扁长，状若灵龟，是全省 51 个山区县（市）之一，境内以山地地貌为主。地势东北高，西南低。云开山脉、勾漏山脉自西向东及自西北向东南横亘蜿蜒，境内山崇岭峻，河溪纵横。海拔 1 000 米以上山峰 87 座，500 米以上山峰 371 座，粤西第一高峰大田顶，海拔 1 704 米。集雨面积 50 平方千米以上河流 21 条，河流总长度 522 千米，南江、黄华江、鉴江、北流江发源于此。河流以中部高山地带为分水岭，南北分流。向南流入鉴江水系，向北流入珠江水系。

信宜属南亚热带季风气候，地处低纬度山区，气候复杂。境内气候随海拔高度不同而有差异。从平原到中低山，存在三种气候类型：一是西南部海拔 100 米以下地区，日平均温度≥10℃的年积温（即年累积温度，下同）7 800℃—8 100℃，最冷月 1 月平均气温 15℃以上，年极端最低气温 1.9℃（1979 年后），属北热带气候。二是中部、北部、西北部和东部海拔 200—500 米地区，年积温 6 500℃—7 500℃，1 月平均气温 10℃—14℃，年极端最低气温 0.4℃—3.4℃，属南亚热带气候。三是中部、北部、西北部和东部海拔 500—700 米及其以上的中低山地区，年积温 6 500℃以下，1 月平均气温 10℃以下，年极端最低气温 −6.0℃，属中亚热带气候。

信宜季风气候明显。冬半年偏北气流为主，夏半年偏东南气流为主。同时，又有丰富多彩的山地气候特色。夏热冬凉，四季可分。雨热同季，无霜期长，雨量充沛，春有冷害，夏季易涝，秋季偶有台风影响。年降雨量在 1122.8—2348.6 毫米之间，年平均降雨量 1723.3 毫米。市区年平均气温 23.2℃，常年最热是 7 月，平均气温 28.6℃，极端最高气温 38.9℃，常年最冷是 1—2 月，平均气温 12.9℃，极端最低气温 4℃。

信宜矿产资源主要有玉石、滑石、高岭土、萤石、石英、金、银、铜、铁、锡、钼等三十多种。其中银岩锡矿是全国第三大锡矿。东坑金矿为广东第二大金矿，探明 D 级储量 7 512 千克。铜矿储量丰富。花岗岩花色品种多，储量数十亿立方米。出产南方碧玉。

境内水力资源丰富，理论蕴藏量 20.94 万千瓦，可开发装机容量 19.43 万千瓦。境内西江温泉有优质矿泉水资源，流量每小时 60 立方米、水温 90℃；还有镇隆三叉海温泉和新宝镇白龙村温泉，流量每小时几十立方米，水温 58℃和 37℃。

2000 年全市有林地面积 17 万公顷。森林覆盖率 54.8%。

2001—2017 年由于境内林业政策不变，砍伐进度不减，森林覆盖率及活立木蓄积量显著下降。2017 年森林覆盖率和活立木蓄积量都低于 2000 年水平。但由于信宜林业生态条件较好，还是全省林业生态示范区。

生物品种繁多。野生及人工栽种的植物 2 000 余种，树木 200 多种；珍稀优树种有鸡毛松、观光木、野荔枝、油杉、杜仲、铁木、石班、老鼠牙、仙枝格、火力楠、马尾松、猪笼杉等 10 余种；药材 300 多种，名贵药用树种有枫荷桂、半枫荷、白木香等，其中田七、砂仁、清花桂等南药尤为著名；水果有山楂、方柿、荔枝、龙眼、三华李、菠萝蜜、芒果、香蕉、枇杷、油柑子等 40 多种。

动物资源丰富。野生动物有山猪、黄猄、果子狸、豪猪、穿山甲、山龟、石蛤、山鸡、毒蛇等。珍稀野生动物有大步甲、金钱龟、娃娃鱼、五爪金龙等。

四、语言民族、侨乡侨情

信宜境内语言主要有两种，即粤语和客家话，又称白话、偃话。白话主要流行于黄华江西南及其流域的大部分乡镇，即大成、白石、怀乡、朱砂、池洞、金垌、北界、东镇街道、丁堡、水口、镇隆。偃话流行于白龙河流域的合水、新宝、平塘及钱排、贵子、思贺、洪冠、茶山等镇。此外，径口话与白话，思贺话与偃话略有差异。

历史上，信宜曾是少数民族聚居的地方。明万历年间罗旁战争后，境内瑶族、壮族向广西山区迁移，或分散各地与汉族融合。据 2010 年人口普查，信宜有民族 29 个，汉族人口占总人口99.5%，少数民族人口占 0.5%。2000 年，朱砂镇琶垌村、钱排镇云开村、新宝镇桂垌村被认定为少数民族村。

　　信宜早于清光绪六年（1880 年）便有人远涉重洋赴马来西亚谋生。初均以"卖猪仔"形式服务于马来西亚的锡矿业和橡胶业。清光绪三十年（1904 年）李季濂于马来西亚—新加坡—香港—广州—广州湾（今湛江）—梅菉—高州—东镇沿途设立"锦纶泰"商号后，形成水陆交通线，引导信宜人南渡马来西亚，这是信宜华侨众多的重要原因。

　　信宜是全省华侨人口较多的市（县）之一，茂名市重点侨乡。有华侨 50 多万人，分布于世界六大洲的 33 个国家和地区。主要集中分布于东南亚国家和美加地区，占 98.7%。其中马来西亚华侨最多，占 88.1%。市内有归侨 2 700 多人，侨眷 34 万多人，主要分布于镇隆、水口、东镇、池洞、怀乡、朱砂、白石、贵子、北界、金垌、大成 11 个镇（街道）。信宜籍知名的华侨、港澳同胞及归侨有陈铭盘、李季濂、李孝式、李剑桥、甘尚武、刘军、梁培高、黄荣文、吕晓、黄福春、陈国柱、赵定芳等。信宜籍海外侨胞、港澳同胞素有念祖爱乡的传统，一向关心支持家乡的经济文化建设和社会发展。至 2017 年，海外侨胞、港澳同胞为家乡捐建道路、桥梁、学校、医院、图书馆、体育馆等基础设施及捐资奖教助学。

经济社会发展概况

一、全市经济社会总体情况

中华人民共和国成立后，信宜社会经济发生了翻天覆地的变化。中国共产党领导人民站起来，自己当家作主，建设新中国。面对百废待兴、一穷二白的状况，信宜人民在中国共产党的领导下，抖擞精神，恢复经济，进行了对农业、手工业和资本主义工商业的社会主义改造，建立人民代表大会制度，国民经济得到了恢复和发展，工矿企业从无到有，各行各业同步发展。改革开放后，信宜人民在中国共产党的领导下，以经济建设为中心，农业实行家庭联产承包责任制，工业企业实行厂长（经理）负责制，扩大了企业自主权，调整体制及经济结构，逐步开放经营市场，建立社会主义市场经济体制，经济社会持续发展，人民物质文化生活水平显著提高。基础设施建设日新月异，2005 年通铁路，2015 年通高速公路。个体私营或股份企业成为国有企业、集体企业的重要补充，得到高速发展。农村实行泥砖房改造，99% 的农户建起了楼房。城镇商住楼房鳞次栉比。20 世纪末，信宜人民解决了温饱，21 世纪踏上了奔康致富的大道。

2016 年起，信宜市实施"生态立市、产城融合、全城旅游、创新驱动"四大发展战略。2017 年，全市 GDP 总量 452.51 亿元，一般公共预算收入 10.11 亿元，完成固定资产投资 251.98 亿元，社会消费品零售总额 225.46 亿元，完成外贸进出口 17.61 亿元，城乡居民人均可支配收入 18 926 元，经济发展稳健。

至 2017 年，信宜虽然还有少量的贫困人口，但低收入人口，均按国家政策规定享受最低生活保障，一日三餐得到解决。年满 60 周岁的男性居民（女性 55 周岁）每月领取 120 元养老金。义务教育阶段免收学费、书杂费，普及小学、初中义务教育。居民实行医保，建立大病救助机制。孤寡老人实行集中供养或分散供养，保障生活。分散供养的五保老人由政府出资建设不小于 30 平方米的楼房，改善居住条件。一般家庭均已衣食无忧，楼上楼下、电灯电话成为常态。手机成为大多数居民的普通日用品，连养牛、种地、收破烂和开摩托车搭客的居民都用上了手机。摩托车、电动车成为普通居民的主要出行工具，六成以上的家庭用上了汽车，富裕居民甚至一家多辆。网络电商深入农村，居民足不出户，便能销售自产农产品，或者购买生产、生活用品。村村都有健身文化广场。农家书屋，比比皆是。旅游休闲健身成了普通居民寻常追求。党委、政府正采取一系列措施加以解决困扰人们的环保问题及医疗费、学费过高问题。党的十九大召开后，信宜实施乡村振兴计划，建设社会主义新农村。不久的将来，一个宜居宜业宜游的幸福和美信宜，将呈现在世人面前。

二、"十三五"发展规划

2016 年 11 月 28 日，中国共产党信宜市第十三届代表大会提出信宜市经济和社会发展"十三五"规划总目标为：主动适应经济发展新常态，经济保持中高速增长，改革攻坚取得重大突破，特色产业加快发展，发展环境更加优化，生态文明不断提升，社会事业显著进步，脱贫攻坚任务全面完成，全面建成小康社会目标胜利实现。到 2020 年，地区生产总值和城乡居民人均收入比

2010 年翻一番。

为实现上述目标，市委提出了五方面战略举措：

（一）实施"生态立市"战略，致力实现生态美、百姓富有机统一

信宜是"八山一水一分田"的山区。绿色生态是信宜发展的最大潜力和优势，"绿水青山"也是"金山银山"。信宜实施"生态立市"战略，厚植生态优势，坚持生态保护与发展并重，走生态美、百姓富绿色崛起路子。

信宜是国家重点生态功能区，全国生态保护与建设示范区，粤西重要的生态屏障和水源涵养地，生态安全责任重大。信宜严格按照"国家重点生态功能区"和"全国生态保护与建设示范区"的规划指引，实行产业准入负面清单，积极而有选择地发展工业，促进产业绿色转型，推进绿色发展、循环发展、低碳发展。信宜坚守生态屏障安全，确保青山常在、绿水长流、空气常新。信宜将强化全民生态文明教育，加强饮用水源地环境保护，坚持开展全民义务植树活动，提升林业资源管护，提升造林绿化成效。同时，加强生态环境治理，严控工业污染源达标排放，加强生活污水和垃圾处理设施建设，注重农业面污染源防治，抓好农村饮水安全、改水改厕、垃圾处理。加强生态修复和环境治理，抓好中小河流治理、山洪地质灾害防治，严格实施耕地保护和节约集约用地制度。实施生态环境损害责任终身追究制，为生态文明建设保驾护航。

"十三五"期间，信宜将不断优化生态资源开发利用，把生态优势转化为经济发展优势，促进生态富市、绿色惠民、增强"生态立市"能力。做好"靠山吃山"文章，盘活利用好丰富的山地资源，大力发展绿色产业，做强绿色经济，实现生态建设和绿色经济发展共赢。结合"三农"工作，做大做强农业经济和林业经济，培育珍贵树种、优质苗木花卉、优质南药、岭南水果等特色产业，发展多类型林下经济，提高生态经济效益。

（二）实施"产城融合"战略，构建城市与产业互动融合发展新格局

信宜围绕建设"广东生态休闲美丽山城"的目标，科学规划全市城镇化发展。推行经济社会发展规划、城乡规划、土地利用规划、生态环境保护规划等"多规合一"，完善城乡规划体系。按照中心城区 50 平方千米、50 万人口的标准，通过扩容和提升优化城市空间布局，高起点修编完善《信宜市城市总体规划（2015—2030）》。加快城镇和村庄规划编制，加强农村建房选址指导和住宅设计图集服务。拉大城市框架，向东扩至云茂高速公路丁堡互通位置，加快建设站前大道、育才大道、环东大道等骨干路网，高起点规划建设站前新区，向南拓展到产业园区，重点建设产业集聚区，并沿锦江河两岸建设高尚商住区和特色风情休闲商贸长廊。外环路向西延至长塘，向北沿锦江河延伸至池洞。推进县城副中心城镇、中心镇建设，打造一批工业重镇、商贸强镇、生态美镇、旅游名镇等特色名镇。加快新农村建设步伐，因地制宜打造一批产业发展型、旅游休闲型、传统村落型、自然生态型的美丽乡村，建设"乡愁犹在"幸福美丽家园。开展文明城市、卫生城市、园林城市、森林城市"四城同创"活动，建设绿色、智慧、人文城市。创新城市治理方式，鼓励社会力量参与城市建设和管理，推进政府治理和社会调节、居民自治良性互动。实施"城乡清洁工程"，完善城乡垃圾收运处理体系和管理长效机制，共建整洁、有序、秀美、精致的品质城市，提升城市整体形象。

信宜计划构建优势突出、特色鲜明的绿色产业体系。立足本市资源禀赋，突出培育壮大生态旅游、精品农业、玉器加工、精密装备制造四大主导产业，巩固提升竹编、南药、绿色能源、电子元件等一批根植性强的支柱产业，发展电子商务、现代物流、现代金融、文化创意等新兴服务业。引进和推广优良品种，因地制宜发展特色高效优质"一镇一业""一村一品"，发展农产品深加工，建立完善特色品牌农业安全、保护体系，拓展农业发展业态，推进农旅结合，发展观光农业、体验农业、创意农业等新业态，促进农业增效、农民增收、农村发展。推进"一园多区"建设，完善园区基础设施及配套服务，推动工业园区集聚发展，培育园区支柱产业，促进园区扩能增效。加强电商平台和物流体系建设，健全市镇村三级电商物流网络，实现"快递下乡"镇村全覆盖，拓展本地名优特产品销售市场。实施"项目带动"策略，服务保障重点项目建设，围绕资源和产业上项目促投资，引进中高附加值、无污染或低污染的优质项目，促进产业集聚发展和产城融合。

（三）实施"全域旅游"战略，着力做强生态旅游产业

信宜计划把发展生态旅游产业作为战略性产业，推动旅游业大发展，构建生产、生活、生态融合的全域化全景式高品质的旅游发展大格局。高标准抓好全域旅游总体规划，推进旅游规划、产业规划、交通规划、城镇规划紧密结合。抓好旅游重大项目、重点景区和精品线路的规划。创建"国家全域旅游示范区"，打造生态休闲度假旅游目的地，带动农民增收、农业增效和城乡面貌大提升。重点抓好南部的镇隆古城，北部的黄华江、石根山，东部的大雾岭、鸡笼顶，西部的天马山、西江温泉，中部的莲花湖、大仁山、尚文水库等"五个组团"景点景区的开发建设和改造提升。做精做优旅游产品、做长做宽产业链条、做新做特旅游商品，提升旅游的知名度、美誉度和影响力。依托生态游、农业观光游、文化游、乡村游、节庆游，推进"产村相融，农旅结合，景区＋农家"建设，打造一批精品线路。

（四）实施"创新驱动"战略，增强发展动力活力

依靠创新激发动力，依靠改革释放活力，增创发展新优势。以创新推动发展转型升级，解放思想，抢抓机遇、创新争优，激发社会创新活力和创造潜能，鼓励各行各业大胆探索创新，促进大众创业、万众创新。实施"互联网＋"行动计划，改造提升传统产业，发展新兴产业。加强创新创业人才培养，优化中小微企业技术创新服务，引导企业争创名牌产品、驰名商标，打造产业产品优势品牌。

从信宜实际出发推进供给侧结构性改革，从需求和供给两端发力促增长，扩大绿色供给，补齐民生短板，培育经济持续增长新动能。简政放权，实施"互联网＋政务"工程，实现市、镇、村三级公共服务事项"窗口服务＋互联网＋终端服务"一站式办理、一条龙服务，最大限度方便企业和群众办事。优化营商创业环境。深化农村综合改革，推进农村土地确权、集体林权制度改革，提高农业、林业、现代化生产经营发展水平和效益。深化投融资体制改革，加强政银企互动。深化文化体制机制改革，推进广电"台网分离，网络转企"。深化"营改增"等税制和普惠金融改革，更好地服务企业和实体经济。强镇扩权，权力下移，激发镇级发展活力，构建市、镇、村协调联动发展。

（五）坚持民生为本，建设幸福和美信宜

集中财力物力保障和改善民生，发展民生事业，实现"学有优教、劳有业就、病有良医、老有善养、住有宜居、娱有所乐、困有所助、安有保障"。为此，"十三五"期间，市委、市政府在民生方面主要抓好：脱贫攻坚，补齐贫困村产业发展、基础设施、基本公共服务等短板，增强困难群众自我发展能力。强化对口帮扶，调动社会各界参与扶贫开发的积极性，构建专项扶贫、行业

扶贫、社会扶贫等有机结合的社会化扶贫格局。落实扶贫责任制，确保相对贫困人口和相对贫困村如期脱贫。办好教育，促进教育均衡、优质、协调发展，加快教育现代化发展步伐。加快发展学前教育，办好职业教育，全面提高教育质量。促进就业创业。提升社会保障水平，实施全民参保计划，健全社会保险、社会救助、社会福利、社会慈善互为补充的社会保障体系。实施医疗卫生"强基创优行动计划"，优化健康服务体系。推进公立医院改革，加快建设高素质的医疗技术人才队伍，配备先进的医疗技术设备，推进卫生院、村（社区）卫生站标准化建设，全面提升卫生医疗服务水平。健全公共文化服务体系，建设镇、行政村综合性文化服务中心，加快非物质文化遗产的保护传承，繁荣群众文化艺术创作，广泛开展全民健身活动。统筹好妇女儿童工作、老年人工作、残疾人工作、关心下一代工作、志愿者服务工作和红十字会工作，加强社会福利院、养老院、社区居家养老服务中心建设，维护社会和谐稳定。

第三节 革命老区概况

一、评划革命老区

革命老区是一个特定的政治历史概念，是指中国共产党领导人民在土地革命战争时期和抗日战争时期建立的革命根据地，也包括解放战争时期发展和建立起来的游击根据地。

信宜人民有光荣的革命斗争传统，革命斗争历史悠久。土地革命战争时期，中共党员罗克明、朱也赤组织武装，于1927年12月举行了威震南路的"怀乡起义"，建立了信宜历史上第一个革命政权——怀乡苏维埃政府；抗日战争时期，中共特派员陈志辉领导人民，于1945年2月在镇隆镇大垌塘村举行"桄榔起义"，有力地打击了国民党顽固派的嚣张气焰，鼓舞了爱国军民的抗日斗志；解放战争时期，信宜是中国人民解放军粤桂边纵队第五支队开展武装斗争的根据地，中国共产党领导的粤桂边纵队在信宜云开大山腹地，组织发动人民群众，与国民党反动派进行了艰苦卓绝的斗争，终于1949年10月22日解放了信宜县城，为革命事业作出了杰出的贡献。信宜所属很多地区符合革命老区条件。

广东省委、省人民政府对老区工作历来重视。1988年10月，广东省人民政府办公室转发省革命老根据地建设委员会《关于补划老区村庄的意见》（粤府办字〔1988〕129号）。1991年10月21日，省人民政府向全省各市、县、自治县印发《关于开展评划解放战争游击根据地和确定老区乡镇、老区县工作的方案》（粤民办字〔1991〕18 号），要求全省各级加强领导，确保评划、确定老区工作于 1992 年年底完成。

信宜市（县）人民政府于 1991 年 4 月成立信宜县老区工作办公室，挂靠县民政局，专职负责组织评划革命老区工作。县老区办联合县委党史办，精心组织，制订方案，统一布置，全县各级各部门密切配合，曾在信宜参加地下革命工作的老同志积极帮助支持，经县老区评划工作组四年的不懈努力，不辞劳苦地深入调查采访核实，共收集整理文字图片资料 1 152 套（册）约 2 300 万字，及时上报茂名市人民政府审查。茂名市人民政府分别于 1989 年 12 月和1993 年 5 月分三次批复，信宜县共有革命老区村庄 374 个（老区自然村 649 个）。其中补划第二次国内革命战争时期革命老区村庄 43 个；补划抗战时期革命老区村庄 6 个（原 8 个，后经茂名市评划领导小组办公室复审，东镇镇的佑英村、六梢村改为解放战争游击根据地）；评划解放战争游击根据地老区村庄 323 个。

确定老区乡（镇）按照 1979 年国务院批准民政部、财政部关于划定老区公社的标准执行，即在一个乡镇内，老区村庄或老区人口超过半数的乡镇确定为老区乡镇。关于老区县，国务院的有关文件规定，属于中央确定的革命根据地所辖的县（区）、且老区村庄或老区人口超过全县村庄或人口半数的县和中央历来承认的苏区县可确定为老区县。

二、老区镇、老区村庄

经茂名市人民政府老区评划领导小组依照国务院批准的评划标准，对信宜报送的老区评（补）划材料进行严格审核，茂名市人民政府于 1989 年 12 月 20 日以茂府复〔1989〕3 号文批复怀乡等 43 个自然村为第二次国内革命战争时期革命老区村庄。同日，又以茂府复〔1989〕4 号文批复俊耀等 8 个自然村为抗战时期革命老区村庄。1992 年，茂名市评划领导小组复查，把东镇镇佑英村和六梢村改为解放战争游击根据地，把镇隆镇俊昌村改为上榔（帝坡）村老区。1993 年 5 月 10 日，又以茂府复〔1993〕6 号文批复北界大垌村等 323 个村为解放战争游击根据地。经茂名市人民政府审核批复，信宜第二次国内革命战争时期、抗战时期革命老区村庄和解放战争时期游击根据地名单分别为：

第二次国内革命战争时期革命老区村庄名单：

1. 怀乡镇：怀乡村、中垌村、横埇村、旺和村、狮山村、金盈村、平梅村、永隆村、云龙村、云罗坑村、横石村、高寨村、大路底村、坡头村、木辂村、平花村、水涧村、榄窝村。

2. 洪冠镇：洪冠村、洪上村、红坭村①、翻稿村、中燕村、蓝村、大樟村、云丽村、锦衣村。

3. 钱排镇：钱排村、达垌村、围墙背村、山口村、云开村、中心村。

4. 白石镇：扶龙村。

5. 朱砂镇：古泮村。

6. 水口镇：大甲村。

7. 池洞镇：扶参村。

8. 茶山乡：茶山村、周埇村、丰垌村（含丰垌口村）、白木村（含平田村）、榕垌村。

9. 旺沙乡：罗林村。

抗战时期革命老区村庄名单：

1. 镇隆镇：俊耀村、上榔（帝坡）村（原为俊昌村，1992年复审更改）、龙登村、塘底垳村。

---

① 1998 年，红坭村改称洪胜村民委员会。

2. 池洞镇：岭砥村（含大坡村、六定村）。

3. 北界镇：桃枝村。

解放战争时期游击根据地（村庄）名单：

1. 北界镇：大垌、良帅洞、大山脚、上洞、长塘、六训、六西、罗竹、山嘴、北坑、下寿、大坡、黄坡。

2. 高坡镇：旺将、坡脚、大阵坑、罗村、长尾坑、犁壁田、太平石、天和堂、木秀坑、石头坡、林水坑、双树田、合丫路、祠堂口、山坑、水陂、长坡、坑屋。

3. 东镇镇：石佳、中田、英垌、塘屋、金财、茂田、黄才岭、思贤坑、大村、大坪、大水尾、饭馏口、黄善塘、高村、丰村、大岭脚、龙眼垌、英地坡、埑田、合丫湾、木垌、象山、咸水窝、佛坑、白坡、大木垌、大仁山、坡头、中间垌、大村坡、垌尾、北逻口、木垌、礼洞口、丰门、礼垌、樟坑、水鸡坑、林坑、文坑垌、马坑、万绿窝、陂底铺、孔埇、大山、大田坯、信定、长坡、大坡岩、佑英村、六梢村。

4. 丁堡镇：九冲。

5. 池洞镇：禾仓角、饭果岭、兴围、青皮、旺六坡、长田、旺岭、公雷、地尾、高坡、禾仓埇、棉坡寨、长岗岭、石角、天堂、合水口、白头垌、六坑坑、风头坡、拱阳坡、立石、大人山、高垌、石庆、石牛、石步、河坑、樟木坑、柴狗坑、南曹、白梅、古垌、横垌、文坑、令坑、大艾坪、罗棉、乾古、排田、六久、高鹤、旺坡、龙古坑。

6. 金垌镇：大木岗、蒙冲、上磨。

7. 径口镇：良耿。

8. 安莪镇：六寿、六璞、杨梅坑、三南、绿鸦洞、安莪、文料。

9. 旺沙镇：佛水、深塘。

10. 贵子镇：老屋寨、祝民、黎民、廿两、大岭、湾角、河背、田寮、二联、南山、信和、信地、水口、街南、街北、大营、上托盘、下托盘、深桐、白马头、森木河。

11. 怀乡镇：三德、香里坡、扶绿、山腰、山马坳、大西桐中村、大西桐下村。

12. 茶山镇：楼围背、高坡、塘湾、二桐。

13. 洪冠镇：泗二坑、大垭桐、高兴坑、留桐、桐尾、汪口、桐心、石梯。

14. 白石镇：辣姜坑、交手椅、林坪、坡顶、六罗埇、大路坪、大寨、坝尾、平安桐、周埇坑、塘尾坑、桐尾、坳头、岭垠桐、坑尾、茶桐、利试、大岭头、淡仆。

15. 大成镇：新屋、双坑、桐头、灌水塘、垭埚村、塘埇村、塘尾村、瓦屋村、湾角村、大地坭、大排、桐尾、三座屋、合水口、长埇坑、高田桐、横岗桐、中树牌、石屋、大田、杉木坑、垭塘、大新、合丫河。

16. 钱排镇：坝头、狮岗、大水径、新埇、落龙、古城、龙湾、下湾、大田、竹连、园珠、细寨、墩头、田寮、中龙、河背、塘坳、桐头（西桐管区）、三桐、大田头、上寨、新屋、下寨、干坳、文埇、大岭、大寮、大塘、大富桐、大良桐、塘坳（北内管区）、蓝房、大坪、桐心、桐头（竹云管区）、湾仔、新埇、大水口、大水坑、应风坑、桐尾、车滩、塘梨根、铺头、桐头（云开管区）。

17. 合水镇：大尧、大塘、杨枚、营背、石桥头、赖屋寨、麻竹坑、高客、杉坳、新街、刘屋、陂辣寨、清水山。

18. 新堡镇：半坑、清水、乌石桐、荔枝桐、白岭、径口、湖羊角、竹头虾、塘湾、华峰街、光明、坎塔、红心、竹山、湾角、上龙塘、大龙塘、石龙酒、松树墩、垠头。

19. 平塘镇：第一村、第二村、第三村、第四村、金龙、西坑、垌心、东坑、闸口、罗中、沙底、良垌、罗排、南埇、田心。

20. 思贺镇：森木坑、大寨、荷木坑、湾角、贯伍、桐油坪、岭脚、梅子坑、社角、龙塘角。

三、老区镇村发展简况

信宜市（县）的 374 个革命老区村庄（老区自然村 649 个），分布在全市 19 个镇（街道）的 144 个村（居）委会。1993 年，全县老区村庄户籍 5.5 万多户，人口 28 万多人。老区村庄地域占全县总面积的二分之一，人口占全县总人口的 40%。其中怀乡、洪冠、茶山、钱排、东镇、池洞 6 个乡镇老区村庄或人口超过半数，被确定为革命老区镇。信宜的革命老区，多地处边远山区，交通不畅，信息落后，经济基础薄弱。老区人民苦大仇深，求平等、求温饱、求当家作主愿望强烈，对解放事业贡献巨大。

革命战争时期，信宜老区人民共被敌人烧毁民房 5 000 多间，为革命献枪、献粮、献钱难以计数，他们有的卖掉自己赖以生存的土地支持革命，有的为掩护革命同志脱险而牺牲性命。据不完全统计，全市先后有 5 000 多人参军参战，101 人为革命事业献出了宝贵的生命。

1991 年，茂名市人大六届四次会议通过《关于加强革命老区建设方案》。1994 年年初，信宜县委政府召开大型的信宜县革命老区工作会议。"九五"期间，为切实解决全市革命老区人民通车难、读书难、看病难、用水难、用电难的"五难"问题，时任中共信宜市委书记陈自昌，于 1997 年 9 月 14 日带领市水电局、交通局、教育局等 13 个部门一把手，到著名的革命老区云开管理区召开现场办公会议，实地听取云开干部、群众的汇报，体验云开老区的现状，现场拍板解决云开老区群众的实际困难。

此后，全市掀起了一股"我为老区建设献力量"的热潮，市内各部门、各机关单位积极为老区建设排忧解难，竭力为老区人民服务，力促老区经济快速发展。1996 年，全市 6 个革命老区镇，农民人均纯收入 2 545 元，比全市农民人均纯收入 2 689 元水平略低。全市革命老区逐步实现了电通、公路通、电话通，建起了新校舍，部分老区群众住进了新楼房，衣、食、住、行面貌一新，全面解决了温饱问题。

全市各革命老区镇主动结合自身实际，因地制宜，把握发展机遇，大力发展经济，取得了显著的成效。东镇镇配合市委市政府于新里管理区建设扶贫经济开发试验区，整合重组企业，发展民营经济，开发房地产经营。至 2017 年，已发展成全市经济最为发达和聚集的地区。池洞镇利用"食惯嘴"（地名）口碑品牌，沿 G207 国道形成"饮食一条街"，同时，扶持发展油茶、商品菜、山地鸡、百香果等品质优、效益好的种养业以及开发 3A 甲门峡漂流和莲花湖旅游景区。怀乡镇抓住竹器编织产业，开发竹、芒、藤、柳、木综合产品，形成"公司＋农户＋基地"的产业化经营企业 122 家，带动老区人民共同致富。洪冠镇立足山区，引进企业，集约化、基地化种植益智、肉桂、砂仁等南药，养殖冰仔鱼，增加老区群众收入。钱排镇、茶山镇利用当地气候和土质优势，大力发展三华李、反季节蔬菜种植业，开发"春赏花、夏品果"旅游项目，借助互联网助推产品销售，成为老区群众致富的品牌产业。

至 2017 年，全市革命老区村庄的地域不变，人口发展至 60 多万人，发展了经济，人均可支配年收入 1.54 万元。是年，所有革命老区村庄均实现通水泥硬底道路，通电照明，通网络电话，解决了读书难、饮水难、治病难等问题。改善了居住条件，建起了楼房，改变了昔日贫穷落后的面貌。在市委市政府的统筹安排下，全市开始实施乡村振兴发展计划，力图将所有革命老区村建设成为生态优美、经济发展、交通便利的宜居宜业的新农村。

第二章

大革命和土地革命战争时期

第一节 农民运动的开展和党团组织的建立

一、农民运动的兴起

（一）农民运动的历史背景

1923 年 6 月，中国共产党第三次全国代表大会在广州召开，决定同孙中山领导的国民党合作，建立反帝反封建的统一战线，允许共产党员以个人身份加入国民党，把国民党改组成为民主革命的联盟，同时保持共产党在政治上和组织上的独立性。

1924 年 1 月 20—30 日，国民党第一次全国代表大会在广州召开，确定实行"联俄、联共和扶助农工"政策。1924 年 5 月 5 日，国民党中央农民运动委员会成立，共产党员谭平山任委员。同年 6 月 30 日，该委员会决定在广州附近各县开展农民运动，并派遣特派员到各县指导工作。于是继 1923 年海陆丰农民进行减租斗争运动后，全省掀起一次大规模农民运动。1924 年 7 月 3 日，广州农民运动讲习所正式开学，至 1926 年 9 月，共举办六届，培养农运学员近 800 名。其间，共产党人彭湃、罗绮园、阮啸仙、谭植棠、毛泽东先后任讲习所主任。农讲所学员对推动广东乃至全国的农民运动开展发挥了重要作用。1925 年 5 月 1 日，第二次全国劳动大会在广州召开，会议指出：工人阶级最基本的同盟军就是农民。同日，广东省第一次农民代表大会在广州召开，宣告成立广东省农民协会，广东农民运动从此进入新的历史发展阶段。

（二）农民运动的兴起

1924 年国民党"一大"之后，农民运动的风气开始吹进信宜，当时国民党信宜县政府按中央农民部的指示，只在农村中组织开展以"减租"及"扶助农工"为主要内容的农民运动。由于这时候信宜的农民运动还未有共产党的直接领导，广大农民没有主心骨，未能真正组织发动起来。但广大农民起来争取自由，反对压迫剥削的新思想新观念已渐渐在信宜传播开来。

1925 年 12 月初，原籍信宜、刚从广州农民运动讲习所第五届毕业的广东省农民协会委员、共产党员梁本荣和在广东国民大学读书的共产党员罗克明，先后被中共广东区委派回信宜，从事组建中共地方党团组织和领导开展农民运动工作。从这时候起，信宜的农民运动开始有组织有领导地、轰轰烈烈地开展起来。

梁本荣回到家乡思贺寨岗村后，采取走家串户、访贫问苦、与农民拉家常和教农民唱他编的白榄①等形式，向农民宣传革命道理，揭露地主恶霸和军阀欺压剥削农民的滔天罪行。他编的白榄歌词深入浅出，通俗易懂，道出了农民的心声，深受农民欢迎，很快便在思贺一带的农村中广泛地传唱开来，农民的觉悟提高很快。其中一首歌词是："我哋工农兵，几万万兄弟，流落穷鬼县，一世复一世。工厂当牛马，田园当奴隶，战场当炮灰，打死无数计。怎样过一世？想下真蚀底……想出头无乜计，人多本应势力强，我哋唔通系衰仔？已经无路行，只有去奋斗。地主要杀清，一个无走漏。没收佢田地，大家分到够。工农一起来，城市归我有。士兵调转个枪头，军阀变成丧家狗。呢阵时，做一番好世界，组织苏维埃，肃清反动派，有福大家享，土地革命大成功，工农万岁万万岁！"经过一段时间的宣传组织，信宜县第一个乡村农

---

① 白榄，一种类似快板的半说半唱的民间表演曲艺。

023

民协会（寨岗农会）于1926年春在思贺寨岗成立。

回到信宜怀乡地区开展工作的罗克明，采用学运和农运并举，发展党团员起骨干作用的方法开展农民运动。他组织进步师生，深入农村，举办夜校，教育农民识字，给农民讲读进步书报，组织农民讨论、理解，从中接受教育，提高觉悟。以学运带动农运的方法效果明显。

1926年3月至1927年4月，受思贺、怀乡农运的影响，信宜农民运动大规模轰轰烈烈地开展起来，组织农民协会成为农民的自觉要求和行动。

1926年1月至2月，国民党南征军彻底打败了军阀邓本殷，形势有利于粤西农民运动的发展。国民党南路特别委员会建立，中共广东区委委员、广东省农协委员黄学增和潘兆銮、谭竹山、韩盈等一批中共党员到南路梅菉，指导农民运动工作。3月7日，广东省农民协会南路办事处在梅菉成立，领导信宜、电白、化州、吴川、茂名、廉江、遂溪、海康、徐闻等南路15个县的农民运动。南路特派员黄学增任办事处主任，梁本荣、韩盈等为委员，朱也赤任总干事，梁本荣仍回信宜思贺组织农会。南路办事处农协干事、南路共青团负责人王克欧来到信宜怀乡，协助罗克明开展农民运动。至1926年6月，梁本荣在思贺地区建立起十多个乡农民协会，成立"广东省思贺特别区农民协会筹备处"，各农会出资铸造铜质证章发给会员。同期，罗克明在怀乡地区亦组织有扶龙、云龙、榕峒、怀乡、平梅、洪冠、木辘等10多个乡农民协会。6月底，全县农会会员已发展到10 093人。7月，南路农民协会办事处迁至茂名县城（高州城），设在后街南皋书院内，梁本荣奉命调往办事处工作。同月，广东省农民协会南路办事处主任黄学增深入怀乡，与罗克明一起在怀新小学主持召开怀乡地区农民代表大会，怀乡地区农会会员及未成立农会的乡村代表等300

多人参加了会议。代表们讨论并通过了区农民协会章程，并作出决议，成立"怀乡区农民协会"。选举陈维世为怀乡区农民协会主席，会址设在怀乡圩"荣生堂"。会后，各乡村农会在区农会的领导下，办了四件大事：第一，扣押贪官污吏，严办土豪劣绅，惩治地主恶霸，由乡农会组织清查小组，清算扣押土豪劣绅高建侯、赖莘农等十多人；第二，废除土地上期租制（批头金，即先交一造租谷的钱，才准耕田），实行减租减息；第三，铲除奴婢制度，禁止买卖婚姻；第四，禁止地主坐轿。这时，思贺各农会也组织群众反对地主的剥削、压迫，罢毁地主的田基。

广东省思贺特别区农民协会筹备处和怀乡区农民协会的成立，为信宜农运的蓬勃发展奠定了坚实基础，使信宜农民运动在农协组织的领导下，有秩序、有核心地进行，增强了战斗力和号召力，并在广大农村中扩大了影响，通过农民运动，培养和锻炼了一批农会干部。1926年下半年，中共广东区委、南路农协办事处分别委派共产党员陈业之、朱也赤到怀乡和东镇，协助在农运中建党、建团，从而更有力地推动了信宜农民运动的迅猛发展。

中共南路特派员、广东省农协办事处主任黄学增非常关心信宜农民运动的发展，亲自到怀乡来参加怀乡地区农民代表大会，并在会上作了重要讲话。会后，他对信宜农民运动的情况进行了调查研究，并派南路农协办事处总干事朱也赤到东镇，同中共党员梁泽增一起组织青年读书会，宣传马克思列宁主义，为组建党团组织培养青年骨干。1926年6月，黄学增还派闵靖平到龙水、荔枝等乡开展农民运动，组织农民协会。

这时，信宜广大农民迫切要求加入农会。只用短短一个多月的时间，闵靖平便在荔枝乡附近指导成立了10多个乡村农民协会，到1926年11月，在大甲村闵家祠堂召开农民大会，成立龙水乡农民协会。农会成立后，闵靖平组织会员斗争了荔枝乡的恶霸地主李筱松，双山的恶霸地主甘雅轩、甘景周。附城各乡农会亦分别斗争了梁伟文、李耀文、李丽江、陆肖汝四大恶霸，信宜中学学生在中共党员叶乙帆、潘汉文的领导下，积极行动起来，声援农民的斗争，烧毁了县城附近的赌场8处，毁掉泥菩萨一批。

一时间，信宜农民运动风起云涌，农会组织迅猛发展。到1927年4月中旬，农会组织得到发展壮大的有：思贺地区的寨岗等10多个乡，怀乡地区的怀乡、平梅、云龙、水口田、扶龙、洪冠、木轳、茶山、扶参、罗林、古泮等10多个乡，东镇地区的禄荷、大坡山、大木垌、小水、横茶、望天洞等乡，附城地区的大路街、六双、西南角、禄厚垌、洞心、北泮、新圩、马头洞、上榔、荔枝、十里、水口、龙水等10多个乡，北界地区的北界、勿格、金渠塘、东村、石砚铺、平山坡、南山等乡。全县共成立乡村农会40多个，会员达4万多人。

二、党团组织的建立

在信宜城镇和广大农村培养发展共产党员、共青团员，建立党团组织，领导和掌握信宜工农运动的发展，是中共广东区委派党员罗克明、梁本荣回信宜开展工农运动的初衷。

罗克明、梁本荣在开展工农运动中，做到发展党团员建立党团组织与发展农会会员建立农民协会同步进行。在农民运动中发现积极分子，培养先进人物，提高他们的思想觉悟，然后吸收他们入党、入团，进而建立党团组织和农会机构。经过罗克明和梁本荣的不懈努力，信宜的中共组织和共青团组织稳妥而扎实地建立和发展起来。

（一）积极分子的发现和培养

1925年12月，罗克明回到信宜怀乡地区，以怀新小学教师的身份作掩护开展革命活动，指导怀新小学师生订阅《向导》

《红旗》《犁头周报》《少年先锋》等报刊。他认为：知识分子富有正义感，有文化，可以通过阅读革命书刊，提高政治觉悟，焕发革命热情，对他们再加以引导就能参加革命斗争实践。基于这个考虑，罗克明从抓知识分子的教育培养工作做起，组织一班进步知识分子开展工作，以学运带动农运的开展，使学运和农运并举，相得益彰。

经过一段时间的观察，罗克明发现怀新小学有一大批师生阅读了进步报刊，而且还悄悄地讨论这些报刊上的观点。罗克明适时地组织这部分师生参加少年会、青年会，在会上引导师生谈体会、谈心得。罗克明还利用这些集会，向进步师生介绍俄国十月革命和苏维埃政权，宣传反帝国主义、反封建主义，争取民主自由，实现男女平等、婚姻自主等新民主主义思想。阅读革命报刊、参加小组集会听罗克明宣传革命道理最积极、思想觉悟提高最快的有潘定耀、陈维世、雷永安等同学。于是，罗克明介绍他们阅读《共产党宣言》《社会发展史》等书，还组织他们阅读了《马克思传》《共产主义问答》《两个工人的谈话》等，并与他们一起讨论，解答他们的疑问。罗克明还利用课余时间、星期天到这些同学家里，进一步鼓励和启发他们，反复给他们讲述国内外形势，宣传打倒列强、打倒军阀、扫除封建势力的必要，在解析新三民主义、三大政策的基础上，进一步宣传中国共产党的宗旨和主张。经罗克明悉心培养和教育，潘定耀、陈维世、雷永安、杨万禄、张少初、李元荣、陈介甫等积极分子思想觉悟提高很快，积极主动地投入到农民运动中，并发挥了骨干的作用。把这些积极分子吸收进党团组织中来，迅速壮大党团队伍的时机已经成熟。

在指导农民开展运动的具体工作中，罗克明通过农运工作不断发现积极分子，然后通过谈心教育，提高他们的阶级觉悟、政治觉悟，以及认识形势、分析解决问题的能力，使他们在实际工作中逐步成熟成长起来，再把他们培养成为建党建团对象。如茶山榕垌的杨昆生、怀乡中堂的罗凤、钱排大诺的凌肖和、达垌的刘冠周等就是这样发现和培养的。

（二）党团支部的建立

经罗克明的教育培养，一部分学生和农民的思想觉悟已经成熟，为了更好地发挥他们的力量，进一步推动农民运动的开展，进而打倒列强、军阀、封建主义，为建立新中国而奋斗，罗克明决定把他们吸收进党团组织。

1926 年 1 月，罗克明在怀新小学把潘定耀、陈维世、雷永安 3 人吸收进共青团，成立了信宜县第一个共青团支部。不久，他又吸收怀乡中垌小学部分进步师生入团，建立共青团中垌支部，还在东镇建立了 1 个团支部（没有宣布人数）。1926 年 4 月，罗克明在怀新小学后院组织召开团员大会，到会团员 100 多人，这些团员大部分成了罗克明开展农民运动的骨干和助手，后来其中很多人都加入了共产党组织。

为了使建党建团工作和农运工作更好地同步发展，根据中共南路特委的意见，信宜县划分为怀乡、思贺、东镇 3 个管理区开展建党建团和农运工作。

怀乡管理区辖怀乡、茶山、洪冠、钱排、朱砂、旺沙、白石、大成等地，由罗克明负责；东镇管理区辖东镇、水口、镇隆、北界、高坡、金垌、安莪、池洞、丁堡等地，由梁泽增、梁景桓负责，罗克明兼管；思贺管理区辖思贺、平塘、贵子、合水、新堡、马贵等地，由梁本荣负责。

为了抓好信宜的建党建团和农运工作，中共广东区委、中共南路特委于 1926 年 3 月和 7 月，派南路共青团负责人王克欧、中共党员陈业之到怀乡协助罗克明建党建团和组织农民协会；派南路农协办事处总干事朱也赤到东镇地区抓建党建团工作。

1926 年 11 月，由罗克明、陈业之介绍，吸收潘定耀、陈维世、雷永安入党。随即，由怀新小学、怀乡圩以及大路底寨、斗塘、鱼花塘、竹云寨、石坑等村的党员组建怀乡中共支部，负责人张少初。主要活动地点在陈业之家。党员有张启文、谭进、赖恒周、张洪勋、高次功、俞文初、高宗权、俞伯廷等 12 人。之后潘定耀、陈维世、赖恒周、高次功、高宗权等分别在扶龙、罗林、大樟、平花、木辂、云丽、大仁等乡村建立了中共党支部。

1926 年 12 月，怀乡地区建立了扶龙、罗林、怀乡街 3 个中共党支部。陈维世发展建立了扶龙支部和罗林支部。扶龙支部辖扶龙、中垌、横坑、旺禾等村，负责人陈玉书。先有党员陈玉徽、陈再侯、陈其林、刘文、俞卓熙等 6 人；稍后，又有 3 人入党。中垌廖喜南参加这个支部活动。罗林支部辖罗林、木辂、大谢等村，负责人李元荣。党员有李济荣、李檀荣、李桂荣、李延歧、李增荣、赖学明、赖启学、赖及秀等 9 人。后来，赖松茂、赖恒周主要参加这个支部活动。怀乡街支部辖平梅、永隆、云龙、金盈、怀新、云罗等村，负责人陈介甫（又名陈继、陈毅）。党员有陈文龙、张均豪、周卓然、苏小泉、林丛勋等 10 人。陈文炎、张敏豪、张信豪、高君策等参加该支部活动。

1927 年春，创建了洪冠、大樟、中堂、平花、水口田 5 个党支部和达垌、榕垌 2 个党小组。是年 1 月，洪冠党支部在洪冠圩协昌店成立，由潘定耀监誓，党员们举行入党宣誓仪式。彭会东为洪冠支部书记，党员有余少华、余进升、胡华生、胡灿文、潘福安、丘文三、黄三十（黄日宽）、陈显达、黄家德、莫耀廷等 10 多人，他们分散于洪冠、洪上、红坭、翻稿、中燕等乡村。2 月，潘定耀又组建起大樟党支部，党员有雷志、雷玉廉、何世庚、何三雅等 13 人，潘德为该支部负责人。雷永安主要参加这个支部活动。

　　罗克明把中堂、大仁的党员组成中堂党支部，负责人罗凤，党员有罗进成、张树春、王元明等。张树年、高海量着重联系这个支部，参加其活动。潘定耀把平花、坡头、罗马等村的党员高为邦、高世浩、冼秀兴、曾学等 7 人组织起来，成立平花支部，吴文焕是负责人。高业英、高业精在他们负责发展的狮山、古泮、扶参、大谢等村组建起水口田支部，负责人初为高业芬、后为叶大英。党员有叶大新、高秉仁、叶柏元、叶国蛟、高成新、叶瑞祥、张树胜、叶大华、叶乙帆、高业精等 14 人。

　　达垌党小组辖钱排镇各村，有党员 3 人：云开的张凯如（1926 年入党）、钱排大诺的凌肖和、达垌的乡长刘冠周，刘冠周为党小组长。榕垌党小组辖榕垌、茶山、周埇、丰垌、丰垌口、平田、白木等村，党员有杨万禄、杨文豪、古万利等。

　　同时期，东镇地区的东镇、池洞，以及县城的信宜中学亦先后建立起党支部、共青团组织。至此，全县有党支部 13 个，团支部 40 多个。

　　这些共产党员都是在农民运动中经受了考验，经过教育、培养，具备工人阶级先进分子条件后，才被吸收进党的。每一个党支部、党小组都是在农民运动的暴风骤雨中诞生的。

（三）中共信宜县委成立

　　1927 年 4 月，正当信宜农民运动轰轰烈烈地开展，建党建团工作有条不紊地进行的时候，蒋介石在上海撕下其革命的面纱，发动了"四一二"反革命政变，大肆捕杀共产党人。4 月 18 日，国民党南路督导林云陔及其秘书陆匡文、江柏劲等人控制了国民党南路特别委员会，派高州城驻军包围南路农协办事处，搜捕共产党人。此时，主持办事处工作的朱也赤撤离高州城，转入地下活动。跟着，高州的反动派开除了进步学生 200 多人，其中，共青团员信宜籍学生张敏豪、张树年、罗翘英（罗宏强）、陈文炎、张信豪、刘美昶、刘克家、孔昭俊、孔昭然、邱国宗等被开除学籍，返回信宜。4 月下旬，信宜县长杨伟绩公开反共，下令逮捕了信宜中学校长刘力臣及信宜小学教师谭昌智、吴培光和梁萃明等 4 人，并下令解散各地农会，开除进步学生共青团员杨万元、陈其新、陈其昌、张凯如、叶大华、陈鸿耀等数十人学籍。

为应对当时形势，中共南路党组织于 4 月和 5 月在广州湾（湛江赤坎）分别召开党团紧急会议，决定党组织转入农村，建立农民自卫军，准备组织武装暴动；决定成立南路农民革命委员会，部署组织武装暴动。朱也赤任南路农民革命委员会主任。5 月下旬，朱也赤来到信宜怀乡，在大路底村陈业之家里，与罗克明一起，组织召开信宜党团骨干会议，传达南路革命委员会有关组织武装斗争的决定。为适应形势发展的需要，更好地领导信宜境内的共产党、共青团组织，以及被国民党开除学籍回到信宜的共青团员、共产党员开展工作，中共南路特委朱也赤在会上正式宣布成立中共信宜县委员会，罗克明任书记，朱也赤、陈业之任县委委员，县委下辖怀乡、东镇两个区委，潘定耀任怀乡区委负责人，邓世丰任东镇区委负责人，县委机关干部有张树年、陈文炎、孔昭然、叶乙帆等。会议同时宣布成立共青团信宜县委和信宜革命委员会。张敏豪任共青团信宜县委书记，罗翘英负责组织，杨万元负责宣传兼任信宜中学团委书记。当时，全县有中共党支部 13 个，党小组 2 个，党员 217 人，有共青团员 700 多人。罗克明任信宜革命委员会主任，陈业之、张树年、高君策、张敏豪、陈文炎为委员，委员会下设组织、武装、宣传、粮食四个股，分别由罗克明、陈业之、张树年、陈文炎负责。

此后，在中共信宜县委的领导下，全体共产党员和共青团员积极筹枪筹粮、组织农民自卫军，准备武装暴动。

第二节 怀乡起义及苏维埃政府的成立

一、起义前的准备

（一）组建农军

农民自卫军是伴随着农民协会的成立而组建起来的，是农民运动顺利开展的保障。信宜县各乡村成立的农民协会普遍组建有农民自卫军（简称农军），各农民协会自卫军的人数不等，由几人或几十人组成。武器由农会出资购买或会员捐献，多为长枪、短枪、火药枪、大刀、三齿等简陋武器。

1926 年 7 月，怀乡地区的木辂、茶山、丰垌 3 个乡、村的农会首先组织起农民自卫军，共有农军 50 多人；翻稿、洪冠、锦衣等农会自卫军于 9 月成立，有农军 40 多人。1927 年春，古泮、大樟、蓝村、钱排等农会自卫军也先后成立起来，有农军 100 多人。这些乡、村农会的农民自卫军，由会员中精明能干的青壮年组成，年龄在 18 岁至 40 岁之间。各地农军成立后，都有计划地开展了军事训练，学习射击，练习使用大刀三齿等武器，苦练杀敌本领。

1927 年 5 月起，在中共信宜县委和信宜县革命委员会的领导下，被国民政府开除学籍回乡的党团骨干积极协助各地农会的党组织，做好发展农会、发展农军，筹枪筹粮组建武装工作。在罗克明、朱也赤等众多骨干的共同努力下，怀乡地区的农民运动更加风起云涌，农军进一步扩展。1927 年 5 月，怀乡横石、中堂、永隆、大仁，钱排达垌等乡（村）的农会先后建立了农民自卫军。

横石共产党员林从勋是被开除学籍回乡的高州中学学生。中共怀乡区委安排他参加中共怀乡街支部，回本村组织农民自卫军。他从农会骨干中吸收林建祥、林瑞华、冯明志、林昭元、林秉勋、林世铭等 10 多人，组建成横石农会农民自卫军，林从勋任队长、林建祥为副队长，筹集到林族公枪五排 2 支，单响 3 支，还有火药枪、大刀、三齿等，并组织农军秘密训练。

中堂农军由榄窝村、水硐村的青壮年农民组成，有 30 多人，拥有长短枪 10 多支，火药枪、大刀等 10 多件。农军分为洋枪队、网枪队（火药枪打出去的铁砂像撒网，故名）、大刀队。队长罗凤，是枪响鸟落的神枪手。农军秘密地到偏僻的山沟里进行军事训练。

永隆农军是在张敏豪、张信豪的领导下成立的，张均豪任队长。原该村民团十几人枪全部转为农军，新参加农军的 20 多人，有长短枪 10 多支，大刀、长矛 10 多件。

回到大仁高寨村的张树年，成立起 30 多人的农军。由共产党员、农会会长高海量兼任队长，共产党员、副农会长张树春任副队长，有长短枪 20 余支。

达垌也组织起 30 多人枪的农民自卫军，共产党员、农会长刘冠周兼任队长。同期，洪冠中燕成立农民协会。洪冠中燕农民彭文生、彭大贵、胡立业等 65 人，在马头成立农民协会，丘文三被选为会长。

6 月，共产党员韦政（韦亚梗）、邝享和、邝十组成锦衣党小组，参加大樟党支部活动。云开农会在河坝铺谭彦卿家成立自卫队，共产党员、农会会长张凯如兼任队长，队员 36 人，其中女队员 7 人，有长短枪、大刀 28 件，集中在中垌庙训练。

7月，共产党员丘文三、胡必忠、丘世新3人组成中燕党小组，归洪冠党支部领导。同期，中垌农会组建起30多人的农卫军，有长短枪10多支，大刀、三齿一批。农会长、共产党员廖喜南兼任队长，副会长廖亚赓为副队长。云罗农会在五谷庙成立农军，队员20多人，有长短枪4支，火药枪4支，大刀、标枪12件，共产党员、农会长苏小泉兼任队长。

8月，怀乡地区有扶龙、平梅、云龙、榕垌4个农会建立了农民自卫军。扶龙农会的自卫军队员50多人，拥有左轮枪、驳壳枪、长枪、火药枪、大刀、三齿等武器，共产党员陈玉徽任队长，穷苦出身而有了初步改造的绿林好汉头目陈四徽（牛润四）被任命为副队长。平梅农会在陈文炎的领导与组织下建立农民自卫军，共产党员陈介甫、陈文龙分别任队长、副队长。该自卫队30多人分组组成长枪队和大刀队，长枪队20多人，大刀队10多人，使大刀的称"关公队"，使长枪的称"猛鬼队"。队伍一建立，便秘密地加紧训练，通过组织瞄准比赛、拼杀等提高作战技能。云龙农民自卫军以梁心启为队长，队员20多人，有长短枪11支，大刀、长矛等武器8件。榕垌农会的自卫军有杨昆生、李德华等7人，共产党员、农会会长杨万禄兼任队长，自卫军有长枪1支，其余武器有大刀、长矛等。

9月，怀乡地区又有中燕、怀乡、云丽和狮山4个农会建立农军。中燕农会农军12人，稍后增加到20多人，共产党员胡必忠任队长，农军有火药枪3支，大刀7把，长矛9把。由于中燕村地处崇山峻岭之间，山猪、老虎等各种野兽经常出没，农军队员平时多打猎，枪法相当准确，所以这支农军极具战斗力。怀乡农会农军有30多人，张少初任队长，张启文任副队长，两人都是共产党员，该农军有长短枪10多支，大刀、长矛10多件。云丽农会农军由潘其凤、潘其耀、潘文耀、张振华、李绍、高文等17

人组成，共产党员、农会长潘禄耀兼任农军队长，农军有长枪 7 支，子弹 90 多发，大刀、长矛 10 把。狮山农会农军 20 多人，共产党员高成新、叶国蛟分别任正、副队长，农军共有长短枪 20 多支，每个成员都有枪，是武器装备最好的一支队伍。此外，1926 年组建的茶山农军由原来的 17 人发展到 20 多人，还筹款购买了单响 2 支，子弹 100 发。农会执委赖九把贩牛的老本 40 元捐给农军作经费。

至 1927 年 9 月，怀乡地区 25 个农民协会都已建立起自己的武装队伍——农民自卫军。

中共信宜县委于 1927 年 10 月在怀乡奎光小学召集会议，检查和总结这段时期的工作。据各地农军的上报统计，从 1927 年 6 月至 10 月止，共筹到长短枪 70 多支，向外界借到长短枪 30 多支，联系到绿林帮会战斗员 100 多人枪。

"四一二"反革命政变之后，面对敌人的屠刀，中共信宜党组织迅速采取应变措施，派人分头通知各地农会：立即转移、收藏好农会的牌子、旗帜、印信、文件、书刊，主要骨干注意隐蔽，保管好枪支子弹及一切武器，转入秘密活动。1927 年 4 月下旬中共南路党团紧急会议召开后，在中共信宜党组织的领导下，发展党团骨干、组建农军的工作一直没停止过。罗克明、朱也赤、张树年等中共领导为贯彻中共南路党团紧急会议精神而加紧工作。

（二）武装起义的组织、思想、队伍准备

"四一二"反革命政变后，中共信宜党组织一方面发动社会力量营救被国民党信宜县政府逮捕的信宜中学校长刘力臣、信宜小学教师谭昌智、吴培光、梁萃明，一方面布置转入秘密活动的党团员继续发动群众，把农会、农军的工作推向前进。这时，在高州、信宜读书，被国民政府开除学籍回乡的进步学生中的党团员，如张树年、林从勋、张敏豪、罗翘英（宏强）、高君策、张凯和、杨万元、陈文炎、叶大华、高业英、高业精、陈鸿耀、陈其新、陈其昌、刘美昶、刘克家、孔昭然、孔昭俊、刘冠周等，大多汇集怀乡，使怀乡地区的干部力量较为强劲。罗克明布置这些党团员到各地农会，协助农会继续开展工作。他们一方面加强农军建设，组织青壮年农民，晚上学习军事知识和技术，学习政治文化，阅读《向导》《海陆丰农民周报》《犁头周报》，另一方面继续筹集武器，准备武装起义。

1927 年 5 月下旬，南路农民革命委员会主任朱也赤与罗克明在怀乡大路底村陈业之家里，召开了有 30 多人参加的党团骨干会议。朱也赤代表上级党组织，宣布中共信宜县委会和信宜县革命委员会成立。罗克明任书记和革命委员会主任。

会上，朱也赤传达了中共广东省委关于积极在各地准备、组织武装起义的指示，传达毛泽东在 1927 年 4 月中共五大提出的关于开展武装斗争，进行土地革命，建立农村革命政权的建议，要求到会干部立即想方设法，筹枪筹粮，进一步发展农民武装。

罗克明作了《组织武装，还击国民党反动逆流》的报告。陈业之宣布了人事安排：在县委机关工作的干部有梁泽增（主要负责县城、东镇地区）、罗翘英、杨万元、叶乙帆、张树年、孔昭然、陈文炎。中共怀乡区委负责人潘定耀（成耀），区委由陈维世、雷永安、张敏豪、高海量、叶大英、杨万禄、张信豪组成，负责下辖 9 个支部、2 个党小组的工作。中共东镇区委负责人邓世丰，区委由赖伯全、刘克家、梁泽增、赖松茂（兼顾木辂的党建和武装斗争）、高君策、高业精、高业英（业精、业英后来主要在古泮活动）组成，负责下辖东镇、池洞、信宜中学、信城 4 个支部，党员 50 多人，团员 200 多人的工作。

会议决定进一步扩大革命力量，大量吸收青壮年农民、学生入党入团，通过了准备组织武装起义的决议。新成立的中共信宜县委向与会的党团骨干提出了三个办法筹措武器：一是要求每个党团员搞到一条枪；二是以革命委员会的名义向开明人士借枪支子弹；三是联络各地绿林好汉，争取他们参加革命，提供武器。

8月下旬，共青团广东省委的领导潘考鉴来南路指导工作。由罗克明陪同坐船到水东，朱也赤又陪同他们秘密抵达信宜怀乡。当天晚上，在怀新小学召开县区干部会议，潘考鉴传达了南昌起义经过和八七会议精神。潘考鉴的传达，使与会者受到极大的鼓舞和教育。与会者进一步领会了毛泽东《湖南农民运动考察报告》中指出的在农村中建立农民政权和农民武装的必要性，联系怀乡地区一年多的工作和斗争实践，深感中共信宜县委领导的正确，决心进一步加强党的领导，团结在中共信宜县委的周围，武装反抗国民党的屠杀政策。会上，朱也赤、罗克明先后分别讲了争取"绿林好汉"和筹枪筹粮问题。鉴于"绿林好汉"杨花旦和牛润四已经分别接受茶山、扶龙农会教育，同意支持革命，而且表现很好，会议讨论决定：要好好利用他们的队伍，为革命出力；再派党员到牛蕴、钱排、达垌、分界、贵子等地，争取丘华标、张少平等绿林帮会参加武装起义；并运用种种条件和采取各种措施，筹枪筹粮。会后，朱也赤同梁泽增到水口田动员叶雪松（乙帆）将当年任民军营长时带回家里的几十支枪和弹药交由起义指挥部直接掌握。同时，罗克明和朱也赤动员党团员参加武装队，并亲自从中挑选人员，组成50多人的武装基干队，再从中挑选出25人组成先锋队（突击队），作为武装起义时的骨干力量。

1927年10月，中共南路特派员到信宜传达了中共中央南方局和广东省委联席会议通过的《最近工作纲领》，贯彻"暴动计划应继续实施，现在的暴动不应停止而应努力扩大"的指示。11月，中共中央临时政治局扩大会议提出一切政权归苏维埃——工农兵士贫民代表会议的武装起义的口号。11月17日，中共中央指示广东省要在城市和农村中发动和扩大武装起义，建立工农民主政权。11 月 28 日，中共广东省委发表了《号召暴动宣言》，号召"农民开始全广东的农民革命，普遍到各乡村，照海陆丰农民的办法，夺取一切土地归自己"。广东省委要求全省各地党组织准备发动农民起义，与广州起义配合。中共信宜县委坚决贯彻执行上级党委的号召和指示，派张树年、陈文炎参加广州起义。从广州湾开会回到信宜的罗克明、朱也赤向信宜的革命同志传达了广东省委的指示后，密锣紧鼓地策划暴动。

1927 年 12 月初，中共信宜县委在奎光小学召开县区干部会议，具体制订武装起义计划并根据当时县内的形势作出如下决定：

1. 成立广东省信宜县国民革命军，朱也赤任司令，罗克明任副司令兼信宜县县长。起义司令部下设五大组：粮食组，由潘定耀（成耀）、罗翘英、赖松茂负责；枪械组，由高海量、叶大英、陈业之、高业精负责；文书组，由张敏豪、杨万元、杨叙庆、张信豪负责；宣传组，由陈继（陈介甫）、高业英、雷永安负责；交通组，由陈维世、杨万禄、李元荣负责。为免受土豪劣绅的民团攻击，起义军称国民革命军护党军。

2. 组织力量先攻打二区区署和七区团局，夺取武器和粮仓，公开平粜存粮换取白银，作为调动绿林武装的开拔费。然后集中人马，直捣信宜县城，夺取全县政权。

3. 利用亲戚关系，派杨万元去茂名县城，联系在高雷警备区司令部新任职的杨芝芬、梁达辉，约定他们在信宜农军大举进攻信宜县城时，配合举行起义。

4. 武装部队按"三三制"编制，直接受司令部指挥。

5. 中共党员梁泽增、赖伯全、邓世丰、刘克家 4 人隐蔽政治面目，继续留在县城和东镇，了解和掌握敌人动态，随时给起义军传递情报，并在东镇、附城组织农军，配合起义军进攻县城。

6. 怀乡区委负责组织起 250 人以上的农民自卫军。

7. 12 月 15 日晚上起义，武装力量分三路：一路为农民自卫军，约 250 人，陈业之负责；二路为"绿林好汉"，700 多人，张少初负责；三路为突击队（先锋队），由罗克明、朱也赤指挥。

会后，武装起义的各项准备工作开始紧张而有序地进行。罗克明领导、督促、检查全面工作，朱也赤亲自组建、训练突击部队，作为暴动的主力军、先锋队。

二、怀乡起义与苏维埃政府的成立

1927 年 12 月 15 日晚上，中共信宜县委领导举行了震动粤西的怀乡起义，成立了怀乡区苏维埃政府。

这一天，罗克明在怀乡大路底村陈业之家里，指挥调动各方面的工作，张翊民负责起草起义文告。天黑以后，朱也赤带领驻在云龙的先锋队（突击队）25 人，化整为零陆续抵达陈业之家里。高海量、高次恭、高达文带领的洪冠地区和大仁村的武装人员近 80 人枪，按约定的时间赶到怀乡圩附近集中；扶龙、古洋、罗林、横石、中堂、中垌、永隆、平梅、坡头、怀乡、金盈、云龙、平花、云罗、木辂、茶山、榕垌、丰垌、钱排等地的农民自卫军 270 多人，亦按照规定时间及时到达指定的地点；另外，有部分绿林武装，按预定的时间到达了指定的位置。

各路起义队伍分别隐蔽于怀乡圩边的多岭、石坑坳和怀乡圩头河堤的竹林下面，断绝交通，潜伏待命。晚上 10 时左右，罗克明命令各部利用夜色掩护，向怀乡圩尾、圩背大营地、圩头、河边推进，把怀乡圩、二区区署包围起来。这时，负责侦察的人员报告：国民党二区区长周植盛正在七区团局（圩头文昌庙）赌麻将牌。考虑到怀乡商会（圩中间大庙）也是官绅聚赌之所，为防止敌人漏网，必须同时拿下团局和商会。于是，罗克明调集一部分武装人员从圩尾连声店后门潜入圩内，并约定 16 日凌晨 1 时正一起行动。

将近 1 时，朱也赤带领先锋队 25 人利用地形地物的掩护，摸到了团局门前。1 时正，起义先锋队"砰、砰"两枪击毙了团局的两个卫兵，冲进了团局，活捉了国民党二区区长周植盛。同时，起义军也顺利地拿下了怀乡商会。跟着，起义军押着周植盛，叫开了区署大门，接收了国民党二区区署。是夜，起义军俘获区署职员和区兵共 40 多人，缴获长短枪共 30 多支，子弹一批。起义军在区署大门头贴上"怀乡区苏维埃政府"的红色横额，门旁挂上"广东省信宜县国民革命军司令部"的牌子，大门前竖起"司令朱""县长罗"两面大旗。

16 日早上，起义军各个组按照原来的分工，分头开展工作。宣传组和文书组张贴起义军安民布告，向怀乡圩民众宣传共产党的主张和各项政策，还派出农军上街、下村张贴标语；交通组派人分别到信宜县城（镇隆）、东镇和怀乡周边地区传达起义胜利的消息，并通知潜伏县城的同志，密切注视敌人的活动，随时向起义军报告敌情。

中午，起义军召集怀乡圩附近民众，在怀乡圩背大营地召开庆功大会。朱也赤代表革命政府宣布暴动胜利并宣读怀乡区苏维埃政府的决定：一是立即开怀乡印金仓，将稻谷平粜给贫苦农民；二是实行减租减息，废除苛捐杂税；三是解放奴婢、废除买卖婚姻；四是严惩贪官污吏；五是把反动区长周植盛交给群众公审处决。

一连几天，怀乡地区群众扬眉吐气，在中共信宜县委和各地农会的领导下，起义军和各地农军带领群众大力实施怀乡区苏维埃政府的各项决定。

三、坚持斗争

怀乡起义胜利的消息传到县城，国民党信宜县县长杨伟绩惊惶失措，害怕起义军连他的老窝也一起端掉。他一面命令紧闭城门，全城戒严；一面派县武装基干大队长吴洋标到怀乡与起义军谈判（实则探听虚实、拖延时间）；一面紧急调集县兵和民团，前来怀乡镇压。

12 月 19 日，罗克明接到潜伏在县城的共产党员梁泽增送来的情报：敌人即将派遣大队人马到怀乡镇压起义军。形势急转直下，对革命非常不利。

当天晚上，中共信宜县委召开骨干紧急会议，研究应变措施。会议决定：第一，由于敌我力量悬殊，不宜死守硬拼。为了保存有生力量，立即撤离怀乡，转入山区，坚持斗争；第二，紧急整顿队伍。绿林武装人员遣返原地，未暴露的农军分散回家，在原地区继续革命；第三，由党团员 40 多人组成骨干武装队伍，随司令部转移至白泥冲；第四，撤退前，把起义军司令部和苏维埃政府的牌子取下妥善收藏。并张贴告示，说明苏维埃政府机关随起义部队暂时撤进山区，与敌周旋，仍继续同广大农民战斗在一起。要求各界人民不要被反动派的嚣张气焰吓倒，要继续执行苏维埃政府的法令和决议，继续进行土地革命，坚决同帝国主义、封建主义、国民党反动派斗争。

会后，起义部队紧急做好撤退工作。朱也赤、罗克明率领潘定耀、张敏豪、罗翘英、杨万禄、高业精、高业崇、赖松茂等人组成的武装队伍，沿天子岭方向，走崎岖小路，绕坑沟，爬峻岭，越过坑坑洼洼，渡过扶龙河，安全转移到白泥冲村。

12 月 21 日中午，杨伟绩、吴洋标率领县警 1 200 多人尾追到扶龙河边，与起义军隔河对峙。由于扶龙河水深流急，加上天气寒冷，国民党县警大队人马不敢冒险强渡进攻，只与起义军隔江射击。就这样，起义军同敌人相持了四天三夜。狡猾的敌人，乘起义军人员少，不能远距离防守，来了个大迂回，远距离偷渡，派大队人马砍木为筏，在扶龙河下游的山心村渡河，绕道白梅村，走山路，越过尖山顶与鸡冠顶之间的坡地狮坳，突袭白泥冲。

12月24日晚上10时许，敌人刚到村边，被巡逻的起义军突击队发现，鸣枪示警。敌人知道被发现，也开枪还击。战斗打响，由于是黑夜，双方互不知虚实，都不敢贸然进攻。

罗克明、朱也赤认为，敌众我寡，不利于打阵地战，不利于硬拼。为保存革命力量，决定相机突围。突围前，罗克明、朱也赤再次对队伍进行精简，无法转移的10多名伤员，由陈玉徽、陈四徽负责掩护、治疗；横石村的伤员，撤回本村隐蔽和治疗；茶山的杨文豪、杨花旦及其他农会武装，都返当地继续革命。

是夜，赖松茂、杨万禄率领突击队声东击西，掩护司令部及主力乘黑夜突围。扶龙农军则从旁、从后打枪掩护。敌人懵然不知起义军已突出重围，安全向洪冠地区转移。

起义军撤到洪冠后，中共信宜县委机关、起义军司令部设在洪冠圩"协昌店"楼上。革命人员从后门出入，楼下店面依旧营业，店主彭会东、邓关梅均是共产党员，机警地为县委机关、起义军司令部担负警卫工作。

1928年1月，中共信宜县委在洪冠召开县区干部会议，总结了前段工作的经验，讨论了此后武装斗争的策略，并布置了此后一段时间的工作。会后，中共信宜县委写书面的材料《暴动的紧急决议，暴动的策略，失败的各方面观》报告省委。

经过这次会议，与会的县区干部进一步解放了思想，明确了斗争的艰辛性长期性，提高了工作热情，激发了按组织分工更深入细致地做好工作的积极性。会后不到一个月，茶山、榕峒等地区的党组织大大发展了，洪冠地区的武装队伍亦进一步扩大。原榕垌党小组扩大组建为茶山党团支部、亚鹩坪党团支部和榕垌党团支部，有党员杨文豪、杨花旦、黄智全、杨万元、杨仁轩、杨万方、杨万禄、杨万清8人，团员有黄达全、杨进初、韦五、杨湛年、杨万汉、杨叙庆等12人。洪冠村的朱乙希、朱万志、潘永寿、邱新丰、潘辉才等10多人和红圳村的邱龙、胡八叔、彭启宽、潘新宇等10多人参加了农军，筹集到各种武器40多件。群众的革命热情高涨，纷纷向起义军献粮献款，在行动上、经济上支持革命斗争。

1928年1月25日，朱也赤离开信宜往广州湾开会；2月上旬，中共信宜县委再次在"协昌店"召开县区干部会议，各地汇报筹建武装的情况，布置继续扩大、发展武装队伍。

1928年3月中旬的一个晚上，深夜12时，正在"协昌店"（时已改名"太昌"）召开会议的罗克明，突然接到交通员李德三从县城带来的重要情报：国民党信宜县长杨伟绩亲率信宜县基干大队200多人，分两路包围洪冠，一路取道白石、翻稿，一路取道怀乡、大樟，约定次日上午8时左右抵达洪冠，"围剿"起义部队。

接到情报后，罗克明决定再次精简队伍，然后撤退。精简出来的人员隐蔽于茶山、渤垌、洪冠、怀乡各村庄，从事秘密活动。罗克明带着潘定耀、张敏豪、杨万元、杨万禄、赖松茂、张信豪等党员骨干和几个武装战士，于凌晨2时撤出洪冠，转移到钱排地区活动。

第二天早上，扑了个空的杨伟绩恼羞成怒，指挥县兵审到洒底，包围潘定耀家，烧屋捉人。把潘定耀家的财物抢光后，放火烧了8间房子，并把潘定耀的伯父和族兄捉去，勒索光洋300元，作为通缉潘定耀的花红。然后，杨伟绩坐镇怀乡，命令县兵四处

"扫荡",到处封屋捉人,抢劫财物。罗克明的家被抢光后放火烧掉,其他起义骨干人员的家多被洗劫钉封。被杨伟绩悬赏通缉的起义骨干28人,他们是:朱也赤、罗克明、罗翘英、高业英、高业精、叶大英、叶乙帆、张信豪、张敏豪、陈文炎、陈继、高君策、张树年、高海量、陈业之、杨万元、杨万禄、孔昭然、陈维世、雷永安、赖松茂、刘克家、梁泽增、邓世丰、赖伯全、高次功、丘国宗、潘定耀。其中朱也赤、罗克明、陈业之的亲属,各被勒令缴交悬赏花红白银1 000元,其他25人各家均被勒缴花红500元至300元不等,较殷实的家庭如陈业之家还被勒索封屋费600元。28人的家长均被捉去监禁,交够了悬赏花红才放人。

面对敌人的残酷镇压,中共信宜县委领导下的党员、团员和革命骨干分子并未退缩,他们在罗克明的带领下,安全抵达钱排,又继续进行革命活动。

他们在钱排大诺村凌肖和家活动了几天后转移到达垌,以刘冠周家为司令部。罗克明、潘成耀(即定耀、被敌通缉后改为成耀)等以达垌为重点,杨万元、张信豪以云开为重点,赖松茂、张敏豪以钱排为重点进行革命活动。杨万禄和达垌的党员刘冠明负责达垌与洪冠、茶山、怀乡之间的通讯联络,刘冠英负责收集东镇和附城的情报。这时期,中共信宜县委的中心任务是发展党团员,工作重点是发展武装队伍。

1928年4月至5月,原达垌党小组发展为3个党支部,即达垌支部、钱排支部和云开支部。达垌支部有党员刘冠周、刘冠明、刘冠英、刘弼良、李式周、李全光6人,负责人刘冠周;钱排支部有党员凌肖和、李心铭、凌全和、李瑞、李元良、赖清溪等9人,负责人凌肖和;云开支部有党员张凯如、张洪有、张洪英、覃进初、黄国柱、黄国心6人,负责人张凯如。团员发展到70多人。农民自卫军队伍也扩大和加强了。达垌刘冠周大队原有30多人枪，经罗克明指导改编后成为较纯洁的农民自卫军；钱排凌肖和大队 30 多人枪，大都是凌家族团改编过来的，思想基础较好；云开张凯如大队由 10 多人枪发展到 30 多人枪。3 支农民自卫军经罗克明改编后，合为"云达农民赤卫军"，共 70 多人枪。

1928 年 5 月中旬，中共南路特委派一位姓黄的同志到信宜检查工作，他对信宜县委受挫不馁的顽强精神和工作成绩表示赞赏。并指示信宜县委：1. CY（共青团）和 C·P（共产党）合并，短期内成立中共信宜特委；2. 把农军改编为红军，建立清一色的革命根据地，重新挂出苏维埃的牌子；3. 要求中共南路特委派军事干部入山开展军事训练；4. 继续恢复东镇、附城、洪冠、茶山、怀乡的党组织、军事组织、政权组织。

罗克明派杨万禄、张信豪、赖松茂到各地传达黄同志的指示，并检查各地党团组织和武装工作。罗克明、潘成耀、张敏豪等坚持在达峒地区继续抓好武装队伍的发展壮大。

1928 年 7 月，负责情报工作的刘冠英探知国民党政府正调集正规军陈铭枢部 3 个营，协同信宜县兵克日"进剿"钱排地区，刘旋即迅速赶到达峒向罗克明报告。

情况危急，罗克明立即召集县区干部和党员开会，研究对策。经讨论，与会者一致认为：敌强我弱，硬碰不是好办法。县委遂决定：尚未暴露的同志，分散回家隐蔽；各地党团组织继续进行秘密活动；已暴露身份的同志准备撤往外地，待机活动。同时还决定由罗克明带领潘成耀、张敏豪、刘冠周前往香港，向中共广东省委汇报工作。出发前，罗克明亲自同张信豪、杨万元等前往钱排、云开部署应变事宜，防止敌人突然袭击。

1928 年 7 月 29 日夜，国民党军队的"围剿"行动开始了。起义军骨干与国民党军队轻微接触后，凭借熟识地形，迅速避开敌人。刘冠周等带着罗克明、潘成耀、张敏豪等抄小路，绕山头，走山沟，安全撤离达垌，从山口村出厚园，经马贵、古丁、茂名黄塘往阳江，顺利抵达香港向省委汇报信宜的斗争情况。

在敌人的疯狂镇压下，参加怀乡起义的其他被国民党通缉的人员，均各找地方隐蔽，党团员及武装队伍潜伏活动，革命斗争处于低潮。

1928 年冬，中共南路特委相继被敌破坏，朱也赤等南路特委成员全部牺牲。信宜的党团组织与上级党组织中断了联系，遂逐渐停止活动。

3

第三章

<u>全面抗战时期</u>

抗日救亡宣传

一、学生抗日宣传

1937 年 7 月 7 日，侵华日军在北平卢沟桥以军事演习为名，向中国驻军发起进攻。中国军队奋起抵抗。中华民族全面抗战从此开始。

"七七"事变的第二天，中共中央发出《为日军进攻卢沟桥通电》，通电提出："平津危急！华北危急！中华民族危急！只有全民族实行抗战，才是我们的出路！"号召"全中国同胞，政府与军队，团结起来，筑成民族统一战线的坚固长城，抵抗日寇的侵略！国共两党亲密合作抵抗日寇的新进攻！"日军侵占北平、天津后，又进攻上海，直接威胁国民政府首都南京。在全国人民强烈要求团结抗战的呼声中，国共两党经过谈判，达成第二次合作，一致抗日。

全国抗日民族统一战线形成后，信宜逐渐掀起抗日救亡运动。

怀乡起义失败后，在国民党的高压统治下，中共信宜党组织的领导人都撤出县外，因而，"七七事变"发生后，信宜由于缺乏党组织的领导，全民抗日救亡运动未能像广州、香港、东莞等珠三角地区那样很快开展起来，并形成广泛的群众运动。直至1937 年 11 月，信宜的怀乡中学和信宜中学，才由进步师生组织起宣传队，分别在怀乡圩和县城，以及贵子、安莪等边远乡村开展抗日宣传。是月，赴广州读书的刘美修、刘美侃回到信宜东镇，以"太乙社"的名义，书写张贴抗日标语，并于东镇圩出版《大家看》周刊墙报宣传抗日。中山大学学生黄鉴衡、林丽元等在县城组织"挣扎社"进行抗日宣传。随后，在东镇梅修书室读书的吴承燊等同学，组织起文艺宣传队，演出抗日救亡话剧《三江好》，印发抗日救亡传单《告群众书》，呼唤民众共赴国难。怀乡中学的"通讯读书会"与在高州读书的校友廖盖隆、杨友德及其他亲朋进行通讯联络，广泛搜集进步书刊传阅，交流读书心得，使大批青年阅读到各种宣传抗日救国的报刊书籍，从而了解中国共产党关于建立抗日民族统一战线、实现全民族抗战的主张，对中国共产党有了初步的认识。

1938年1月，广州八路军办事处成立。7月中旬，信宜进步学生廖盖隆、杨友德、余荣中和茶山进步青年杨立展，同茂名县进步学生6人一道，为追求革命真理，经八路军驻广州办事处介绍，投奔革命圣地延安参加革命，在广州任小学教师的信宜籍女青年谢荃，亦于同年9月到达延安参加革命。

1938年10月21日，日军攻陷广州。之后，广州市及周边沦陷区的政府机关及学校纷纷向山区迁移。1939年2月之后，广雅中学、琼崖中学、仿林中学和勷勤大学等几间学校先后迁到信宜办学。全县学生总数大增。这批到信宜来的师生抗日民主思想浓厚，其中不少人受过战火洗礼，参加过各种抗日团体，有些还从事过战地救亡工作。他们到信宜后，继续开展抗日宣传活动，给学生运动注入了新的活力，使信宜的抗日救国运动得到了广泛的发展。这几间学校中，广雅中学的学生运动最具影响。广雅中学迁到信宜县水口村，取名"南路临时中学"。随校迁来信宜读书的广东省青年抗日先锋队广雅支队宣传部长钟国祥，当选为"南路临时中学"学生会主席。他利用学生会主席的身份，以随校迁读"南路临时中学"的曾参加省青年抗日先锋队广雅支队的 5 位同学为骨干,积极组织开展抗日宣传活动。1939 年 5 月 4 日,南路临时中学学生会组织宣传队在信宜县城(镇隆)公演进步戏剧《凤凰城》,并出版铅印《五四专刊》纪念五四青年节,呼吁青年、民众行动起来,抗击日寇,救国救民。这次活动社会反响热烈,对推动信宜抗日民主运动的发展起了很大的作用。但这次活动引起了国民党信宜县党部陆祖光等人怀疑,下令追查。钟国祥等 6 名抗日先锋队员被迫于 1939 年 6 月撤离信宜。

虽然当时学生的爱国活动得不到国民党当局的支持,但随着全国抗日运动的日益高涨,国民党当局的这种行为已激起了广大爱国人士的无比愤慨,信宜的进步青年和学生通过各种途径纷纷投身伟大的全民抗日救国洪流之中。

1938 年 3 月,原十九路军爱国将领张炎任广东省民众抗日自卫团第十一区统率委员会主任,拥护中国共产党"团结抗日"的主张,提出"抗战利益高于一切""团结抗日,保家卫国"的口号。统委会设在梅菉(现属吴川),吸收大量南路进步青年参军抗日,并于是月中旬成立了抗日妇女服务总队。信宜籍青年、原十九路军连长陈达增随同张炎一起工作,女青年李乃珠、李俊雄首先参加服务队。是年 6 月,李晖雅、李宗瑛、李宗媛、李学英、梁惠玲、梁惠荃、陈奋馀等也相继参加服务总队。1939 年 1 月,信宜妇女救国会成立,在全县招收 20 多名女青年组成救护队。李乃珠、曾瑞珍、丘惠文、丘壁坚、丘梦云等参加了救护队。救护队集中县城学习军事、游击战术、妇女革命运动史、救护、绑扎、药物学等知识,三个月后,分赴镇隆、北界、怀乡、合水等地组织集训妇女,开展抗日救国宣传。

广州沦陷后,南路各县已处于抗日前线,这时,余汉谋任命张炎为第十一区游击司令,原"统委会"改称游击司令部,办事处迁到高州。为了进一步把抗日救亡运动推向乡村，张炎于1938年11月，组建了一支有300多人的乡村工作队。中共广东省东南特委应张炎将军的邀请，以香港学赈会的名义派出一批干部组成香港学赈会青年回乡服务团赴南路协助张炎开展抗日救亡运动，同时从事恢复重建南路各地党组织工作。香港学赈会青年回乡服务团和乡村工作队联合统编再分赴南路各县开展宣传抗日救亡工作。1939年5月，张炎担任第七行政区（南路）督察专员兼保安司令，把乡村工作团改为专署战时工作队，他兼任南路特别守备区（辖高、雷、钦、廉、两阳地区）副司令，把战时工作队扩充为10个中队，专门组织一支有800余人的学生队。在信宜读书的进步青年梁光煊、张昌仁、林植民、梁尚文、梁昭恂、梁实辉、古本仁、李绍佑、梁儒杰、杨万文、高荣邦等考进了学生队。学生队在高州红花庙集训期间，张昌仁、梁光煊和李绍佑经过党组织的培养和考验，于是年10月由陈有臣、梁昌东介绍加入了中国共产党。稍后，梁实辉、梁昭恂、梁儒杰也加入了中国共产党。

二、信宜县战时乡村工作团成立

1939年11月，信宜县战时乡村工作团成立，很多热血青年参加了这个组织，内有共青团员50多人，中共党员程耀连任副团长主管全团实际领导工作。是月下旬，中共高雷工委派香港学赈会青年回乡服务团成员曾旭涛、冯冰心、梁毅、梁迪祺、林伟、林惠琼6人到达信宜，编入信宜战时乡村工作团工作。12月，张炎组织的学生队第三中队30多人亦被派到信宜，中共党员陈有臣任副队长，队员中有共产党员6人。共产党员程耀连、曾旭涛、陈有臣等随队先后到信宜后，即组织开展紧张的抗日救亡宣传工作，他们分头深入北界、东镇、怀乡、白石、前排等广大山村，进行抗日宣传，发动群众，毁坏县城至东镇到池洞、东镇往合水至罗定、东镇至北界等公路；拆毁县城（今镇隆）城墙，保留南门、北门，方便战时群众疏散；挖战壕。在抗日救亡工作中，他们开始从农村和学校中培养发展党员，进而建立党组织。1940年1月，中共信宜县特别支部成立，有党员14人，陈有臣任特支书记，特支下设3个支部。3月，张昌仁在信宜中学吸收梁永曦、李湘、林芳入党，建立信宜中学党支部。接着，党组织又在怀乡中堂吸收一批在抗日救亡学生运动中涌现出来的先进分子入党。

中共信宜党组织重建之后，信宜县抗日救亡学生运动在中共党组织的直接领导下得到了更广泛深入的开展。1940年之后，全县各地的中小学生都发动起来了，组织起晨呼队、夜呼队和文艺宣传队，清晨和夜晚呼叫"打倒日本帝国主义！""有钱出钱，有力出力，抗日救国！"等口号，各种抗日文化活动深入到全县城乡的每一个角落，以学校师生为主体的全民抗日救亡宣传活动出现了前所未有的规模和声势。

党组织的重建和发展　第二节

一、党组织的重建

1928 年冬，中共信宜党组织停止活动。此后 11 年间，没有中共党组织在信宜活动。1940 年 1 月，中共信宜县特别支部成立，中国共产党组织才在信宜重新恢复了活动，并随抗日救亡运动的兴起而不断发展壮大。

1938 年 2 月，回到南路开展抗日救亡工作的张炎将军，在中国共产党的推动和帮助下，从南路各县招收了大批进步青年，成立学生队、妇女队和乡村工作团（后为战时工作团）。中共南路特委调派一批共产党员参加了上述抗日组织，并在这些组织中起骨干作用。南路党组织在这些抗日组织中得到发展，培养并吸收了一批进步青年加入中国共产党。参加学生队、妇女队和乡村工作团的张昌仁、梁光煊、李绍佑、梁实辉、梁昭恂、梁儒杰、李晖雅、李宗媛、李宗瑛等一批信宜籍进步青年在上述抗日组织中得到了培养和考验，相继加入了中国共产党，并成为重建中共信宜党组织的骨干。

1939 年 11 月，中共南路党组织根据中共广东省委的指示，派张昌仁回信宜建党。同月，信宜战时乡村工作团成立，中共党员程耀连任副团长主管全团实际工作。继张昌仁、程耀连后，中共高雷工委又派共产党员曾旭涛、冯冰心、梁毅、梁迪祺、林伟、林惠琼6人，以香港学赈会青年回国服务团的名义到信宜，由党支部书记曾旭涛带队到信宜协助重建党组织。同年12月，张炎组织的学生队第三中队，由副队长、共产党员陈有臣率领到达信宜，开展抗日救亡工作，队员中有6名共产党员，成立有党支部，陈有臣为支部书记。

这些共产党员到达信宜后，很快便取得联系。为了方便联系，统一行动，经研究决定，于1940年1月成立中共信宜县特别支部，有党员14人。陈有臣为特支书记，曾旭涛为组织委员，张昌仁为宣传委员，程耀连任特别支部通讯联络员。在中共信宜特别支部的领导下，经过这14名共产党员的发现培养，于是年春夏间，先后从妇女队、学生队、战时乡村工作团和学校中发展党员12人。他们分别是信宜中学的吴卓壁、李英光、梁景燊、李会芳、李泽均、梁肇庆、林树藩，工作团和学生队中的杨进瑞、丘玉莲（丘壁坚）、邱妙英（丘惠文）、陈克英，怀新中学的叶鑫章。

中共信宜县党组织虽然建立了起来，但国民党于1940年3月又掀起了反共高潮，波及南路。张炎坚持国共合作，团结抗日，义释因散发抗日传单而被捕的共产党员周崇和、文允武，受到国民党顽固派的攻击。国民党顽固派还以武力胁迫张炎放弃抗日立场。在国民党当局的压力下，张炎被迫于1940年6月中旬宣布辞职，并解散学生队、妇女队和乡村工作团等抗日救亡组织。曾旭涛、程耀连等一批党员先后撤离信宜，陈有臣等转入地下秘密活动。

1940年7月，为了巩固和增强新生的中共信宜党组织的力量，中共南路特委派王国强到信宜任特支副书记，加强信宜党组织的工作。8月，家住信宜县城的彭之柱、陈瑞荣被吸收加入中共党组织。中共党员李晖雅在县城与越南难民中的3名共产党员，组建起一个党支部，继续开展抗日宣传和反法西斯教育。9 月，中共信宜特支书记陈有臣对原在学生队、妇女队、战时乡村工作团工作的共产党员作了安排：由张昌仁利用社会关系，安置杨进瑞、陈卓霖到金渠塘小学任教，做学校和附近农村建党工作；张昌仁、梁光煊、梁永曦、林芳、李湘、叶鑫章、梁实辉、李英光、梁儒杰和梁景燊等入南路临时中学读高中，建立党支部，组织学生运动并发展党组织；刘美燧入信宜农校读高中，梁昭恂入东江小学当教师，继续在学生中开展抗日宣传和建党工作。还安排李晖雅去大水坡教私塾，李宗英到桄榔西小学任教，李宗媛、康慧英到龙登冲小学任教。陈克英、李秀山等谋取其他社会职业作掩护，继续从事党的工作。这些隐蔽下来，继续从事抗日宣传和建党工作的党员，在不同的岗位上发挥了积极的作用，都成了后来信宜县党组织建设和发展的骨干。

为了提高新党员的政治敏锐性和思想政治素质，适应形势发展，巩固重建后的中共信宜党组织，中共信宜特别支部于 1940 年冬先后举办了两期党员培训班。1940 年 11 月，特支书记陈有臣主持举办第一期党员培训班，召集党员张昌仁、杨进瑞、丘妙英、林芳、李绍佑、丘壁坚、李晖雅、李宗媛、李泽均、梁永曦、梁肇庆、李英光 12 人，在怀乡竹头窝丘妙英同志家里进行学习培训，为期 10 天。在这 10 天里，陈有臣对这些党员进行了形势、保密、纪律、气节等方面的教育，使党员们进一步提高了政治思想觉悟，增强了政治敏锐性，坚定了革命意志。一个月后，陈有臣、王国强主持在镇隆猪六窟的根竹园举办了第二期党员学习班。参加学习的有梁光煊、朱作彦、杨进瑞、丘妙英、彭之柱、李俊瑜、梁昭恂、刘美燧、梁儒杰、陈克英、梁特立、林芳、丘壁坚、李秀山 14 人，这期学习班重点对党员进行政治思想教育。

二、党组织的发展

党员培训班结束后，陈有臣调离信宜，王国强接任中共信宜特别支部书记。1941 年 1 月，中共南路特委把特支改为特派员制，委任王国强为信宜县特派员。1941 年 2 月，中共南路特委派陈其辉到信宜担任副特派员，协助王国强领导信宜的建党工作，并指示中共信宜党组织：鉴于信宜县党的基础薄弱，缺少骨干，全县应以学生工作为重点，发展一批当地知识分子入党，然后以他们为骨干，派到农村去建党。同时，南路特委还调外地党员郑永成到广雅中学读书，开展学生工作。

这时，王国强正以龙登冲益群小学教员的身份作掩护从事建党工作。接南路特委的指示后，王国强、陈其辉根据信宜的实际情况，定出信宜的建党工作思路：学生中的建党工作以广雅中学为重点，信宜（东镇）农校和信宜中学为附点；同时也积极在农村发展党的组织。

为了做好学生工作，王国强加强对组织安排考入广雅中学读书的党员和正在信宜中学、怀新中学读书的党员梁肇庆、李泽均、林树藩、丘玉莲的联系和指导，指示梁实辉利用社会关系，安排杨进瑞到北界东坑小学任教师，以此为掩护，在北界一带开展党的活动。不久，杨进瑞又转到金渠塘小学任教和从事党的工作。为加强信宜的党建，中共南路特委先期于 1940 年 9 月，派全国明到信宜岭东中学进行建党工作；派钟江到信宜中学读书，担任信中党支部书记，领导信中学生工作；调郑夏、郑诚、李一鸣、叶琼森进广雅中学读书，加强广雅中学党组织的力量，以便进一步做好广雅中学的学生工作；还分别调邹汉尧（邹贞业）到信宜农校、调林杰到信宜中学当教师，做党的工作。

在农村工作方面，王国强也作了相应的布置：派康慧英、李宗媛到龙登冲益群小学当教员，派杨进瑞、陈卓霖、叶洁玲到金渠塘小学当教员，派梁特立到茶山小学当教员，派李宗英到桄榔小学当教员。要求他们各自以教员身份作掩护，深入扎根农村，负责做好他们所在地附近农村的抗日宣传和建党工作。

1940年3月，南路特委书记梁嘉到信宜指导工作，具体审查党员，并对信宜党组织进行整顿。这次整党，重点对党员进行政治思想教育，加强党的纪律和保密教育，以确保党组织的纯洁和安全。

整党后，经在信宜活动的党员的共同努力，信宜先后发展了一批新党员，学校工作和农村工作都打开了新的局面。1940年4月至12月，王国强先后培养吸收陆明章、林植民、梁尚文、罗素秋、林寿祥、罗惠兰6人入党。广雅中学的周茂森、梁志坚、古瑞文、谭光第和信宜农校的颜沛勋、梁尚唐、吴承燊（吴潮）、陆仁英，信宜师范的李耀修，信宜中学的林俊耀、林骥、林瑞尧，大埇塘小学的梁特立、梁巧云等相继加入了党的组织。

1942年4月，王国强又以《高州国民日报》特约通讯员的身份作掩护，公开在信宜县城、水口、东镇、怀乡、大埇塘、大埇、金渠塘等地活动，并以广雅中学为重点，信宜中学、信宜农校为附点，加紧发展党员，培养工农分子入党。党组织又先后在广雅中学吸收梁盛权、肖光燊、谭秀芳和农校的陆韬入党。同年11月，甘耀楷（甘光正）加入党组织。

到1943年5月，全县中共党员从原来的20人发展到74人，调离信宜的10人，在信宜的64人，建立起9个基层党支部，党员遍及水口、镇隆、东镇、北界、怀乡、茶山等地的学校和乡村。广雅中学有4个党支部，郑永成、李一鸣、郑诚、梁光煊（前）、梁永曦分别担任支部书记，共有党员23人；信宜中学党支部（成立于1940年3月），由张昌仁创建并任第一任支部书记，有党员

13 人；信宜农校党支部，有党员 8 人，朱作彦为支部书记；怀新中学党支部，有党员 3 人，丘玉莲（丘璧坚）为支部书记；信城妇女支部（1940 年 1 月建立），有党员 3 人，李晖雅为支部书记；罗登冲益群小学党支部（1941 年 1 月建立），有党员 3 人，王国强兼支部书记。1943 年 4 月，因有同志在县外被捕，而被捕的党员认识该支部康慧英、李宗媛 2 人，遂撤退党员，取消益群小学支部；大塘村党支部，有党员 4 人，林植民为支部书记。其他分散工作的党员有：冯宗基、李秀山、李晖雅、李宗英、杨进瑞、陈卓霖、梁特立、梁巧云、陈克英、梁昭恂、李绍佑、全国明、李耀修、彭之柱、陈瑞荣、张斌、邹贞业等，由特派员分别联系。

1943 年 6 月，中共南路特委调王国强到吴川县工作，陈志辉（伍鹤海）接任中共信宜县特派员。1945 年 2 月，根据中共茂电信特派员李华（陈华）的部署，中共信宜党组织在桃榔东乡和桃榔西乡举行武装起义。由于农村群众基础薄弱，军事斗争经验缺乏，武装起义失败。特派员陈志辉被通缉，身份暴露的党员被迫撤离信宜，上级从信宜调出一批党员，信宜县党员人数骤然减少，党组织处于困难时期。

党组织领导下的抗日救亡学生运动

一、以多种形式开展抗日宣传

1940 年 3 月，国民党当局掀起的反共高潮波及信宜。信宜战时乡村工作团、学生队、妇女救护队被国民党信宜当局解散。

中共信宜党组织转入地下活动，组织原在学生队、妇女救护队和战时乡村工作团工作，而被吸收为党员或已被培养成进步青年的、有条件的学生，参加是年秋季的中学招生考试，进入广雅中学、信宜中学、信宜师范、信宜农校、怀新中学，以读书求学为掩护，继续从事抗日宣传和建党工作。党组织的恰当安排使信宜的学生救亡运动打开新局面。学生运动的蓬勃开展为革命老区的建立发展培养了干部，打下了基础。

1940 年年底，广雅中学、信宜中学、信宜农校分别成立了党支部，信宜师范也发展了党员。各学校的党组织积极贯彻"发展进步势力，争取中间势力，孤立顽固势力"的工作方针；采取"有理、有利、有节"的斗争策略，领导信宜学生运动蓬勃地发展起来了。

1941 年 2 月，信宜农校党支部按照特派员的指示，配合其他学校党组织普遍开展读书活动。为了解决学校图书缺乏，尤其是进步书籍缺乏的困难，该校党支部在东镇圩办起党报秘密发行站。朱作彦、颜沛勋、陆仁英、吴承燊以"黎明辉"的名字订阅《新华日报》和《群众周刊》等禁书。他们先后以"新盛""宝生栈""陆昌兴"商店为据点收藏和分发报刊。他们收到邮件后再秘密送往镇隆、水口等地党组织给党员提供阅读和宣传进步思想的资料。这一工作一直坚持到抗战胜利。

1941年1月发生的皖南事变使人们看清了国民党顽固派分裂投降的嘴脸。各校进步师生在党组织的领导下，相继展开了以宣传"三坚持、三反对"为中心的政治活动。他们写标语、出墙报、举行集会，揭露和声讨国民党的倒行逆施。广雅中学数百名进步师生率先召开了声讨大会，会后步行到县城游行示威。他们沿途高呼着"坚持抗战，反对投降，坚持团结，反对分裂，坚持进步，反对倒退"的革命口号，抗议国民党当局破坏国共合作，声势十分浩大。中共信宜农校支部书记朱作彦组织农校的党员，在东镇街秘密书写出"三坚持、三反对"的巨幅标语，引起轰动，惊动了国民党信宜当局。

党组织为了掌握学校各种学生组织，更好地利用这些阵地开展宣传和传播革命进步思想，布置各学校党支部把握机会占领这些阵地。1941年3月，广雅中学党支部领导成立了级会"真社"，并利用学校改选学生会之机，经党员和真社社员拉票，中共党员叶鑫章被选为学生会长。接着，广雅中学学生会按照党组织的意图，改选了由"三青团"骨干梁国能把持的学校歌咏团，党员梁景燊、李湘顺利竞选上歌咏团的领队；然后又把学生会墙报移交党员张昌仁、梁光煊负责编辑。这样，党员成了广雅中学各种学生组织的主导力量，党组织可以充分利用这些组织宣传抗日，传播进步思想，教育广大师生。

信宜中学、信宜农校、信宜师范、怀新中学党支部亦相继组织起读书会、歌咏队、剧社等学生组织，有计划地开展团结进步青年、宣传抗日、秘密传播马列主义、物色培养建党对象和对敌斗争工作。

这时候，各学校的读书会以引导学生阅读进步书籍为主，阅读的书刊有鲁迅、高尔基的著作，有《大众哲学》《新青年》等。因进步书刊缺乏，读书会采取集中阅读或交流传阅的形式学习。东镇圩的"天禄阁"是信宜农校进步学生经常集中的地方。广雅中学的学生宿舍是向校外青年租借图书的房屋，也是校内学生阅读进步书籍的地方。广雅中学和信宜农校的党组织还发动学生向社会各界募捐到一批图书，办起了图书室。

各校文艺宣传的形式多样，以共产党员为骨干的剧团、歌咏队，大演进步戏，大唱抗日歌。广雅中学演出《最后一课》《北京人》，信宜农校演出《雾重庆》《钦差大臣》，信师文苑社上演《风波亭》。这些剧目和歌曲，不仅揭露了日寇侵略的暴行，弘扬了民族正气，还揭露了国民党卖国求荣的罪行。

二、保护进步力量，抗击反共逆流

信宜县各学校的抗日活动引起国民党信宜县当局的不满，他们指使学生中的国民党特务对进步师生横加干涉，甚至阴谋逼害。中共信宜党组织采取措施，给反动派予以有力回击。

1942 年 3 月 8 日，怀新中学中共党员丘壁坚利用"三八"妇女节的时机，组织怀新中学及附近小学的女教师和小学五年级以上的女学生 600 多人，举行纪念"三八"国际劳动妇女节大会。丘壁坚安排怀新中学骨干分子、进步女学生丘立吾（丘虹）主持大会，并在大会上公开宣传抗日，号召与会师生为争取妇女解放而斗争。纪念大会声势浩大，反响热烈。会后，怀新中学当局大为震惊，严令追查组织者，不准丘立吾参加毕业考试。怀新中学党组织沉着应对，组织学生强烈反对学校的决定，迫使学校当局收回成命，转而勒令丘壁坚退学。同年暑假，党组织安排丘壁坚考入广雅中学读书，继续为党工作。

1942 年 6 月，信宜农校党支部组织安排学校剧社先后在东镇、镇隆、西江等地演出《春天梦》《雾重庆》《钦差大臣》等进步话剧后，该校的训育主任胡学成挑唆学校反动当局对参加演出的学生进行迫害。于是，党组织抓住胡学成调戏女学生的丑行，发动全校学生声讨抗议，一致要求学校解除胡的职务。由于学生反应强烈，学校不得不接受学生的意见，将胡学成逐出校门。

广雅中学也有类似的斗争。该校的军训教官云鸿和学生潘自强是国民党军统特务。他们与各班的"三青团"分子勾结起来，散布反共言论，监视和打击进步师生，甚至阴谋逮捕进步学生。1943 年元旦，云鸿设下陷阱，企图趁中学生集中县城接受军事训练检阅之机逮捕广雅的进步学生。该校党支部及时识破云鸿的阴谋，立即通过学生会向校方交涉，提出不参加检阅的理由，使校方作出不参加军训检阅的决定，挫败了反动分子的阴谋。

各学校党组织在打击反动势力的同时，千方百计地团结和保护进步力量。1941 年夏，广雅中学一些反动分子挑动学生罢英语教师梁之模的课，并要求学校驱逐梁之模。梁之模是拥护共产党抗日主张的进步教师，反动分子的所作所为实质上是向进步力量挑衅。事发后，校党组织指示共产党员立即分头向同学开展说服教育工作，同学们很快就复了课，挫败了反动派的阴谋。这件事使梁之模和其他进步教师大受鼓舞，也教育了广大学生，团结和保护了进步力量。

开展武装斗争

一、组织武装队伍

1943 年 2 月，日军侵占广州湾，雷州半岛沦陷。中共南路特委号召各县党组织发动群众，开展各种形式的抗日武装斗争。中共信宜特派员王国强根据形势的发展和上级的指示，指示全县党员加紧开展抗日宣传，广交朋友，发动群众，积极发展党的组织，为开展武装斗争创造条件。

1944 年，日军打通了湘桂铁路线，占领独山，南路大部分地区沦陷。7 月，中共中央南方局指示：南路各县党组织均应着手组织武装斗争。中共南路特委决定在雷州半岛及吴川、廉江、化州、梅箓地区扩大游击小组，建立武装部队，在茂名、电白、信宜和钦廉地区组建游击小组，做好武装起义准备。

中共信宜特派员陈志辉参加了南路特委的会议，会后回到信宜，即布置全国明以岭东中学为基点，负责联系西江、金渠塘一带工作，钟江负责联系信宜中学和附城一带的工作，陈志辉亲自联系信宜师范、广雅中学和信宜农校的党组织。并指示全县党员采用隐蔽方式，广泛结交朋友、培养对象、发展组织、搜集敌情，为组建游击小组开展武装斗争作准备。

1944 年下半年，在学生运动中涌现出来的斗争骨干和很多学生党员已毕业离校，但他们与各自毕业学校的党组织还保持着联系。陈志辉对信宜组织武装斗争工作进行部署后，即与全国明、钟江分头联系各自负责地区的党员，向党员传达了南路特委的指示，全县党员很快行动起来，形成了学校与社会广泛联系，密切配合组织武装斗争的局面。此时，广雅中学、信宜农校、信宜师范、信宜中学、榕秀中学、岭东中学等学校仍然是中共信宜党组织地下工作的重要据点。

广雅中学校友、共产党员陆明章、梁景燊，回到母校与在校学生陆百钟（陆劲）、梁盛权等秘密联络，组织起一个游击小组，并在高州柴口一带农村吸收30多名青年参加游击小组。他们秘密集资购买了手榴弹等一批军火。信宜农校党组织发动柯成才、吴汉英、钟明等进步学生组织起一个游击小组，李毅任组长，吴承燊、陆仁英任副组长。全国明以岭东中学为据点，在金垌、万安（安莪）、怀乡围等地组织起一个游击小组。冯宗基以榕秀中学为据点组织起一个游击小组。梁特立、黄源传以茶山小学为据点也组织起一个游击小组。

1944年年底，上述这些相继组织起的游击小组，与附近农村的游击小组加强了联系，围绕武装斗争这个中心进行一系列组织上和军事上的准备工作。

1944年11月，中共南路特委任命陈华为茂（名）、电（白）、信（宜）地区特派员。陈到任后，即向茂电信三县特派员传达特委关于组织武装队伍，在1945年春节前后举行武装起义的决定，并布置各县大量秘密发展游击小组。

中共信宜党组织按照特委的指示，布置全县共产党员深入县内各地加紧发展游击小组。是年11月至12月，桃榔东西乡游击小组，以林俊耀、甘耀楷（甘光正），林寿祥等党员为骨干，已发展到40多人，筹集到一批武器；茂北柴口的游击小组有30多人，又在广雅中学吸收了6人；全国明在岭东中学、万安（安戡）、金峒、怀乡围发展的游击小组有 50 多人；黄源传在茶山地区组织的游击小组发展到 40 人；叶鑫章在池洞、岭砥组织起的游击小组发展到 20 多人；信宜农校游击小组也发展到 7 人。至此，中共信宜党组织在县内各地组织起游击小组 6 个，队员 190 多人，并筹集到一批枪支、弹药和经费。

二、桃榔起义

广州湾沦陷后，抗日将领、第四战区中将参议张炎返回南路，在吴川组织群众武装，开展敌后抗战。中共南路党组织积极配合张炎，联络各地张的旧部，扩大抗日队伍。党组织还与电（白）吴（川）警备司令詹式邦加强合作，建立了由詹式邦任主任，共产党员陈信材任副主任的吴川联防委员会，扩大民众抗日武装。国民党反动派密令张炎、詹式邦进攻南路人民抗日武装，遭张炎、詹式邦的拒绝。国民党反动派恼羞成怒，派兵围攻张炎和共产党领导的抗日武装。

1945 年 1 月 2 日至 10 日，为了保存和发展抗日力量，打击日本侵略者和国民党反动派的嚣张气焰，中共南路特委在吴（川）、廉（江）、化（州）、梅（菉）等地举行武装起义。1 月 13 日，张炎在吴川举行武装起义，在中共南路特委的支持下，张炎起义部队和南路特委派出的武装总队联合攻打吴川县政府，接着，南路抗日游击队配合张炎起义总队解放了吴川县城塘缀。

为了进一步配合吴、廉、化、梅的抗日武装斗争，中共南路特委指示各县也在 1945 年春节前后举行武装斗争。

1945 年 1 月中旬，中共茂电信特派员陈华在茂名凤村杨飞家里，向中共信宜特派员陈志辉传达了中共南路特委关于举行武装起义的决定，并指示陈志辉回到信宜后要立即着手组织举行武装起义。起义队伍由陈志辉指挥，先成立一两个大队，目标是建立一个团，团长、政委另定。大队长以下由陈志辉决定呈报特委委任。计划以信宜东部的古丁、马贵到茂名县的朗韶、大坡、云潭至茂电阳边境为抗日武装根据地。

陈志辉回信宜后，即召集全国明、钟江等人开会研究，决定广泛发动群众，迅速发展游击队员，并通过各种渠道筹集枪支弹药，准备在短期内举行武装起义。会议还作了具体分工：钟江负责茂信边界，以清垌为中心，在茂北柴口游击小组的基础上组建一个抗日游击大队，杨超文为大队长，钟江为政委；全国明负责金垌、怀乡、万安（安莪）片，以原游击小组为基础，组建一个大队；陈志辉留守一、二区（即县城镇隆、水口、北界及茂北部分地区）领导武装斗争，也组建一个大队，林骥任大队长，陈志辉为政委。准备三股兵力同时在不同地方起义，并迅速挥戈攻打信宜县城，然后向高州进军，与兄弟县的抗日武装队伍会师，建立茂电信敌后游击根据地。

会后，全国明即回金垌、茶山、万安（安莪）准备组织起义工作，新发展了一批游击队员，筹集到稻谷 200 多担，购买驳壳枪 10 多支，决定起义队伍先攻打万安乡公所，后突袭茶山、怀乡乡公所。负责一、二区的陈志辉，确定起义据点为桃榔的大垭塘村。因大垭塘村早在 1941 年 7 月便建立了党支部，有林俊耀、甘耀楷、林寿祥等一批党员骨干，已组织起一个 40 多人的抗日游击小组并筹到一批武器。

确定起义据点后，陈志辉即奔赴桃榔大垭塘村，在甘耀楷的家里，召集林骥、林寿祥、甘耀楷、陆明章、陆百钟、林瑞尧、林俊昌、林俊耀等 30 多名骨干开会，部署起义工作。会上陈志辉分析了形势，传达了中共南路特委关于尽快举行武装起义的指示，并宣布成立信宜县人民抗日武装大队第一大队，任命林骥为大队长，中共信宜特派员陈志辉兼任政委。第一大队下辖两个连，练松林任第一连连长，甘耀楷为指导员，林俊佳为特务长，大垌塘游击小组队员编入第一连；派陆明章、陆百钟到茂北柴口，以原茂北柴口抗日游击小组为基础创建第二连。

陆明章、陆百钟受命后，即赴柴口小学联系地下党员任肇基、罗荣华、古瑞文和伍村的游击队员俞均、俞辉（俞衍基）、黄正山（黄国荣）等，以他们为骨干，吸收附近农村青壮年农民，扩大游击小组。不久，吸收了列玉阶、列为杰、列为中、黄荣柏、范仲基、任为坤等20多人加入武装队伍。陆明章、陆百钟还通过任肇基争取到当地绅士和上层人物任拔群、任国勋的支持，收缴到长短枪10多支，手榴弹等武器一批。同时，游击小组派人员对国民党设在大应和高岭嘴的军火库进行侦察，通过教育争取到大应军火库的保管员做内应。计划起义队伍先攻打军火库，后攻打东才（东岸）乡公所，缴获武器后，集结队伍配合陈志辉领导的桄榔起义队伍攻打信宜县城。

与柴口游击小组同时，大垌塘游击小组的武装起义准备工作也紧张进行。一面迅速吸收发展游击队员，扩大武装力量。在原大垌塘村游击小组的基础上，又成立罗登冲游击小组，吸收发展游击队员10多人；另一面积极筹集武器，武装队伍。大垌塘村和罗登冲的党员、游击队员或献枪、或向亲朋借枪、或捐款捐谷购枪、或说服族宗献枪，筹集到一批枪支弹药。

1月30日，陈志辉再次到大垌塘村，研究确定武装起义计划。决定同时攻打桄榔东、西两个乡公所，扩大起义声势。

2月2日晚，陈志辉到大垌塘村领导武装起义。起义队伍分为两队，每队20多人。一队由林骥、练松林率领攻打桄榔东乡公所；一队由甘耀楷、林寿祥率领攻打桄榔西乡公所。

当晚10时许，攻打桄榔东乡的队伍在乡公所屋背的瓦窑里集结，然后依次摸到乡公所屋边。林骥向内应发出暗号，内应林仲豪对上暗号后即打开了乡公所横门，起义队伍不受任何抵抗，10多分钟便俘虏了该乡职员和乡兵10多人，缴获长短枪10多支，子弹1箱，电话机1台，开仓取谷100多担。接着，林骥率领起义队伍前往平山、龙登冲收缴地主林佐光的枪支，开仓取粮。

同日晚8时许，由甘耀楷率领攻打桄榔西乡的起义队伍从大垭塘村出发，到达山鸡地分岔处时，甘耀楷派林成兴、甘章文到南水垌剪断桄榔西乡电话线。由于负责内应的林俊耀、林俊昌被敌识破而遭逮捕，起义队伍靠近乡公所时，突遭敌人开枪扫射，敌人已经设防，起义队伍只得撤退。攻打桄榔西乡的计划未能实现。

2月3日凌晨4时，攻打桄榔西乡的人员回到大垭塘村向陈志辉汇报情况。陈志辉即派甘崇文通知桄榔东乡起义队伍全速前来汇合。天亮前，陈志辉率起义队伍经莲塘岭、柴埇，向大岭岗撤退。到达大岭岗后，陈志辉决定解散队伍，分散隐蔽，等待时机，以图再起。

2月3日，国民党信宜县政府派兵100多人，"扫荡"桄榔东、西两乡。游击队员林俊昌、共产党员林俊耀受到敌人严刑逼供，但他们始终坚贞不屈、大义凛然。2月10日林俊昌、林俊耀被杀害于镇隆。信宜解放后，人民政府把桄榔东乡更名为俊耀乡，桄榔西乡更名为俊昌乡。

茂北的柴口、清垌和安莪等地的武装起义队伍闻悉桄榔起义失败后，即停止活动。全国明在金垌、万安（安莪）、怀乡等地组建起队伍后，回县城找陈志辉商定起义时间，因桄榔起义提前举行，未能和陈志辉接上头，在取道金垌返回万安（安莪）时，不幸落入敌手。直至日寇投降后才获释出狱。

三、隐蔽待机、坚持斗争

桄榔起义失败后，国民党实行高压统治，中共信宜党组织果断决定采取"隐蔽待机"的策略，分别不同情况，对党组织和游击小组全面进行调整：已暴露身份的人员立即撤离，转入地下活动；未暴露的共产党员陆百钟、颜沛勋、吴承燊、李毅、陆仁英、梁盛权，游击队员俞均、俞衍基、黄正山等重回学校读书，坚持革命活动；陆明章、朱作彦、梁景燊、叶鑫章、梁尚唐、杨叙庆、杨万燊、冯宗基、蔡培清、彭之柱、梁光煊等，谋取社会职业，留在信宜继续搞地下工作。

陈志辉通过已在怀乡中垌小学任教的共产党员梁景燊介绍，到怀乡中垌小学，在该校教师廖抢万、校长廖概隆和爱国归侨廖育万的掩护下，以中垌小学教师的身份继续领导全县党组织开展工作。从这时候起，怀乡中垌成为中共信宜党组织的领导中枢。

1945 年 4 月，中共茂电信特派员陈华派通信联络员李佐平到怀乡竹头窝村，通过丘壁坚找到陈志辉，通知陈志辉去电白向陈华汇报情况。陈志辉得到中垌廖育万等的筹款帮助，扮成贩砂仁的商人通过敌人的检查，顺利到达电白青山村廖鸿才家，向陈华汇报信宜起义的经过和失败后采取的措施。陈华指示中共信宜党组织转变工作方针和做法：一要分散隐蔽、保存革命力量；二要继续在农村发展游击小组并建党；三要组织起精干武工队；四要加强统战工作，搞两面政权；五要恢复和发展学生工作。并把在茂名起义中暴露身份的党员杨进瑞、黄兰芳和进步青年王素徽调到信宜，谋取社会职业，继续做地下革命工作。

陈志辉回信宜后，按照陈华指示布置中共信宜党组织的工作，为后来党在信宜建立游击根据地打下了基础。

4

第四章

解放战争时期

第一节 武工队的发展和游击区的扩大

一、建立据点，发展游击小组

抗日战争胜利后，国民党反动派在美帝国主义的支持下，一面施放和谈烟幕，一面调集重兵对粤桂边区人民抗日武装队伍及根据地人民群众进行残酷的进攻和镇压。1945年9月20日，中共广东区党委发出《对广东长期坚持斗争的工作布置》，根据中央9月10日指示及广东实际情况，提出广东的工作方针：一方面是坚持斗争，保存武装，保存干部；一方面是长期打算，准备将来合法民主的斗争。广东区党委提出，南路坚持斗争的地区应在"十万大山及勾漏山"。中共南路特委9月下旬召开会议，研究敌我形势，贯彻广东区党委指示，布置南路人民武装，除一个团挺进十万大山之外，其余各团和各地部队，就地分散隐蔽活动，坚持自卫斗争，发动群众，在政治上揭露国民党内战阴谋，开展争取和平民主的斗争。信宜特派员陈志辉布置党员叶鑫章进入信宜县城民众教育馆当馆长，搜集敌方情报。杨叙庆等党员到学校任教，建立新的工作据点。

1945年10月24日，中共广东区委《当前形势与工作指示》强调指出："国民党对广东进攻是全面性的，各地武装要分散发展，扩大据点，组织更多的武工队进行自卫斗争。"中共南路特委根据斗争的需要，再次派王国强任信宜特派员，并兼管茂北地区的工作。

王国强抵达信宜中垌后，立即开展以农村为重点的建党工作，在中垌、岭砥、池洞、小水、茶山、怀乡、旺沙和榕秀中学、东镇农校等地，吸收新党员17人。同时，王国强领导全县党员紧紧围绕发展革命武装这个中心，建立革命据点，恢复和发展游击小组，初步建立游击区，此后的几个月里，在茶山、中垌、榕垌、岭砥等地发展近百名地下游击队员。1945年11月，参加吴川起义的党员林植民奉命返回信宜，王国强派他回桃榔东、西二乡恢复该地区党组织工作。同年12月，王国强向信宜县中共党员传达了上级关于形势和任务的指示精神，布置党员作公开合法斗争的准备，继续发展党员、培养干部，积极开展统战工作，搞两面政权，加强青年学生工作，开展民主运动，组织学习中共七大文件。期间，池洞、岭砥、怀乡、旺沙等地和信宜农校都发展了新党员。

1946年4月，张虎从茂北调来信宜工作，在茶山小学当教员作掩护，活动于茶山、池洞地区，吸收叶日学等10多人参加游击小组。

二、云潭会议和小水战斗

1946年2月初，茂电信特派员陈华在高州云潭召开茂电信三县武装斗争骨干会议。会上陈华分析抗日战争胜利后的形势，组织大家学习《愚公移山》《论联合政府》及中共七大文件，总结1945年武装起义以来的斗争经验教训，讨论形势和前途，进行革命气节教育，明确武装斗争的方针、方法，坚定信心，振作精神，对在茂电信地区继续坚持斗争起重要的作用。会议决定改正抗日武装起义一刀切、全面拔根式发动的错误做法；恢复和加强对城市的工人、学生、居民的统战工作；转移干部，进行分散隐蔽以保存实力；留下坚强干部，组织精干武工队，继续发动群众，坚持斗争。云潭会议是茂电信地区武装斗争史上一次十分重要的会议。它澄清革命队伍中的各种混乱思想，增强必胜的信念，明确了今后斗争的方向，为进一步发展党的组织，壮大人民力量，开展游击战争，奠定了更加牢固的思想基础。

云潭会议后，茂电信特派员陈华决定从茂电老游击区抽调28名游击队骨干组成茂电信武工队到信宜活动，开辟新游击区，建立基地。

1946年5月下旬，茂电信武工队分为两个队四个组，在队长郑奎、指导员钟正书的率领下，从茂南开赴信宜，武工队晚上行军，白天隐蔽。由于从石鼓峒前来信宜中峒的途中，武工队改为白天行军，化装欠佳，钟正书率领的第一、二组顺利通过，而郑奎率领的第三组，路经合叉河时，被小水乡保代表主席黄仲琛发现，与乡兵发生战斗，武工队被冲散。随后国民党县政府纠集乡队、联防队、警察进行追堵合围。队长郑奎、队员杨康日、张贵、杨亚松4位党员因寡不敌众，不幸被俘，6月4日被杀害于东镇。已经突围出去的曾任副团长的黄载源（党员）在折返茂南途中，亦在高州蓝田被捕，后于高州东门岭英勇就义。

小水战斗发生后，敌人到处戒严，四处搜捕武工队。钟正书、梁振初率领的先头第一队10多人到达中峒，得到当地干部群众的掩护，摆脱敌人的追击。但由于敌人疯狂搜捕，活动困难，20天后，被迫撤离信宜，重回覃巴地区活动。

三、建立游击区和发展武工队

1946年6月，蒋介石撕毁停战协定，全面发动内战，国民党统治区内各地方政府疯狂进行"清乡扫荡"，实行高压恐怖的黑暗统治。为恢复武装斗争，信宜特派员郑光民遵照中共南路特派员指示，在建立游击据点的基础上，进一步发展党组织和开辟新游击区，发展武装力量，建立革命根据地。

1946 年 7 月，郑光民接任信宜特派员。8 月，为加强农村工作，郑光民把农校高中毕业的共产党员吴汉英派回白坡发展游击小组，开辟游击区，把李振荣、吴承孚等共产党员派往云开、合水、钱排创建山区游击区。同月，郑光民和李乐（振荣）以探亲访友为名，前往云开，开辟据点，先后吸收黄国柄、黄豹、叶其猷、杨干、张胜等 10 多名青年参加地下游击小组，开展游击活动。吴汉英回到白坡小水后，发展 10 多人参加游击小组。不久，该地区扩展到六定与共产党员叶正海活动的地区连成一片，成为后来的东镇、岭砥、池洞、小水地区的秘密游击区。10 月，为创建信宜大雾岭游击基地，打通信宜与茂北的联系，郑光民与共产党员李乃珠、袁李光和张亚珍在大成圩开设"新就"杂货店，用商人身份掩护从事开辟大雾岭山区游击据点活动。

中共信宜党组织相继在茶山、中垌、云开、合水、钱排、榕垌、东镇、岭砥、茂北等地建立了一批革命据点，发展了一批地下游击队员，秘密组建游击小组，为武工队和游击区的建立和发展准备条件，打开武装斗争的局面。

1946 年 12 月，为加快开辟大雾岭游击区，郑光民把茂北武工组的周文莲、李文新、胡凤惠、冯宗枢 4 人调到大成埔尾地区工作，到次年春，先后吸收丘之增等 60 多人参加游击小组，并吸收夏以勤、陈世达、孙明耀、黎日坤等人入党，在大雾岭山区打下了革命基础。1947 年 6 月，周文莲率领武工队员近 10 人到良德、均圩、大成、白石、石鼓垌等地开辟新区。

1947 年 2 月，为把信宜大雾岭山区与茂北山区连成一片，建立革命游击基地，郑光民布置在茂北工作的几位党员向茂信边境山区发展组织，在茂北石坎、石骨片工作的陈彪向靠大成均圩的十二火灶方向发展游击小组，向朗韶、大坡推进，使之与茂东北的云潭连接，并布置家在古丁的党员黄充熙、夏以勤向良德、深镇、黄塘、石骨、古丁和马贵等山区发动群众，开展统战工作。同时，把原在茂北的党员杨麟调到信宜的大成、古丁、马贵、深镇地区，建立新的游击基地。然后在这些地方组建一支武工队，使信宜大雾岭与茂北十二火灶一带成为武工队活动的区域，取代号"台湾区"，由杨麟任书记。4 月，信宜地方党组织派党员何逢林到大应山脉和茂西的大井、清垌、德新、潭头等地开辟新游击区，以镇隆附近的农村为中心，把信宜与茂西一带连成一片。从此建立了信茂边境山区的游击基地。

1947 年 3 月，信宜特派员郑光民任命吴汉英为东镇至池洞、中垌、小水等地区的负责人，统一领导白坡、岭砥等片工作。5 月间，吴汉英把从云开调来的黄豹和岭砥的叶正海、谢建文、叶正盛、张志、罗三军等组成政工组，通过个别串联的办法开辟新区。到年底，建立起纵横 20 多里的两面政权，后成为信宜游击斗争的重要基地，代号叫"中区"。

1947 年 6 月，中共茂名中心县委成立，统一领导茂名、电白、信宜三县工作，粤桂边地委任命王国强为书记，林其材为副书记，郑光民、钟正书、钟永月为委员。6 月下旬，在茂名泗水地区召开会议，决定广泛运用武工队的形式，加快建立游击根据地，并决定以信宜和茂北为开展山区游击战争的重点。会后，在信宜、茂北扩建了 40 多人枪的武工队。同时，调龙思云到云开地区负责工作。

1947 年 10 月，中共茂名中心县委根据华南分局的指示，要求中共信宜党组织在粉碎敌人对茂信边境游击区"扫荡"的同时，在信宜山区广泛建立点、线、面的游击基地。12 月，中共茂名中心县委撤销，成立中共茂电信地工委，领导成员不变。地工委会议决定，放手发动群众，继续扩大武工队，粉碎敌人的"清乡扫荡"，巩固老区，发展新区，扩大游击区，开展武装斗争。同时，中共茂电信地工委把在茂北活动的武工队调到信宜。此后，以云开为中心的钱排、合水、茶山、洪冠成为一片游击区；以中垌为中心的东镇、岭砥、白坡、怀乡、白石、小水形成一片游击区；以双垌、礼垌为中心的金渠塘、西江、北界、池洞、朱砂等地亦广泛建立起新的基地，取代号"长春区"。

中共信宜党组织从 1947 年上半年开始，除组织不脱产的秘密游击小组外，还组织脱产的专门从事武装斗争的武工队，使人民武装的组织形式提高到一个新的高度。1947 年春，周文莲从他活动的地区挑选丘之增等 10 多人与茂北来的 5 人组成"青岛"武工队。是年 5 月，吴汉英把在岭砥地区活动的叶正海、罗三军等人与从云开调来的黄豹组成"中区"武工队。"青岛"和"中区"武工队在党组织的领导和培养下，政治素质和军事素质不断提高，并且不断扩大群众基础。因此，信宜革命武装队伍尽管处于国民党反动派的法西斯高压统治下，仍然顽强而迅速地走上发展壮大的道路。到 1947 年年底，信宜已建立三支武工队，一是杨麟率领的武工队，活动于茂、信边界的古丁、马贵、深镇等地（代号"台湾区"）；二是简常率领的武工队，活动于茂北的黄塘、石骨等地（代号"广州区"）；三是周文莲率领的武工队，活动于良德、均圩、大成、白石、石鼓垌等地（代号"青岛区"），使大雾岭地区纵横百多千米以内的茂北、信南地区成为联结成片的半公开的游击区。同时，在"中区"，环绕白坡、岭砥直至东镇周围的农村也建立起星罗棋布的武装秘密据点，人民武装进一步发展壮大。

中共信宜党组织根据华南分局和中共茂名中心县委的指示，在继续巩固信茂边界游击区的基础上，加紧建立信（宜）、罗（定）、阳（春）边区根据地。10 月，中共茂名中心县委书记王国强率领龙思云、李振荣等赴云开、林垌、竹垌、罗镶、钱排、北内、茶山、锦衣一带活动，一面做好统战工作，一面深入群众，扩大游击小组，打好群众基础。11 月间，党组织从原来的"广州区""台湾区""青岛区"三个区武工队中抽调骨干队员到信罗边界的云开山区活动。于是，杨麟、叶锦、简常、周文莲、周文杰、李文新、梁淮、李楠等 22 人从茂北开赴信宜，与从遂溪调来的梁甫、叶高、马光、马朝奕等武工队员以及钱排龙思云组织的武工队合在一起活动。

1948 年 1 月下旬，王国强在北内黄廷新家里召开中共信宜党组织领导骨干会议，传达粤桂边地委关于组织主力团（东征部队）挺进信宜，加快开辟以云开大山为依托的信罗阳边区游击根据地的指示。会上决定开辟以云开为中心的"天津区"作为武装斗争的重点区，成立党的区委会，龙思云为书记。并决定广泛发动群众，组织武装部队，配合东征部队打击敌人。很快，"天津区"成立了两个武工队，每队 10 多人，一队由梁甫任队长，活动于云开、罗罉、平塘、茶山、平田、锦衣、林垌一带，另一队由杨麟任队长，活动于洪冠、竹垌、北内、钱排、达垌一带。两队的活动地域连成一片，成为新的游击区。

在"天津区"武工队开辟地区的同时，党组织也给其他地区增派武装干部，使其他地方的武工队有很大发展。1948 年 3 月，在吴川游击区工作的庞斗才调到中垌，与郑光民一道开辟新区。同月，信宜农校的共产党员吴汉师积极发展进步力量，吸收一批进步学生参加游击小组，使该校的游击队员发展到 30 多人。是年夏天，梁景燊调回中垌抓武装斗争，经过一段时间的努力，白石、六梢、高城、池洞、扶参、小水、栗木等地先后发展成为游击区，从而使中垌游击区与吴汉英领导的中区游击区连成一片，武工队发展到 50 多人枪。

粉碎国民党的"扫荡"

一、东征部队挺进信宜

1948年4月初，粤桂边地委根据上级指示，组织两支主力部队东征粤中和西进十万大山。其中东征部队有800多人，由粤桂边地委委员欧初，团政委罗明，团长黄飞，副团长涂明坤、黄东明，政治处主任陈军率领，在遂溪誓师之后向信宜挺进。4月16日清晨，队伍由茂电信地工委委员车振伦陪同，进入信宜县境，路经大成、白石，当晚在白石四方田住宿，次日拂晓取道白鸡岭前往云开游击区。17日上午8时许，信宜县自卫大队长陈英昌率自卫大队300多人追击。东征部队负责殿后的第三营立即阻击，大部队凭山势迂回与敌人激战。至下午4时许，自卫队被东征部队毙伤数十人，悻悻败退。激战中，东征部队伤亡5人，团长黄飞负伤。当晚，部队安置伤员留当地治疗后，连夜转移到竹埇，并与当地领导人龙思云取得联系。18日，东征部队抵达云开。此后数天里，东征部队一面抽调干部与地方武工队组成工作组，分散开展宣传，发动群众参军参战，扩大政治影响；一面分头出击渤埇、茶山等地之敌，继而绕道沙子，折回云开。部队沿途所经之处，帮助地方武工队收缴土豪劣绅的武器，发动群众开仓分粮，向周围开辟新区。

东征部队开进信宜之前，部队领导人通知在中垌活动的茂电信地工委书记王国强到茂北伍村会见，商议在中垌发动武装起义。但由于情况变化，东征部队提前开上信宜，王国强到达时未能与东征部队取得联系，因而计划未能实现。东征部队在云开活动期间，敌人加紧集结尾追，东征部队只好奔袭合水，与在合水地区活动的梁甫、罗强等取得联系后，便在合水发动群众，开仓分粮，后取道石垌，进入云浮县西山飞地，挺进粤中地区。当时，地方干部龙思云、马光、马朝奕、叶高等亦随军转移。

东征部队在信宜地区的活动，打击了地方反动势力，扩大了政治影响，鼓舞了群众的斗争士气。但这次行动暴露了中共信宜党组织和武装队伍的力量，从而招致国民党信宜县当局长达 4 个月的"清乡扫荡"，给游击区的党组织和革命群众造成了严重的损失。在东征部队离开信宜后的一段时期里，信宜武装斗争的开展陷入了艰难的境地。

二、武工队开展反"扫荡"

东征部队离开信宜后，国民党信宜县政府对东征部队经过的信宜游击区进行了残酷的"扫荡"，妄图一举消灭革命武装力量，摧毁游击区。但是"野火烧不尽，春风吹又生"，深深扎根于群众之中的武工队，以顽强的革命意志，英勇的斗争精神，和革命群众一起粉碎了敌人的"扫荡"。

1948 年 5 月中旬，国民党信宜县县长钟超如亲自带领 4 个自卫中队共 400 多人扑向"天津区"进行疯狂的"扫荡"。他们采用"集中兵力、分区'扫荡'、逐块'蚕食'"的战术。钟超如带两个中队坐镇云开，"扫荡"竹垌、北内、钱排一带，实行残酷的屠杀政策，烧毁民房 100 多间，捕捉群众 30 多人，枪杀群众 2 人；自卫大队长陈英昌带领 1 个中队坐镇合水，"扫荡"沙子、林垌、平塘一带，也搞村村洗劫，人人过关，以拉网式向云开方面的钟超如靠拢；警察局局长张佐治带 1 个中队坐镇锦衣，"扫荡"洪冠、茶山、榕峒、渤峒、平田、大王顶、飞鼠顶一带，采用军事镇压和政治诱降的反革命手段，捕杀地下党员和武工队员韦家学等 4 人。霎时间，反动气焰极其嚣张，整个"天津区"笼罩在白色恐怖之中。

在敌人疯狂"扫荡"下，其他游击区的秘密据点也遭到不同程度的破坏。5 月，中共党员宁佳运在朱砂被捕而牺牲，"益寿堂"交通站遭破坏，陈绍堂、黄家琛、黄家秀、陈监猷等被捕入狱，黄家阡等被悬赏通缉。6 月，东征部队卫生员亚麦和文化教员亚刘返回部队途中在高州谢鸡被捕后叛变，暴露了茂北大应山交通站，致使该站 10 多位群众被捕。交通站的户主叶三奶和他的儿子欧瑞贵、媳妇任大嫂、叔公欧积祥 4 人被捕后受尽严刑拷打，宁死不屈，最后英勇就义。麦、刘 2 叛徒还引敌人破坏岭砥交通站，使交通员冯立德的父亲、妻子和嫂嫂 3 人被捕入狱，数月后才获保释。7 月，由于叛徒出卖，东征部队伤员亚黎、亚钟 2 人被捕牺牲。同期，茶山交通站站长覃大喜被捕，敌人逼他供出武工队员和交出他的儿子覃华兴（武工队员），覃大喜至死不肯暴露内情，最后被敌人折磨死于狱中。

在敌人疯狂"扫荡"的日子里，武工队员和革命群众没有被敌人的法西斯暴行所吓倒，他们采取了有效的措施与敌人进行针锋相对的斗争。敌人"扫荡"开始，茂电信地工委书记王国强在茶山平田附近的村子里召开了信宜东北区部分武工队骨干会议，定下三项反"扫荡"措施：一是把已暴露的革命群众和革命家属撤退上山，参加武工队活动；二是武工队打出敌人的包围圈转到外线作战，既保存自己，又开辟新区，继续发动群众，扩大群众基础；三是成立手枪队和小型长枪队，镇压反动的乡、保长，打击敌人的嚣张气焰，保护革命群众。

会后，中共党组织立即抽调10多人组成一支手枪队，在队长简常和副队长梁枫的率领下，在锦衣、扶曹、石梯、平田、茶山等地活动，叶锦还率领部分武工队员转移到外线的石根、大胜、罗林、佛子等乡活动，开辟新区。与此同时，原"天津区"的武工队员也在梁甫、罗强率领下转移到外线的思贺和云浮的西山，发动群众，扩大队伍，坚持斗争。"长春区"武工队也开辟了毗邻广西的北流、大伦、白马等地区，使游击区有了新的发展。

为粉碎敌人的疯狂"扫荡"，武工队和手枪队日宿荒山野岭，夜行山涧沟壑，吃的是木薯野菜，睡的是密林草丛。他们依靠群众，巧妙地同敌人周旋。武工队时隐时现，神出鬼没，搞得敌人晕头转向，无可奈何。手枪队在扶曹处决了一个专门搜集武工队和党组织情报、帮助敌人扫荡的反动保长后，起到杀一儆百的作用，其他反动乡、保长再也不敢为非作歹。接着武工队和手枪队又在钱排、茶山、平田、丰垌、榕垌、扶曹、石梯等地袭击敌人，处决叛徒，镇压反革命分子。6月下旬，熊宜武带领一个由5人组成的武工队在大王顶芋荚塘活动。一天敌人"清乡扫荡"，封村搜查，武工队被包围，熊宜武即率队突围。战斗中，熊宜武不幸中弹牺牲，其他队员英勇突围，安全脱险。7月，共产党员杨品琛在锦衣为武工队取粮时被捕，受尽严刑拷打，威逼利诱，始终坚贞不屈，最后被敌杀害。

国民党信宜县当局这次"扫荡"，从5月中旬开始，到8月上旬结束，历时4个月，武工队坚决执行地工委的指示，紧密依靠群众，彻底粉碎了敌人的"扫荡围剿"。在严峻的对敌斗争中，队员们经受了考验和锻炼，增强了队伍的战斗力，提高了群众的思想觉悟，巩固了老区，发展了新区。

建立情报交通网络

1940 年 1 月，中共信宜县特别支部成立，已经开始设置负责通讯联络工作的人员，程耀连是第一个通讯联络员。1946 年 6 月，国民党信宜当局公开反共，共产党组织转入地下活动，随着党的基层组织活动范围逐步扩大，各地出现了党员经常接头联系的，名为"交通联络站"的地方。

一、情报交通网络的形成

1945 年年初，信宜党组织设立的交通联络站有：怀乡竹头窝丘妙英家、东镇朱家祠堂朱作彦家、东镇圩陆仁英的店铺"陆昌馨"号、北界桃子埇的卢琼芳家、茶山白木的杨万燊家、镇隆八坊塘底埗李八嫂家以及由彭之柱负责的县城交通情报站。镇隆塘底埗、东镇朱家祠堂、北界桃子埇等交通联络站活动更加隐蔽。是年 10 月，县特派员把领导中心转移到怀乡中垌，在农村开展建党工作，同时发展游击队员，建立游击据点。随着党组织的活动逐步开展，又增设了新的交通联络站，主要有怀乡中垌的李瑞华家、岭砥的冯立德家、茂北东才乡鹅公塘坳的唐亚明家、茂北石鼓垌的陈桂芳家。

1946 年 8 月，郑光民接任信宜特派员，是年 10 月，为开辟大雾岭游击基地和打通信宜与茂北的联系，郑光民带领袁李光等几个党员到大成圩开设"新就"杂货店，以经商作掩护，开展党的工作。他以东镇的陆仁英、吴汉师和茂北的冯宗枢为联络骨干，联系茂北、镇隆、大成、怀乡、茶山等地的党组织，传递党的指示和政治、军事情报，把各地的交通联络站联结起来，初步形成了交通联络网。

二、情报交通网络的发展

1947年上半年，信宜党组织开辟游击基地的工作有了较大的进展，交通联络网也因此获得较大发展。茂北的石骨、黄塘一带（代号"台湾区"），信宜的池洞、中垌、小水一带（代号"中区"）以及茂西的大井、清垌、德新一带（代号"青岛区"）相继开辟成游击基地，交通联络工作显得十分重要和迫切。是年6月，中共茂名中心县委在茂名泗水召开的第一次全体委员会议上，特别强调要相应地扩大和健全交通联络网。会后，茂名中心县委布置共产党员陈达增回信宜，设法打入敌人内部搜集情报。陈达增先在信宜师范当军训教官，后于1948年打进信宜县国民党自卫总队任副总队长。1947年冬，郑光民布置陈达增与林植民（1946年8月进入信宜民众教育馆工作，后又到国民党信宜县参议会任职）联系，他们常在民众教育馆递交情报。林植民以县城太邱书院为联络点，与县城交通联络站站长彭之柱联系。陈达增多次搜集到敌人的重要军事情报，通过林植民、彭之柱传递给党的领导机关。这一情报联络体系的建立，标志着信宜党的交通联络工作开始走向完善。

为进一步加强武装斗争的骨干力量，1947年下半年，中共茂名中心县委从遂溪、茂名调几批党员到信宜，同时，中共香港分局也调一批党员干部回信宜。随着斗争的发展，干部往来频繁，党的联络工作越来越广泛和重要，信宜党组织在镇隆、东镇、"台湾区"、"中区"增设了一批地下交通联络站，主要有：镇隆德新乡大垭村的蔡培清家和梁萃明家，镇隆圩刘昌华、凌敬卿的"祥和"商店，东镇圩廖昌祺的"爱峰堂"，吴汉英的"正栈"、黄仲光的"广和兴"、罗灿原的"福和"等商店，东镇附近大木垌许秀林家，长坡的李以泉家和朱应云家。"台湾区"增设茂北大应山欧三奶（姓叶）家。"中区"增设白坡黄步进家。"中区"位于信宜中部，这个区原有岭砥冯立德站、南联茂北大应站、北联中垌李瑞华站。这个时期增加的新站，职责明确，定点联络，这表明中共信宜县党组织的地下交通联络网日臻完善。

三、情报交通网络的完善

1948 年年初，中共茂电信地工委把原在茂北活动的武工队调到信宜的钱排、合水、新堡、思贺、茶山、洪冠、贵子和阳春的西山、庙龙一带开辟游击基地，建立了"天津区"。"天津区"范围内的交通联络站随之陆续建立起来，这批交通站中主要有：茶山的覃大喜、杨立强、姚德贵家，平田的韦家学家，达垌的李广禄家，梭垌的十四婆家，黄龙的叶其信家，罗罅的张平家，北内的黄廷燊家，分界的张希吾家，云开的黄宝珊、黄国权家，合水的刘方英家，新堡的罗华家，思贺的梁才汉家，西山庙龙的杨才裕家。是年 4 月中旬，南路人民武装东征部队经过信宜。国民党信宜县政府纠集武装对"天津区"进行长达四个月的"清乡扫荡"。中共信宜县委党组织领导"天津区"武工队和人民群众开展了艰苦卓绝的反"扫荡"斗争，各交通站的人员冒着艰险通风报信，掩护地下党员，作出了突出的贡献。6 月，茂北大应山欧三奶交通站、岭砥冯立德交通站和茶山覃大喜交通站受到敌人的破坏。

1948 年 11 月，中共信宜"中区"区委成立，该区武工队和"长春区"武工队的活动十分活跃。"长春区"的武工队活动到广西边境，在那里建立了地下交通站。1949 年 5 月，粤桂边纵队第五支队第十五团成立，该团和各区中队配合行动，发动群众，筹枪筹粮，打击地方反动势力，掀起武装斗争高潮。在这形势下，交通联络工作必须随之加强。中共信宜县委指示"长春区"巩固已建立的交通联络系统，并充分发挥其作用。已建立的交通联络站代号"天""地""日""月""星""辰"。"天站"是总站，设在陂底铺附近的大田地，先后由"长春区"区委委员汤志道和谢树权直接领导，莫伟光（先）和黎冠高（后）任站长兼交通员。"地站"设在马坑，由陆百钟负责。"日站"设在岭砥，由罗绍富负责。"月站"设在双垌，由黎日荣、叶道明负责。"星站"设在安莪，由黄典初负责。"辰站"设在北界罗鸦埇，由黄裕民负责。各分站直接与"天站"联系。"天站"系统之外的其他交通站直接或者通过分站间接与"天站"联系。"天地日月星辰"系统的建立，标志着全县交通联络网已发展到组织严密、系统完善的成熟时期。

为配合武装斗争，信宜县党组织建立的交通联络站、联络点星罗棋布，遍及全县各地，形成了广泛的交通网络。这些网络为党组织传递信息、沟通联络、运输军备、提供给养、护送往来、接待人员等发挥着巨大作用。从事交通联络工作的人员，为完成革命任务，担风冒险，战胜各种难以想象的艰难险阻，有的甚至无私地献出了宝贵的生命。如茂北大应山交通站负责人欧三奶和儿子欧瑞桂、媳妇欧任大嫂（已怀孕 6 个月）及其堂叔欧炽祥，1948 年 7 月因叛徒出卖被捕、惨遭敌人杀害，成为轰动一时的"四尸五命"惨案。交通联络员用鲜血和生命在信宜的革命斗争史中留下可歌可泣的不朽篇章。

第四节

武装主力部队建立和发展

一、中垌会议及游击区的扩大

1948 年 8 月，中共茂电信地工委书记王国强在中垌召开武装骨干会议，总结前一阶段反"扫荡"经验教训，传达粤中分委书记冯燊的"放手发动群众，迅速建立主力部队"的指示，部署反"扫荡"工作。为坚定同志们的信心和学习其他地方的经验，会上再次进行了组织纪律和革命气节教育。王国强传达其他地方反"扫荡"斗争的经验，郑光民介绍遂溪县"农民大王"梁汝新发动群众与敌斗争的经验，全面开展以"九苦十八忧"（忧丁忧税苦，忧钱忧债苦，忧谷忧租苦，忧欺忧凌苦，忧穿忧住苦，忧婚忧嫁苦，忧耕忧种苦，忧老忧病苦，忧生忧死苦）为内容的阶级教育。王国强作工作安排：1. 叶锦、梁甫、罗强、梁枫等继续在"天津区"搞好巩固老区、发展新区工作；2. 调简常、汤志道往信宜西部（"长春区"）开辟新区，调梁钜华到茂北地区工作；3. 放手发动群众，广泛建立群众基础，为建立主力部队，开展武装斗争创造条件。会议前后开了三天。这次会议对后来新游击区的迅速扩大和全县广泛开展武装斗争起到重大的作用。

会议结束后，梁甫、叶锦、罗强等人按中垌会议精神继续在"天津区"开展武装斗争。他们依靠黄国柄、黄豹、叶其猷等秘密发展一批农民积极分子参加革命队伍，抚恤在敌人"扫荡"中受害者的亲属。同时，逐家逐户向群众宣传全国解放战争的大好形势，对群众加强思想教育，使老区的革命群众认清了形势，重振革命精神，很多青年准备参军参战，打击敌人。

10月间，全国解放战争的大局势如破竹，辽沈战役取得决定性的胜利。在大好形势的鼓舞下，"天津区"的武装斗争发展很快，王国强到云开检查武装队伍组建情况时，指示梁甫、叶锦、罗强等加紧筹集武器，着手组建主力部队，进一步开展武装斗争。梁甫等人即在云开筹到族枪、民枪30多支，组成长枪队，由梁甫任队长，活动于云开、竹峒、罗镥等地，并在云开锡坪进行军事训练。梁枫、黎金耀吸收杨大鉴，韦荣钊、韦荣秀、韦荣辉4人参加武工队。"天津区"的武装队伍还活动到云浮的西山、庙龙等地。至此，"天津区"的武装力量已有雄厚的基础，组建主力部队的条件已成熟。11月，中共茂电信地工委在罗镥召开会议，研究决定在云开集结队伍，发动武装起义，进而组建主力部队。这时，叶锦等人在茶山、渤峒一带也组织起一支20多人枪的武装队伍，于11月间，这支队伍到锡坪与梁甫队合并，成立一个中队，代号为"博古"中队，黄国柄任中队长，全队有70多人，下辖3个排，张勇、张胜、黄飞分别任排长。"博古"中队成立后，即筹粮缴枪，继续扩大队伍。不到一个月时间，该队先后收缴了白石大坑反动富农郭六、湘峒地主刘植吾、坳峒地主刘赞堂等人的长短枪30多支，进一步充实了部队的装备。到1949年3月，"天津区"已建成连片的游击区。

同期，在"长春区"活动的张虎、简常、陈彪、汤志道等也很快扩大了群众基础，建立新据点。1948年1月，调张虎、陈彪到池峒、东镇以西，包括金渠塘、石订、六训、双峒、庄峒、礼峒、林坑、东安南、金峒、径口等地，代号为"长春区"的地区开展工作。张虎到信宜后，以池峒党员黎日荣、罗琼、张志的家为立足点，采用亲串亲、友串友的办法，逐步向外扩展，先发展点，又从点到线发展成面，逐步控制部分村庄，建立群众基础。陈彪则以算命、占卦等公开职业作掩护，先在怀乡、茶山、洪冠、中堂、贵子、朱砂等地，发动农民参加游击小组，同时巩固原有组织，提高其革命素质。原在茂北大村小学任教的党员陆百钟调到"长春区"，活动于池洞、双垌、黎垌、乾和、庄垌、文埇等地组织发动群众。原在"天津区"活动的汤志道、简常也同时调入"长春区"，汤志道到西江北界的六承上、六承南扩展地区，简常主要以组建武工队、突击队等形式去开辟武装据点。经过一年多的努力，"长春区"从池洞、石牛坑等地，向南发展到双垌、黎垌、庄垌、六鸣、陂底铺、双狮、横茶等地，向北发展至安莪、朱砂、旺沙、贵子等地，向东扩大发展到扶参、铜鼓等地，向西发展到广西北流边境的大伦、白马、扶新等地。

二、从独立大队到第十二团的建立

1949 年 1 月，毛泽东发表《将革命进行到底》的新年献词，向中外宣布：中国人民将要在伟大的解放战争中获得最后胜利。中国人民解放军将要渡江南进，把解放战争进行到底。1 月 26 日香港分局发出指示，要求各地"迅速扩大主力部队，迅速组织民兵，依照各个战略单位展开有战略意义的地区的工作并联成一片"。1 月 28 日至 30 日，中共茂电信地工委在中垌召开扩大会议。会议由地工委书记王国强主持，参加会议的有地工委委员郑光民和在信宜工作的主要干部梁平、张虎、梁甫等。会上学习了上级有关指示精神，解决五个问题：一是认清形势，增强信心，明确今后工作方针，放手发动群众，扩大主力部队，大力开展武装斗争。二是总结一年来的经验教训，提高工作水平，加强统战工作和对敌军的策反工作。三是健全信宜、茂名两县的县委，把龙思云调回茂名担任县委书记。会上郑光民提出不再兼任县委书记，建议由梁平任书记。经地工委研究，同意郑光民的提议，决定任命梁平为中共信宜县委书记，张虎、吴汉英为委员（后增补杨飞为县委副书记，全国明、梁甫、梁景燊为县委委员）。2月1日正式成立中共信宜县委。同时宣布成立各区区委。"长春区"由张虎兼区委书记，简常为副书记，陈彪为组织委员，汤志道为宣传委员，"中区"由吴汉英兼区委书记，东北区（"天津区"）梁甫为书记，叶锦为副书记，罗强为委员。四是调整干部力量。五是扩大主力部队，开展武装斗争，各区组织一个区中队和一支精悍的短枪队（亦叫突击队）。会后主力部队和"中区"中队得到迅速发展。

1949年2月，"中区"的吴汉英、梁景燊根据中共茂电信地工委"组建部队，发动武装起义"的指示，在中垌一带收缴地方劣绅的枪支弹药一大批，动员青年农民参军参战，组建起信宜第二支主力中队——"叶挺"中队，全队有70余人，下辖3个排，袁李光任中队长，廖琼华、陆胜任副中队长，李振荣任指导员。这支队伍活动范围涉及中垌、小水、西垌和扶龙、白石等地。队伍建立不久被敌人发现，国民党信宜县政府派县警陆希武率领一个中队到中垌搜查。中共信宜县委书记梁平考虑到中垌的活动不宜暴露，而且这支部队建立不久，装备还差，未有战斗经验，不宜与敌人硬拼，便命令部队转移避敌。敌军气势汹汹窜到中垌，不见我军踪影，又无法从群众中侦知我军去向，最后只得撤走。

2月18日，"叶挺"中队在梁景燊、李振荣的率领下离开中垌，抵达云开，与梁甫率领的"博古"中队会师，继续在云开地区活动。为便于统一指挥，王国强和中共信宜县委研究后决定，"博古""叶挺"两个中队合编为信宜独立大队，代号为"若飞"大队，共有队员200多人。梁甫任大队长，梁景燊任政委，李振荣任副大队长兼参谋，罗强任政治处主任，大队下辖两个中队和一个手枪队，黄国柄、袁李光分别任中队长，何超任手枪队长。为加强党对部队的领导，独立大队成立党总支，梁景燊任总支书记，梁甫、李振荣、罗强、袁李光任总支委员。各委员兼管各中队的党务工作，排一级派有党代表，确保党对部队的绝对领导。

组建信宜独立大队（"若飞"大队）的同时，王国强命令已调回茂北地区工作的杨麟在短期内组建一个武装大队。杨麟接受任务后，在不到一个月的时间内即在茂北地区筹集了一批枪支弹药和粮食，成立茂名独立大队，代号为"大钊"大队，刘绍兰（刘天华）任大队长，杨麟任政委。"大钊"大队辖一个中队，黎日坤任中队长，俞辉任指导员，梁基赵任文化教员，周群任事务员。中队下辖两个排，排长分别是盘明盛和梁广焕。该大队成立不久，遭受茂名敌军追袭，但很快就摆脱了敌人，于2月25日开抵云开锡坪，与信宜独立大队会师。会师后，杨麟重返茂北工作，扩大武装部队。

茂信两独立大队会师后，共有300多人枪。为了统一指挥，统一行动和扩大政治影响，由梁景燊提出，经王国强同意，信宜成立一个团，定名为第十二团，统一领导茂信两独立大队。这样，信宜人民武装主力团——第十二团于1949年3月中旬在云开宣布诞生。经党组织讨论决定，梁甫任团长，梁景燊任政委，刘绍兰任副团长，李振荣任参谋长，罗强任政治处主任。第十二团下辖两个大队。第一大队是"若飞"大队，梁甫兼任大队长，李振荣兼任副大队长，下辖"博古""叶挺"两个中队，其中"博古"中队长黄国柄，文化教员杨政；"叶挺"中队长袁李光，副队长陆胜、廖琼华，文化教员罗章隆（后是梁景森）。第二大队是"大钊"大队，刘绍兰兼任大队长，下辖一个"大钊"中队，中队长黎日坤，文化教员梁基赵。第十二团的成立，标志着信宜人民武装斗争进入了新阶段。

三、云沙角整军和水摆罗镜战斗

1949年3月，新成立的第十二团集中罗定县云沙角进行整军。中共茂电信地工委书记王国强亲自主持这次整军。在这次整军中，团领导针对指战员思想不够稳定，组织纪律性不强等问题，通过大会报告、典型发言，开展批评与自我批评等形式，进行形势教育，部队的性质、宗旨教育和三大纪律、八项注意教育，使第十二团全体指战员更加明确自己所肩负的历史任务，思想政治觉悟得到很大提高，部队的战斗力得到增强。

云沙角整军后，第十二团在梁景燊、梁甫、刘绍兰等领导人的率领下，开抵太平、思贺和云浮飞地西山的庙龙等地区活动，开展征集粮饷，收缴武器的斗争。3月17日，部队在思贺寨岗向反动地主梁冠民征收军饷180多担。19日，部队派出一个班护送粮食，主力部队则转移至双垌。不久，主力部队又在双垌收缴了反动地主的长短枪20多支，筹到军粮100担，然后挺进西山地区。这时，留在思贺的运粮队伍遭到反动乡长陈卓东的自卫队截击，粮食又落入敌手。一个多月后，第十二团从西山、木瓜回师思贺，再次向梁冠民催缴其拖欠的军粮，随后移队回师罗定云沙角。

当第十二团主力在罗镜等地活动时，地工委书记王国强带领罗强、黄豹、孙昌等人去罗定地区与三罗支队罗定第十四团领导人陈汉源、欧影寰会晤，商定第十二团与罗定游击队在军事上互相支持，互相配合，共同建立信罗边境军事协作区等事宜。

4月初，罗定县的反动县长谭启秀和自卫总队副大队长陈少达带领保安队、自卫队400余人，配备有六〇炮、轻重机枪等武器到罗镜、水摆、分界一带"清乡扫荡"，妄想歼灭罗定第十四团。

罗定县地下党从内线获悉将有一个中队的敌人从罗镜圩出发，前往水摆地区"扫荡"。三罗支队第十四团派员与当时驻在罗定云沙角的信宜第十二团联系。第十二团的领导人梁甫、梁景燊、刘绍兰即前往第十四团驻地与陈汉源、欧影寰等领导人一起研究歼敌良策，最后决定：罗定十四团的黄灿营派出一个班向水摆圩方向行动，派一个主力连和西南区队在水摆圩内设伏，黄灿营的其余兵力埋伏在圩东南角，信宜第十二团埋伏在圩外西北角。三点形成一个互相呼应"品"字形的火力交叉网，严阵以待。当敌军进入包围圈时，信宜第十二团的"博古""大钊""叶挺"等三个主力连同时开火，接着，300多个游击队员从山包上冲杀下来，形成一个严严实实的包围圈，敌人走投无路只好举枪投降、跪地求饶。这场战斗，前后不到1小时，全歼敌人1个中队，击毙敌军数人，俘敌30多人，缴获轻机枪1挺，步枪及弹药一大批。

水摆战斗后，敌人恼羞成怒，国民党广东省保警一个团纠集罗定自卫大队共1 000余人，于4月下旬再度"扫荡"罗镜游击区。"扫荡"后，敌人派出一个营的兵力常驻罗镜圩内。敌人因吃了上次分散兵力的亏，改为白天集中兵力作重点"扫荡"，晚上龟缩在罗镜圩内。第十二团与罗定十四团和西南区队的领导根据群众的意见，通过分析，确定罗定西南区队凭熟悉地形，负责"引蛇出洞"，罗定第十四团作主攻力量，信宜第十二团在侧翼设伏，形成中间开花、四壁合围的战局。这次战斗，信罗两军配合打得敌军狼狈逃窜，并继续乘胜追击，直把敌人追赶到十里之外的沙湾才收兵。战后，罗镜圩人民欢欣鼓舞，杀猪送粮慰劳两县的子弟兵，大放鞭炮，庆祝罗镜第二次获得解放。

四、第十二团的发展壮大

云沙角整军之后,第十二团挺进思贺、西山、木瓜活动,团政委梁景燊派"叶挺"中队的文化教员罗章隆在木瓜双峒一带组建武装队伍,一个月左右便组织起70人枪的队伍,谢琼林任队长,刘昭毅任副队长。5月5日该队赴木瓜征缴民枪,次日被反动头子谢任衡的反动武装围攻,谢琼林率队突围时,不幸中弹牺牲。队员谢荣球、谢灼森、谢灼良3人被捕。他们始终不为敌人的名利所诱惑,坚贞不屈,最后英勇就义。

3月末至4月初,黄豹奉命回罗镶组织武装,扩大队伍。黄豹派员做当地士绅张磐石等的统战工作,收集到族枪30多支,组建起有30多人的"罗镶"中队,黄豹任中队长,张元廷任副中队长。接着,黄豹率"罗镶"中队的部分队员到中伙地区活动。这时期各地的武装队伍纷纷建立:在中伙活动的曹德松、曹荣东组织起30多人的"中伙"中队;林峒地区的张志才组织起40多人的"林峒"中队;信罗边境张志祥组织起30多人的"邓发"中队;在西山地区活动的梁枫、杨大鉴、黎金耀等人在云浮飞地西山成立了200人的"信(宜)西(山)"大队。"信西"大队由杨大鉴任大队长,黎金耀、杨节三任副大队长。大队下辖五个中队,中队长分别是杨贤七、杨才荫、杨才承、杨才安、韦业球。后来,全大队整编为70多人,于4月下旬由杨大鉴率领赴信罗边境的分界与第十二团会合,隶属第十二团领导。

4月下旬至5月初,叶锦和俞钧带领武工队在云开等地征收祖尝谷和族枪,扩充队伍。他们先后收缴到长短枪70多支、"猪笼机枪"1挺,又接收20多人入伍,与黄豹的"罗镶"中队会合,组建起"云开"大队。王国强任命黄伟昭(统战对象)为大队长,张世祥为副大队长,下辖3个中队,第三中队长黄奕世,副中队长黎国权，全大队共有 110 多人，也隶属第十二团领导和指挥。

5 月初，中共党员叶其猷在罗定县黄豆坪和信宜清水地区组织起"清水"中队，叶其猷任中队长，张达英、陈瑞华任副中队长。"清水"中队成立不久即与王壮民带领的合水区警 100 多人在茂门坑发生战斗。战士叶其炳、杜家盛、潘其建、叶亚一 4 人不幸被俘，当天被杀害于荔枝垌。战斗后清水中队转移至罗镜，在那里与"中伙"中队、"邓发"中队会合，成立"清水"大队，共 200 多人。叶其猷任大队长，张达英、张志才和曹德松分别任中队长，隶属第十二团领导。

水摆、罗镜战斗之后，第十二团军威大振，农民群众踊跃参军参战，第十二团的兵员猛增至 700 多人。

五、敌人"扫荡"云开，第十二团开沙子粮仓

信宜人民武装主力部队——第十二团的迅速壮大，各游击区武装力量的迅猛发展及一系列的军事行动使国民党信宜当局异常惊恐。1949 年 5 月 10 日，国民党信宜县县长陆祖光调集县警、乡兵 800 多人分别从湘洞、罗鳙、竹垌、楼垌四个不同方向，兵分八路"围剿"云开，妄图把新组建的"云开"大队扼杀在摇篮之中。敌人的这一阴谋，被潜入国民党内部的中共党员陈达增获悉，及时向中共信宜县委书记梁平汇报。9 日下午，云开地区负责人叶锦、俞钧接到情报后，立即率领云开大队转移到罗定分界，同第十二团会合。转移时，黄奕世领导的第三中队 30 多人意欲硬拼，不愿撤走，提出"誓与云开共存亡"的口号。后经领导多方说服同意撤离，但因延误了时间，10 日上午，即在家山顶上，同从竹垌方向进犯之敌发生战斗，由于敌强我弱，阵地失守，副中队长黎国权、分队长黄杨芬和战士黄庆贵、刘大生、张烈开 5 人

不幸被俘，15 日被敌杀害于山塘坳，同时被杀害的还有群众张仁钦、彭世熙 2 人，云开人民遭到空前的洗劫。此后，国民党反动派不断"扫荡"云开地区，到处封屋搜查，杀人放火，破坏地下党组织，"清剿"共产党，搞得人心惶惶，鸡犬不宁。

面对敌人的疯狂"扫荡"，第十二团决定主动出击，粉碎敌人的阴谋。1949 年 5 月上旬，第十二团在罗定分界活动，当时兵员急剧增加，又值粮荒时节，部队的给养困难。为解决部队给养问题，第十二团派出何超、黄豹、陆胜、孙昌、杨龙等组成突击队，由区委负责人叶锦率领从分界到替棉向反动地主刘炽南取粮，遭刘炽南顽强抵抗，战士孙昌当场中弹牺牲，陆胜、杨龙 2 人负伤，突击队被迫撤回分界。替棉取粮未获成功，第十二团领导召开会议，决定以迅雷不及掩耳之势，挥兵信宜沙子田赋仓夺取粮食。会上成立了以梁景燊为总指挥，梁甫、刘绍兰为副总指挥的指挥部，并得到罗定第十四团领导人陈汉源的支持，从水摆一带组织 600 多名民工到沙子破仓取粮。5 月 22 日，部队和民工共 1 000 多人奇袭国民党信宜沙子粮仓，俘敌乡兵 4 人，缴枪 10 多支，夺粮 400 多担。因取粮时间过长，部队同钱排、合水两地来援之敌 200 多人发生激战，战斗持续近 3 个小时，第十二团分批撤离沙子，转移到罗定分界。在沙子战斗中，"清水"大队大队长叶其猷、战士张国林不幸中弹牺牲。

这次沙子开仓虽未达到预期目的，但夺取了一批粮食，解决了部队的短期给养问题，为解放全信宜打下坚实的物质基础，同时扩大了政治影响力，意义十分深远。

六、第十五团的建立

1949 年，全国解放战争形势发生了急剧的变化，毛泽东的元旦献词《将革命进行到底》鼓舞了全国人民，中国人民解放军即

将渡江作战的消息，对南路以及信宜各地武装力量的发展壮大起
了极大的推动作用。

　　1949年4月，中共茂电信地工委在廉江游击区召开全体工委
委员会议，粤桂边区党委书记梁广到会宣布组建中国人民解放军
粤桂边纵队第五支队，任命王国强为第五支队司令员兼政委。同
时要求各县组建主力部队，电白县组建第十三团，茂名县组建第
十四团，信宜县组建第十五团。各县在组建主力团的同时，要建
立区中队。会议还指出信宜和茂北是中共茂电信地工委开展武装
斗争的重点地区。同月，根据区党委的指示，茂电信地工委改为
高州地委。

　　1949年5月底，中共高州地委书记王国强和地委委员郑光民
在白坡主持召开信宜县委全体委员会议。王国强在会上传达了粤
桂边区党委和高州地委关于放手发动群众，加强统战工作，迅速
建立以云开大山为中心的游击根据地，大力开展武装斗争以及在
高州地区组建粤桂边纵队第五支队和在信宜建立第五支队第十五
团（简称"五支十五团"）的指示。会议决定：1.调整充实武装
队伍的领导，在第十二团的基础上成立五支十五团，正式编入中
国人民解放军序列。宣布全国明任团长兼政委，强调在部队健全
党的组织，团成立党委，大队成立党总支部，连队设党支部，以
保证党对部队的绝对领导。2.在组建主力团的同时，各区建立区
中队，全面开展武装斗争，配合主力部队作战，牵制打击敌人。
3.调整和充实各区的领导班子。为了斗争的需要，调第十二团政
委梁景燊到西北区任区委书记，团长梁甫到东南区任区委书记。

　　白坡会议历时5天，制定了斗争的方针策略，对指导解放战
争后期信宜的武装斗争和部队建设起了决定性的作用。

　　白坡会议期间，第十二团沙子开仓取粮失利，士气一度低落，
王国强闻讯，即赶赴分界召开第十二团骨干会议，总结沙子开仓

经验教训，提高认识，鼓舞士气。接着，组织第十二团进行整训。鉴于第十二团人员庞大，粮食供给困难，经研究决定对部队进行整编，把"信西""清水""云开"三个大队的部分骨干编入"博古""大钊""叶挺"三个连队，其余人员回原地区扩建游击区，壮大队伍、打击敌人。整编之后，"博古""叶挺""大钊"三个连队共500多人，坚持在罗信边界地区活动，其他大队返回原地区坚持斗争。

5月27日，"信西"大队取道思贺回西山，途经寨岗时，遇国民党乡长陈卓东组织的反动武装袭击，被迫折回太平待机再回西山。6月1日晚，信西大队由副大队长杨节三率领，从太平出发，取道新堡回西山，途经茂门河口桥头时，遭罗少蕃反动联防队及合水警察所自卫队共300多人的袭击，分队长杨明初在桥上中弹牺牲，队伍被冲散。次日凌晨，敌人搜山围捕时，大队参谋杨正初等16人被捕。后来除其中4人越狱脱险，3人被保释外，杨正初等9人惨遭杀害。

1949年5月底，中共高州地委书记王国强认为组建五支十五团的时机已经成熟，即赴信罗边境的水摆，向第十二团全体官兵宣布成立粤桂边纵队第五支队第十五团，任命全国明为第十五团团长兼政委，刘绍兰为副团长，李振荣为参谋长，罗强为政治处主任。第十五团辖3个主力连、4个大队，共1000多人。

解放全信宜

一、各区中队的组建及其活动

1949年春季，信宜人民武装主力部队第十二团建立后，各区武装力量持续有新的发展，与主力部队互相配合，共同打击敌人，各区中队成为主力部队的得力助手。

中区，1949年春，中区组建起手枪队后，又组建起武工队和区中队，全队40多人，刘周泓任队长（7月后陆胜任队长）、张强任指导员。区中队组建后，经常在自己活动范围内破坏敌人的通讯、交通设施，袭击敌人。1949年秋，粤桂边纵队五支十五团在茶峒与敌发生战斗，武工队和手枪队及时剪断了国民党东镇至怀乡、东镇至白石的电话线路，并不断骚扰东镇敌据点，用土炸弹炸毁东镇圩头大门，形成处处草木皆兵的样子，牵制了敌人的兵力，支持主力部队。

西区，1949年2月中旬，西区武工队组成。到1949年6月底已发展有三支武装队伍：简常为队长的短枪队，赖彪为队长的武工队和梁鉴轩为队长的武工队。7月初，中共西区区委将这三支队伍合并为西区区中队，共有队员70多人。何超任中队长，区委委员汤志道兼任指导员，梁鉴轩、林儒栋为副中队长，韦芝梅为文化教员。此外，西区还组织有一支15人的突击队，李雄任队长，罗汉为代指导员。为使粤桂边界地区武装斗争迅速开展起来，

8 月间，西区区委派陈彪到信宜毗邻的广西北流大伦、白马一带活动，组织起"白马"大队，下辖 6 个分队，共 100 多人，任命骆桓初为大队长，林泉生为副大队长，林俊为指导员。这支队伍配合第十五团，在解放大伦、白马、扶新等乡和建立人民政权的斗争中，作出了贡献。

北区，1949 年 7 月下旬组织起 40 多人的区中队。简常从西区调到北区任区委副书记兼中队长，区委书记梁景燊兼任指导员，何立纪为副中队长，余克仁任文化教员。区中队成立不久，简常和梁景燊率队，由余克仁做向导，冲过大胜、石根两个国民党乡公所的封锁线，收缴石根乡公所旁边的车头村吴姓全部族枪，计有长枪 10 多支，短枪 1 支，子弹数百发。稍后，北区区中队扩展到 80 多人枪。

南区，1949 年 8 月初在云开成立区中队。全队 30 多人枪，黄豹任中队长，张其焕任副中队长。

东区，1949 年 10 月上旬成立区中队。梁枫任中队长，叶建英、张力任副中队长，罗强兼任指导员，罗世颖为文化教员。到信宜解放前夕，区中队扩大至 250 多人，下辖三个分队：红星队，队长为潘炽南；青云队，队长为卢彬林；合水队，队长为杨大来。

中共信宜县委领导下的地方部队，自白坡会议之后如雨后春笋般迅猛发展起来，至信宜解放前夕全县区中队人数猛增至 700 多人。各区中队在各自地区发动群众，参加革命，筹枪、筹粮、筹款、锄奸、肃特，有力地牵制了敌人的兵力。而且源源不断地向主力部队输送兵员，提供物资和钱粮，极大地支持和帮助了主力团的斗争。这一时期，各区中队经历的大小战斗很多，其中影响较大的有智取万安、木垌坑口伏击、白坡除恶、白石南牵敌、黄坡岭伏击、大胜乡取粮等。

7 月 24 日深夜，杨飞、张虎、简常、黎日荣、刘周泓等人率领短枪队 20 多人，在内应万安乡乡长张典裕的配合下，占领万安乡公所，俘敌 10 多人，缴获长短枪 19 支，弹药一批。短枪队占领万安乡的第二天，信宜县警即前往镇压，当到达池洞时，闻说万安乡附近驻扎着第十五团的大批部队，被吓得裹足不前，慌忙撤兵回城。

8 月 5 日，西区短枪队和区中队 30 多人，在区委副书记简常、突击队队长李雄和代理指导员罗汉的率领下，在东镇的木垌坑口伏击里村乡自卫队一个班，俘敌 11 人，缴枪 6 支，子弹 300 发，当场处决反动的十七保保长陈蔚寿，震慑了反动分子，起到了杀一儆百的作用。

8 月中旬，中区党组织发现有人冒充共产党游击队的名义到处勒索群众。短枪队队长刘周泓即率领队伍巧妙地进行侦察，很快查明原来是以陆儒信为首的 10 多名土匪作恶。短枪队很快就彻底干净地消灭了这股土匪，缴枪 10 多支，同时在东镇圩附近处决了土匪头子陆儒信并用第十五团的名义张贴布告，以正视听。此后不久，刘周泓的短枪队又在白坡先后处决了作恶多端反动透顶的特务分子、大樟乡税收员何国新和万安乡队副陆文彬。接着，这支短枪队又在小水捕杀了特务分子小水乡队副陆治雄，在东镇圩用土地雷炸毁圩头闸门，在黄坡岭上伏击茶山乡乡长，并铡断电话线。同一时期，宁信绪率领中区短枪队的另一部分队员佯攻白石南乡公所及粮仓，引敌星夜从云开调兵回白石"解围"，大大减轻云开地区的军事压力。西区区中队在张虎、陈彪等人率领下，先后在太平石、双树田、旺将等地收缴长短枪 70 多支，手提机关枪 1 挺，银元 900 多元。

北区区中队通过内线人员李少卿的女儿李秀惠协助，智取大胜乡蒲竹径田赋仓，缴获稻谷 300 多担，收缴长短枪各 1 支，银元 900 元。随后，粮仓管理员吴明亮、理账员李秀惠出来参加革命工作，这是统战工作的又一个胜利。

几个月里，各区中队的活动有力地配合了第十五团的军事行动，使敌人顾此失彼，疲于奔命，各区中队的活动也为最后推翻国民党在信宜的反动统治创造了条件。

二、第十五团主动迎击来犯之敌

1949 年 6 月，第十五团主动迎击来犯之敌，取得了中伙伏击战和加益保卫战的胜利。6 月 6 日，第十五团转移到中伙。此时，驻贵子圩的信宜自卫大队麦国焜部 300 余人，配备有六〇炮、轻重机枪等武器，气势汹汹地经大营坳向中伙进犯。敌军所到之处，抢劫一空，无恶不作，群众恨之入骨。

敌人到来之前，第十五团领导已从内线获得消息，在研究应对方案时，有人主张打，有人主张撤退，后经充分的论证，决定与敌人决一雌雄。此时，全国明初到信宜中伙，对情况不熟悉，没有指挥这次战斗。战斗由原第十二团领导人梁景燊、梁甫、刘绍兰、罗强、李振荣及杨飞等人指挥。部队利用有利地势痛歼来犯之敌，副团长刘绍兰亲自指挥"博古"连在中伙十九塱沿中伙河畔负责正面出击；"叶挺"连占领大营坳两旁的山头，等待堵截敌人退路。当天下午 4 时许，敌进入包围圈，团部一声令下，"博古"连战士以密集的火力交叉射击，打得敌人趴在地上不敢抬头。"博古"连随即发起冲锋。顿时，敌军大乱，向大营坳方向夺路逃跑。敌人逃到大营坳时，"叶挺"连的战士从两侧山头冲杀下来，"缴枪不杀"的威武喊声响彻山野，敌人被吓得狼狈逃窜。第十五团官兵乘胜追击，一直追出近 5 千米才收兵。这次战斗击伤敌中队长陈耀祥等官兵 10 多人，俘敌数人，缴获弹药和物资一大批。"博古"连副排长黄辉在战斗中奋勇抢夺敌人机枪，不幸中弹牺牲，中伙中队长曹德松、文化教员曹德清负伤。战后，第十五团把被敌军抢去的猪、牛和衣物送还原主。群众欢天喜地，感激涕零，纷纷杀猪送粮，慰劳自己的子弟兵。在胜利的鼓舞下，中伙一带有10多名青年报名参军，加入第十五团。

信宜反动派不甘心失败，又勾结罗定县警进攻中伙，妄图把第十五团一口吞掉。然而第十五团早已预料敌人的动机，第二天天未亮，即撤出中伙，神不知鬼不觉地转移到托盘峒大山去休整。休整期间，部队为在战斗中英勇献身的叶其猷、黄辉等烈士召开追悼会，寄托哀思，激励斗志。

中伙伏击战后，罗、信两县的反动派互相勾结，对第十五团实行封锁，企图把第十五团官兵困死在托盘峒。当时粮食供给十分困难，为解决部队供给，扩大游击区，部队决定向郁南县的加益（现属罗定县）方向转移。从分界到加益，沿途山高人少，道路崎岖，部队缺粮少盐，同志们以摘野果、野菜充饥，经过两昼夜的艰苦行军，部队顺利抵达加益地区。

部队到达加益后，即与当地的地下党组织取得联系，积极开展活动。6月下旬，罗定县县长谭启秀带自卫大队300多人向加益进犯，准备对加益地区进行大肆"扫荡"，当地群众迫切要求第十五团配合加益游击队打击敌人。为保卫加益游击区，第十五团按照当地区委领导和群众的要求，派出"博古"连和"大钊"连首先占领通往加益道路的山头，"叶挺"连和加益游击队负责正面阻击，形成了口袋形的阵势。是日上午11时许，谭启秀吆喝着自卫队士兵进入"口袋"，当敌人进入伏击圈时，"叶挺"连和加益游击队一齐开火，一阵排枪把敌人打得晕头转向，乱作一团，落荒而逃。"叶挺"连和加益游击队乘胜追击，把敌人赶出5千米之外。这次战斗，缴获敌军一批物资，保卫了加益人民的生命财产，打击了敌人的嚣张气焰。是日傍晚，加益人民喜气洋洋和第十五团官兵共庆胜利，群众杀猪置酒，送布送粮，慰劳第十五团。

加益保卫战后,第十五团得到一批粮食、布匹等物资补给。部队在加益休整约一个星期后,回师贵子,先围攻中伙(函关)乡公所,收缴档案和粮食,教育乡公所职员。第二天,又兵分两路出击:一路由全国明率领,攻打贵子警察所;另一路由刘绍兰率领前往绿湖,横扫以吕益寿为首的吕族反动武装。贵子警察所所长黄振明闻讯,率区警潜逃上山。这一期间,第十五团一直在贵子附近地区活动。

三、橡子山誓师向信宜腹地进军

1949 年 7 月,第十五团在贵子中伙地区频频出击,节节胜利,各区中队迅速发展,活动频繁,信宜县县长陆祖光坐卧不安,慌忙从钱排、合水等地调兵到贵子,围攻第十五团。

在这种情况下,第十五团由边线转入内线作战,主动向信宜腹地进军的条件已经成熟。8 月 3 日,部队拉到罗镜附近的橡子山休整,准备乘敌撤离云开之机重返云开,镇压反动分子,扩大群众基础,建立游击根据地。休整期间,部队总结了前阶段的战斗经验,进行形势教育、阶级教育、战地纪律教育,并吸收一批在战斗中表现英勇顽强的先进分子加入中国共产党,发展壮大了部队的党组织。期间,地委书记王国强主持召开了"向信宜腹地进军,解放信宜县"的誓师大会,勉励全体指战员英勇战斗,乘胜前进,早日解放信宜。经过一个星期的整训,第十五团全体指战员认清了全国解放战争的大好形势,激励了斗志,增强了信心,决心为解放家乡、解放信宜,为党的革命事业而英勇战斗。全体指战员,个个向团党委请战表决心,要在出击战斗中打先锋、立战功。

8 月中旬,黄豹率领宋志良、张德等 10 多人组成的突击队先行潜回云开。突击队捕获特务黄德明，击毙特务黄万世，为大部队的行动扫清了障碍。第二天清早，王国强、全国明率五支十五团指战员浩浩荡荡开抵云开，云开广大群众和突击队员们在大祠堂门口等候、欢迎，部队战士与亲人会面，都激动得热泪盈眶。部队到达云开后，立即在云开街召开群众大会，向群众宣传革命大好形势，发动群众参军参战，并访问了受害者家属，慰问了烈士家属，坚定了群众必胜的信心。群众不时喊出"打倒国民党！""共产党万岁！""一定要报仇！"等发自内心的口号，青年踊跃要求参军参战。会后即有 30 多名青年报名参军，组建起"天津"区中队。团长任命黄豹为该中队队长。这个区中队后来在配合第十五团伏击牵制敌人的斗争中，起了积极作用。

第十五团重返云开后，在云开及附近的渤峒一带积极开展宣传，组织群众镇压反革命，开仓济贫，声势浩大。与此同时，各区中队也频频袭击敌人。第十五团和区中队的行动，震破了敌胆，信宜县县长陆祖光惊恐万分，寝食不安，他绞尽脑汁想出一个"东西扫荡"的计划，企图通过严密控制，全面出击，把第十五团和区中队各个击破。早在 1949 年 7 月 31 日，陆祖光就命令县自卫队刘炘守中队 80 多人"扫荡"游击队活动最多的西区六利村，捕捉武工队员家属及革命群众 70 多人，但武工队在群众的掩护下安全转移，敌人扑了个空。这时，心有不甘的敌人集中全力"扫荡"云开，企图一举歼灭第十五团。当时，打入敌人自卫总队做情报工作的共产党员陈达增获知陆祖光的计划后，立即秘密转告，第十五团党委召开紧急会议，研究决定"敌进我进"。团主力连向内线转移，插入敌人后方，集中力量打敌人最弱一环，掌握主动权，伺机消灭敌人。

1949 年 8 月 8 日，陆祖光命令自卫总队第一大队长麦国煜三个中队和乡保丁共 800 多人分别从钱排、怀乡、合水三路进袭云开，妄图在云开地区围歼第十五团。第十五团决定用"围点打援"的策略，牵出敌人的部分兵力予以歼灭。团长全国明率领全体指战员以最快速度急行军，抢在敌人到达云开之前抵达渤垌，突然包围佯攻驻在杨家祠（公益仓）的敌军一个中队。途经洪冠的敌军误认为第十五团主力还在云开，而渤垌出现的只是区中队，只从洪冠分出一股兵力开向渤垌解危。第十五团立即乘机攻克杨家祠粮仓，取粮100多担，然后秘密撤退，准备随时歼灭来援之敌。9月7日拂晓，先头部队抵达锦衣，正在过桥时发现对面桥头有敌人蠕动，团长全国明、副团长刘绍兰深知遭遇战要靠勇气、靠神速，当机立断命令队伍兵分三路火速渡河，乘敌不备，集中火力向敌发起进攻。霎时，第十五团的"大钊"连从锦衣河的下游火速渡河，把敌人队伍截断，"博古"连即从锦衣河的上游渡过，把敌人围住，"叶挺"连正面从锦衣桥头上迅速冲过去。这三路队伍以密集的火力同时向敌发起猛烈的扫射，敌人无法抬头，难以招架，他们的迫击炮、机关枪、手榴弹根本起不到作用。第十五团抓紧战机发起冲锋，把敌人打得抱头鼠窜，溃不成军，各自逃命。第十五团干脆利落地歼敌一个中队，俘敌400余人，缴枪30多支，子弹及其他物资一大批。

锦衣遭遇战，给国民党反动派一个沉重的打击，打乱了国民党对游击根据地的"扫荡"计划，保证了第十五团实现战略转移。

锦衣之战后，敌人发觉第十五团转移内进，逼向东镇。信宜县县长陆祖光惊恐万状，急忙命驻钱排、渤垌等地的自卫总队200多人尾追第十五团；又调集怀乡、洪冠、白石等地的乡自卫队、保丁数百人配合自卫总队对第十五团进行围追堵截。

9月8日下午5时许，当第十五团抵达洪冠、白石交界的茶垌岭顶时，信宜县自卫总队和县警、乡兵、保丁近1 000人尾追上来。第十五团凭山据守，打退敌军多次进攻，击毙敌兵 40 多人。是日傍晚，正当第十五团准备转移至中垌地区时，敌军又有 300 多人赶到增援，并抢占了制高点，用轻机枪向第十五团扫射。为争取主动，第十五团领导决定狠狠打击敌人。团长全国明根据战地情形，采取"正面佯攻，两侧偷袭"的办法把敌人赶下制高点。但敌人不甘心失败，再次调集县兵、乡兵和保丁近 500 人，多次向第十五团阵地反扑，被第十五团一一击退。激战中，"博古"连连长黄国柄负重伤（后医治无效牺牲），廖全万等 3 名战士壮烈牺牲。经过近半小时的激战，第十五团阵地仍岿然不动，但剩下的子弹不多了。敌人攻不下第十五团阵地，气得跳脚，再次向阵地扑来。刘绍兰副团长即命令"大钊"连组织火力支援主阵地。全国明团长命令张胜接任"博古"连连长指挥战斗，同时指挥部队交替掩护，分批撤退。天黑以后，大部分指战员已安全转移，而全国明亲自率领宋志良一个班断后。最后一批战士撤离之后，宋志良一人独自断后，掩护团长撤退。在子弹打尽，身体负伤的情况下，宋志良奋不顾身，向敌人甩出最后一颗手榴弹，然后从山顶一直滚落山脚，安全归队。敌人虽占领茶垌顶，却扑了个空。

为迷惑敌人，第二天，第十五团转移到池洞，后又经里五、深塘、茶山，几天后再折回中垌活动。茶垌岭战斗是第十五团建立之后所经历的最激烈最顽强的一次战斗。这次战斗，共毙伤敌人 40 多人，压下了敌人的嚣张气焰，使其"围剿"计划彻底破产。

锦衣、茶垌战斗后，敌人领教了第十五团的战斗实力。陆祖光急忙调回全部兵力集中对付第十五团。针对敌人的新阴谋，五支司令部于 9 月中旬在中垌召开中共信宜县委和第十五团党委联席会议。分析新形势，研究下一步的斗争策略，会议决定主力部队同各区中队联合作战，使整个信宜到处都是解放战争的战场，置敌人于人民战争的汪洋大海之中。战略方针是："分兵出击，诱敌分散，使其顾此失彼。"并要求县委和各区区委要大力满足第十五团各连队的武器装备、粮款给养和通讯联络的需要，以保证部队活动自如。会后，第十五团兵分三路开赴全县各地：第一路由团长全国明率领"叶挺"连先在白石、洪冠等地活动，迷惑敌人，伺机再回云开、中伙一带；第二路由副书记杨飞率领"博古"连到朱砂、贵子、加益等地活动；第三路由副团长刘绍兰率领"大钊"连到信宜西区，与西区区中队会合。三路兵马与各区的武装力量紧密合作，掀起了全县性的波澜壮阔的武装斗争新高潮。

9月下旬，第十五团各路兵力已分别到达指定区域。刘绍兰副团长率领的"大钊"连到达西区后，即同西区区委及区中队会合，共同行动。"大钊"连侦知国民党信宜县警卫机关枪连在连长刘炘守率领下进驻北界，准备再次"扫荡"北界六利一带的游击根据地。刘绍兰和西区区委书记张虎马上召开干部会议，研究部队的行动方案，准备在龙湾头设伏，痛歼刘炘守警卫机关枪连。

10月5日早晨，刘炘守率敌130多人沿龙湾河而上，当敌军进入包围圈后，刘绍兰一声令下，"大钊"连和区中队一齐开火，打得敌军丢枪弃甲。是役俘敌兵12人，缴枪10多支，击伤敌中队长刘炘守等数人。战斗中，突击队代理指导员罗汉和队员曾培棠在按预定计划带头冲锋抢夺敌人机枪时，不幸中弹牺牲。当敌人占领有利地势时，刘绍兰考虑到自己弹药不足，于是带领部队撤退转移到庄垌地区。

10月18日，第十五团副团长刘绍兰率部队会同西区区中队、北区区中队和突击队接连攻下石根、大胜两个乡公所，缴枪70余支，子弹数千发、稻谷200多担。从此，这两个乡宣告解放，建立了乡人民政权。

全国明率领的"叶挺"连转战云开、茶山、楼峒、钱排、平塘等地，在区中队的配合下，歼灭洪冠、沙子、林峒等乡的自卫队，缴获枪支弹药一大批，扩大了区中队，还攻下白石南乡扶龙乡粮仓，开仓取粮。10 月中旬，达峒的李高淦组织起 100 余人枪的队伍。五支司令员王国强即任命李高淦为该大队大队长，命令该大队解放马贵西乡（今钱排镇）。

县委副书记杨飞率领"博古"连抵达贵子、泗纶等地活动，在泗纶与敌军交战，击溃敌人，缴获一批物资。接着"博古"连于 10 月下旬接收贵子、茶山等乡公所和警察所。

第十五团这次三路出击，迷惑敌人，打击敌人，使敌人完全陷于被动。县长陆祖光始终摸不清第十五团的兵力和动向，时刻担心第十五团端他的老巢，惶惶不可终日，最后不得不放弃他原来的"清剿"计划，把兵力收拢在县城附近。

四、培训干部，为接收政权做准备

1949 年 7 月，中共高州地委遵照华南分局指示，准备为城市输送大批干部，以便交给军管会使用，并准备开办革命青年训练班。经准备后，中共高州地委于是年 7 月中旬至 8 月上旬，在信宜陂底铺（现东镇坡岭）连续举办了三期干部学习班，培训干部。

第一期由王国强、陈兆荣、郑光民主持，参加学习的有梁平、张虎、吴汉英、叶锦、简常、汤志道等 10 多人。他们在孔埇后面的大山村学习了 4 天。学习班上，王国强讲述了当前革命斗争形势，与大家一起重温《将革命进行到底》；郑光民作关于群众运动、统战情报、准备建政和迎军支前等方面工作的辅导；陈兆荣讲组织纪律和革命气节问题。

第二期在第一期结束后的第 4 天进行，陈兆荣、郑光民主持，参加学习的有宁信绪、吴国崇、赖长隆、刘华等 10 多人，地点与第一期相同。

第三期学习班举办地点先在万禄窝谢厚初家，后转到大山村蔡日进家，最后转到孔埇蔡日胜家。陈兆荣、郑光民主持，参加学习的有陆百钟、吴汉师、刘伟、李时芬、张强、阮世龙、李乃珠、卢琼芳、谢树权、吴时苑、蔡日益、蔡日胜（团员）、李大荣、林育华、李光荣、卢鸿韬、潘斌修等。第二、三期的学习时间和学习内容与第一期基本相同。

1949 年 9 月下旬，中共信宜县委在中垌召开会议。地委委员郑光民，县委书记梁平，副书记杨飞，委员张虎、吴汉英、全国明等参加了会议。会议主要内容是认清形势，加快步伐，迎接解放，调整工作区域，将全县划分为东、南、西、北、中 5 个区，并配备各区区委的领导成员。东区管辖思贺、白龙上、白龙南、马贵东、林垌 5 个乡，区委书记梁甫（后罗强），区委委员梁枫、黎金耀；南区管辖马贵西、龙觇、白石上、白石南、大樟、茶山 6 个乡，区委书记张强（后叶锦），区委委员杨政、谢建民等；西区管辖德亮上、德亮南、六承上、六承南、六问上、六问南 6 个乡，区委书记由县委委员张虎兼任，区委委员陈彪、汤志道；北区管理二云、木辂、大胜、石根、万安、贵子、中伙 7 个乡，区委书记梁景燊，副书记简常，区委委员吴国崇、罗琛原；中区管辖良垌中、栗木、小水、里村、黄寮上、黄寮南、怀乡围 7 个乡，区委书记由县委委员吴汉英兼任，区委委员刘仲永、赖长隆。

五、兵临城下，围困信宜城

1949 年 10 月上旬，中国人民解放军南下部队挺进广东。14 日，解放广州。这时，国民党信宜反动派已成惊弓之鸟，龟缩在信宜县城。信宜境内除县城外的其他乡、镇已在第十五团和各区中队的控制之中。

10 月 15 日，国民党某部三师副师长兼广东省保九团团长陈赓桃部 1 200 多人，在共产党的感召下于梅菉博铺宣布起义，并率起义部队北上，驻茂信边境的柴口待命，准备与第十五团配合行动，解放信宜城。中共高州地委分析当时的形势，认为信宜的人民武装已有解放信宜城的雄厚力量，且国民党自卫总队里有共产党员做内线工作，同时，又可调动陈赓桃部的力量，解放信宜的时机已成熟。于是，一方面命令高州地委委员车振伦率领陈赓桃部从柴口方向进军信宜。另一方面命令第十五团把书面通令发至县内各机关、学校。中国人民解放军的入城布告（即约法八章），张贴到国民党县党部和县政府的门头。同时，命令第十五团进一步逼近信宜县城，驻扎在离信宜城几百米、几千米不等的据点，各区中队的游击区自北向南扩展，靠近县城的北面和西面 5 千米的村庄，待机进攻信宜城。这样，几路人马形成了对信宜县城的包围。国民党信宜县自卫总队四面楚歌，军心动荡，士气低落。国民党信宜县县长陆祖光坐卧不安，如热锅上的蚂蚁，深感大势已去，急忙调集县自卫总队回县城布防，企图负隅顽抗。

六、县自卫总队起义，解放信宜城

当国民党自卫总队龟缩县城，企图负隅顽抗的时候，国民党信宜县反动派已完全在第十五团和区中队的包围之中。反动派县长陆祖光胆战心惊，坐卧不安。22 日清晨，陆祖光急不可待地找陈达增密商对策，要求陈达增设法与陈赓桃联系，劝陈赓桃不要攻打信宜。陈达增将计就计，到茂信边界的柴口会见了中共高州地委委员车振伦和起义的保九团团长陈赓桃，双方约定入城方案。陈达增依计行事，当天下午 2 时赶回县城，直奔信城东门岗。

东门岗是扼守县城的交通咽喉，控制县城的制高点。自卫队的官兵早已集结在那里，焦急地等待着陈达增的消息。一见陈达增回来，大家一齐拥过去，争着询问情况。陈达增看见这群士兵已极度厌战，只要队长麦国焜不顽抗，率队起义就能成功。陈达增对大家说："他们人多势众，装备精良，斗志旺盛，我们哪里是他们的对手？我看大势已去了。"麦国焜及其属下的几个连长听罢，个个面如土色。突然，"通！通！通！"城东南方向传来了震耳欲聋的炮声。麦国焜愕然失色，陈达增却胸有成竹。原来陈达增与陈赓桃约定，在他离开柴口半小时后，保九团就开拔，紧逼信宜城，鸣炮数发，造成大军压境、兵临城下之势。陈达增趁机逼麦国焜就范。见此情形，麦国焜自知大势已去，顽抗只有死路一条，无可奈何之下只好同意投诚起义，命令全体官兵就地放下武器，听候接收。国民党县长陆祖光不见陈达增回来报告消息，心急如焚，又听到从城东南方向传来炮轰信城的隆隆炮声，自知大势已去，即率领警卫连仓皇逃命。

1949 年 10 月 22 日下午 3 时许，车振伦率领陈赓桃起义部队和粤桂边纵队五支十五团浩浩荡荡开进信城，接收了国民党信宜县自卫总队的 400 多人枪。城内人民群众庆祝信宜解放。从此，信宜历史揭开了新的一页。

七、接收区乡政权，配合大军追歼残敌

信宜县城解放后，各区中队和第十五团各连队立即展开接收国民党各区、乡政权工作。10 月 24 日至 28 日，信宜西区第二区中队在陈彪的率领下，进军北界，"博古"连进军白石，中区区中队进军东镇，接收了这些地区的区、乡政权。"大钊"连和北区区中队经怀乡进军洪冠，解放这一带地区，接收了区乡政权。到 10 月底，信宜全县各区均告解放。

信宜解放不久（10 月 30 日），从广州溃逃下来的国民党六十三军残部 3 000 余人，在军参谋长陈燕谋（学名陈祖荣，信宜县陈坭村人）的率领下，从罗定逃入信宜境内。第十五团"大钊"连，"叶挺"连和西区区中队在敌人必经的黄坡岭设伏。31 日上午 9 时许敌军进入伏击圈，我军即予以痛击。六十三军无心恋战，急忙夺路逃跑。当天晚上，这股敌人逃到东镇圩驻扎，全国明率部与陆胜率领的中区区中队一起，在东镇高地截击敌人。在截击中俘敌 20 人，缴获轻机枪 2 挺，卡宾枪 10 支。六十三军残部计划从东镇南下取道镇隆（信城）逃往海南，但侦知镇隆已经解放，被迫于 11 月 2 日取道北界，企图经金垌夺路入广西。六十三军到达北界后方知第十五团主力正在金垌，即停止前进，在北界宿营。第十五团团长全国明掌握了敌人的动向，立即在金垌召开紧急会议作出决策，布置金垌的连队急行军，直抵北界，与陈赓桃起义部队、西区区中队联合追击六十三军残部。3 日在桃子埇与敌人殿后部队交战，第十五团俘敌 10 余人，缴获机枪 2 挺、炮 2 门、步枪数十支，把敌人直赶到广西边境，陈赓桃起义部队俘敌 30 余人，缴获轻机枪 4 挺，炮 3 门，步枪 100 多支。当天下午，中国人民解放军二野四兵团第十三军三十九师顺利开进信宜县城，与粤桂边纵队第五支队胜利会师。

八、建立人民政权

1949 年 10 月 18 日，中国人民解放军粤桂边纵队五支十五团，根据形势的发展和斗争的需要，向国民党信宜县各级党、政、军、警、机关、团体、学校发出通令，命令他们立即停止作恶，保管好资财、枪械和档案，准备向人民政府移交。是日夜，中共信宜县委领导的北区、西区两个中队便顺利接收了国民党信宜县石根、大胜两个乡公所，跟着成立了石根乡、大胜乡人民政权。

10 月 22 日，信宜县城解放。23 日，中国人民解放军粤桂边纵队第五支队司令部、政治部向信宜人民发出布告：1. 保护全体人民生命财产；2. 保护民族工商业；3. 没收官僚资本；4. 确保城乡社会秩序安定；5. 除罪大恶极的罪犯及反革命分子外，能自动放下武器、不抵抗、不阴谋破坏的国民党大小官员，一律不加逮捕。这一布告对安定人心，稳定社会秩序起了重大作用。

接着，信宜西区第二区中队解放西区，接收国民党二区区署和警察所；第十五团的"叶挺"连和中区区队向东镇、白石等地进军，接收区、乡政权；"博古"连和北区区队向怀乡、贵子等地进军，接收区、乡政权；东区区队接收了合水、思贺、马贵东、马贵西乡。至 10 月底，信宜县各区及属下 36 个乡均宣告解放。

11 月 18 日，经中共粤桂边区党委批准，正式挂牌成立信宜县人民政府，张虎任县长，杨叙庆、谢树权任副县长。同时成立信宜县军政委员会（军事管制委员会）和信宜县支前司令部，实行全面军事管制以及全力支援解放军追歼残敌。随后，全县各区、乡人民政权相继建立。

从此，信宜历史揭开了新的一页。信宜人民在中共信宜县委、信宜县人民政府的领导下，转上支前和清匪肃特，维护社会秩序、保卫新生的人民政权等工作。

5

第五章
巩固人民政权和曲折发展时期

巩固人民政权，恢复国民经济

一、建立革命秩序

1949年10月信宜全境解放。11月18日信宜县人民政府信宜县军事管制委员会和信宜县支前司令部同时成立。随后全县各区乡人民政权相继建立。中共信宜县委领导县、区、乡干部贯彻执行中共七届二中全会精神和《中国人民政治协商会议共同纲领》的规定，艰苦深入地发动人民群众，开展建立革命秩序、恢复发展生产、巩固人民政权等一系列工作。

（1）采取培训干部、选派领导的措施，巩固县、区、乡、村四级政权。县委于1949年12月中旬，举办农村干部学习班（农干班），培训了400余名干部。同时又从全县初、高中毕业生中招收200名进行干部培训，结业后，分配到县、区、乡三级政府，为建立革命秩序、巩固人民政权、开展民主改革和发展生产充实了干部队伍。

（2）1949年年底，信宜县委县政府决定并采取得力措施，严厉打击一切反革命分子和坏分子的破坏活动，取缔娼妓，禁绝赌博和吸毒，遣送国民党军队的散兵游勇，消除社会不安定因素。

（3）发动农民群众开展初步减租减息运动，组织农民群众开展生产自救，搞好1950年春耕生产。人民政府发放救济粮食，动员干部群众战胜灾荒，渡过困难时期。

（4）为稳定经济秩序，安定人民生活和支援解放战争前线，中共信宜县委县人民政府按省人民政府《征收公粮暂时条例》于1949年年底开始征收公粮。至1950年3月底，全县共征得稻谷88 884担和战略物资一大批，超额完成支援解放海南岛的各项任务。1950年3月中旬，信宜开始贯彻中央《关于统一国家财政经济工作的决定》，成立中国人民银行信宜支行，管理全县财政金融业务，掌握物资，控制粮食市场。同时通过统一货币、整顿税收征管、取缔投机倒把、组织城乡物资交流，稳定了物价，活跃了经济。

（5）根据《中国人民政治协商会议共同纲领》精神和政务院公布的《各界人民代表会议组织通则》，信宜县在人民代表大会召开之前，于1950年至1954年每年召开一届农民代表大会和各界人民代表大会。这些大会履行人民代表大会的部分职权，加强了政府与人民群众的联系，为县委县政府根据信宜的民情县情实际制定政策政令提供依据。如1951年召开的信宜县第二届各届代表大会作出了恢复工商业和发展生产、开展彻底的肃清匪特的斗争的决议，有力地促进了信宜县社会安定和经济发展，推动了革命秩序的建立。

二、清匪反霸和镇压反革命

1950年春，信宜境内有大小股匪23股，遍及每个区乡，总人数达3 000余人。较大的股匪配备有六〇炮、轻重机枪和电台等装备。这些土匪穷凶极恶，攻打乡政府，残杀革命干部，到处烧杀抢掠，威逼村民参加土匪。土匪猖獗、地主恶霸凶残，对刚刚建立的人民政权构成极大威胁。为此，从1950年2月起，县委和军政委员会迅速组织粤桂边纵队五支十五团、县武装大队、公安大队及民兵共5 300多人，配合解放军七六部队和三三六部队在全县范围内开展大规模的以军事打击为主的清匪反霸斗争。按照中央关于"除恶务尽，不留后患"的指示，信宜县还结合土地改革运动进行清匪肃特反霸斗争。至 1952 年年底，基本肃清县内反动武装，全县共俘虏及击毙匪特恶霸 933 人，悔过自新的匪特 1 626 人，缴获火箭炮 1 门、轻重机枪 7 挺、手提机枪 2 挺、各种长短枪 538 支、手榴弹 132 枚、子弹 2 万余发、物资一大批。通过清匪反霸，巩固了新建立的各级人民政权，保护了人民群众的生命财产安全，为开展民主改革和恢复国民经济创造了良好的社会环境。

信宜根据中央部署，分四个阶段开展镇压反革命运动（简称"镇反运动"）。第一阶段，1950 年 10 月至 1951 年 2 月，为全面发动阶段，全面贯彻、执行"双十指示"精神，既要克服存在的"严重的右的偏向"，又要防止"左"的偏向。第二阶段，1951 年 3 月至 10 月，为大张旗鼓的高潮阶段，全县召开各种形式的群众大会，控诉反革命罪行，检举反革命分子，共杀、关反革命分子 341 名。第三阶段，1951 年 11 月至 1952 年 11 月，为清理积案阶段，防止"左"的偏向，对在押的大批反革命罪犯进行清理甄别，并结合"三反"（反贪污、反浪费、反官僚主义）、"五反"（反行贿、反偷税漏税、反盗骗国家财产、反偷工减料、反盗窃国家经济情报）和土地改革运动，打击现行破坏活动，同时将判刑的犯人遣送劳动改造。第四阶段，1952 年 12 月至 1953 年冬，为扫尾与取缔反动会道门阶段，重点是清理复查积案，健全各种治安保卫制度，继续同暗藏的、漏网的反革命分子作斗争，同时取缔县内同善社、先天道、归根道等民间反动组织。此次历时三年多的镇反运动，肃清了境内残余反革命势力，信宜出现了安定团结、社会治安良好的局面，有力地支持、配合了土地改革和抗美援朝的斗争。

三、土地改革

土地改革是彻底摧毁封建制度赖以生存的地主阶级土地所有制的一场革命。土地改革前，信宜 70% 的土地被地主阶级占有，而农民租种地主的土地所交地租占收成的 50% ~ 70%。这种土地占有制极大地阻碍了社会生产力的发展。1951 年 6 月，信宜根据上级部署，开始组织土地改革工作队，奔赴农村，开展土地改革运动。此次运动分为准备阶段、正式土地改革阶段、复查阶段。准备阶段开展清匪、反霸、退租、退押（"八字运动"）工作，正式土地改革阶段开展划阶级、征收没收、分配土地工作。土改队根据"依靠贫雇农，团结中农，中立富农，有步骤有分别地消灭封建制度，发展农业生产"的路线政策，深入全县农村，与农民同吃同住同劳动，访贫问苦，扎根串联，组织农会，真正做到发动群众、依靠群众。至 1953 年 7 月，信宜全面完成土地改革。土地改革中全县共没收地主土地 7041. 33 公顷，征收公尝田（包括祠堂、庙宇、寺院、教堂、学校、团体在农村中的土地及其他公地）16 699 公顷，没收耕牛 11 425 头、大件农具 5 538 件、房屋 22 917 间、粮食 140 402 担。全县以乡为单位，按人口统一分配土地，实现了耕者有其田的目标。其他没收的财产，在全县范围内进行统筹分配，做到公平合理。土地改革的胜利完成，彻底废除了封建的土地制度，实现了农民土地所有制，消灭了剥削，解放了农村生产力，发展了农业生产，进一步加强了工农联盟，巩固人民民主专政。

四、恢复国民经济正常秩序

信宜解放初期，农村灾荒严重，农业减产失收，交通梗阻，工商萧条，贸易滞塞，民生凋敝。为安定社会，保障民生，巩固新生的人民政权，信宜认真贯彻中共七届三中全会精神，努力争取财政经济状况的基本好转。1950 年春开始，各级人民政府在发展农业生产、改善交通运输、促进物资交流、稳定物价、保障供给、增加财政收入等方面不失时机地采取措施努力工作。

农业方面，政府和人民群众都十分重视发展生产。1950 年 4 月召开的信宜县第一届各届人民代表大会作出开展生产救灾运动的决议。是年 6 月中旬召开的乡级以上领导会议传达了中共七届三中全会精神，在布置剿匪反霸工作的同时布置了生产救灾的任务。1953 年 3 月召开的第四届各届人民代表会议号召全县人民在完成土地改革任务之后，积极投入生产运动，搞好农耕生产，做好开荒工作。是年 5 月县第十次干部扩大会议强调带领群众开展大生产运动。各级人民政府采取兴修水利、发放农业贷款、疏导供销、推广新技术、奖励丰产等措施促进农业生产的发展。广泛动员农民兴修水利是特别有力的措施，政府在财政十分困难的情况下仍拨款用于水利建设。

交通方面，1950 年 6 月信宜县委要求各级政府大力抓好国防公路和县区乡公路的建设。随即开始大力修复扩宽旧公路，修筑新公路。中华人民共和国成立前，信宜只有两条公路，一条镇隆至东镇，另一条东镇至新宝，两条公路都于抗日战争时期被破坏。1950 年冬，信宜采取民办公助的办法，发动群众修复这两条公路，加固了路基，扩宽了路面，使其都能通行大货车。1952 年冬，动工修筑当时境内最大的国道、省道——广海北线罗信公路，并于 1953 年竣工通车。从此，信宜境内有了贯通粤中西的交通大动脉。

财税金融方面，加强税收征管和金融管理。1950 年至 1952 年，信宜每年完成税收依次是 140.43 万元、262.67 万元、385.66 万元。三年都超额完成国家下达的税收任务，且金额逐年大幅度增长。1950 年 3 月成立中国人民银行信宜支行，管理全县金融事务，合理调拨使用资金，同时实行外汇管制，打击炒卖外汇。金融秩序迅速好转。

物资管理和流通管理方面，禁止囤积居奇、投机倒把和哄抬物价，控制调度粮食、棉布等主要日用必需品。1950 年 6 月成立信宜县贸易公司，在各部门的支持配合下，贸易公司收购木材、桐油、樟油、药材等土特产投放市场，同时调运各种日用品供应人民群众。贸易公司发挥了稳定物价、保障供给的作用。此外，县委县政府还通过组织城乡物资交流大会扩大市场、搞活流通。1951 年秋在东镇举行了一次盛大的物资交流大会，总成交额达 24.9 亿元（旧人民币）。参与大会的各地群众 5 万多人。参加交流的物资有农林产品、牲畜家禽、农具家具等，林林总总数不胜数。物资交流大会这一新型贸易形式促进了城乡交流、商业繁荣，对恢复和发展经济具有重要意义。

1950 年至 1952 年国民经济秩序恢复时期里，中共信宜县委领导信宜人民全面开展了清匪反霸、镇压反革命、退租退押和土地改革，还大力发展了农业、交通运输业、商业、金融业。经过几年努力，国民经济得到恢复和发展。1952 年的工农业总产值 5 478 万元，比 1949 年增长 18.22%。平均每年递增 5.74%，其中农业总产值 5 390.7 万元，工业总产值 87.3 万元，分别比 1949 年增长 18.04% 和 30.3%。国民经济恢复任务的完成表明财政经济状况已基本好转，人民民主专政的政权已得到巩固，为大规模的社会主义改造和社会主义建设奠定了基础。

第二节 社会主义改造的胜利和第一个五年计划的成就

一、社会主义改造的胜利

1953 年 9 月，中共中央向全党和全国人民公布党过渡时期的总路线。是年冬，信宜掀起了学习贯彻过渡时期总路线的高潮。

农业的社会主义改造从成立互助组开始。信宜土地改革结束后，农村中出现一种为战胜生产中遇到的困难而组织起来互相帮助的"互助组"。信宜最早成立的互助组是东镇区新里乡丰村互助组。该互助组 1953 年的平均亩产比同村单干户多 43 千克，显示了互助合作的优越性。县委县政府大力宣传推广新里丰村互助组的成功经验，加上开展声势浩大的总路线宣传教育运动。全县更多的农民陆续组织农业生产互助组。1953 年年末，全县办起临时互助组 1 559 个，常年互助组 35 个。到 1954 年 4 月，全县互助组发展到 8 748 个，参加的农户占农户总数的 38.3%。互助组发挥了集体生产的优越性，在农科部门的帮助下，推广新技术，科学种田，普遍增产增收。1953 年 12 月，中共信宜县委举办第一期农业生产合作社建社干部学习班，学习中共中央《关于发展农业生产合作社的决议》和中共中央华南分局关于农业互助合作的指示，学习办社的政策、方法、经验。学习班结束后，县委组织工作组在新里乡将 3 个常年互助组和 3 户单干户联合起来组建成全县第一个农业生产合作社。1954 年 4 月，县委先后举办互助组长学习班和建社干部培训班，总结介绍第一个合作社的做法和经验。4月下旬到6月全县建立第一批共8个农业生产合作社。这些合作社分布于新里、大坡山、大樟、中堂等7个乡。合作社实行统一经营、因地制宜，合理分工分业。社员干劲足，生产效率高，加上推广良种，革新技术，结果全都增产增收。在第一批合作社的带动下，1954年夏收后全县铺开建立第二批合作社工作，秋收前即建立起104个农业社，到年冬又建立起48个。至此，全县三批共建社160个，入社农户4 401户，占全县农户总数的3.8%。1955年上半年信宜大旱，全县努力抗旱抢插，抗旱保苗，早造还是减产，而85.6%的农业社却增产保产。事实证明农业社有较强的抗灾害能力。1955年8月，信宜县委传达学习毛泽东主席《关于农业合作化问题》报告，10月贯彻党的七届六中全会（扩大）《关于农业合作化问题的决议》，重新部署信宜的农业合作化工作，加快发展进度。1955年冬种刚结束，县委即召开县、区、乡三级干部会议讨论布置建社工作。到1956年1月底，各乡都建立了农业社，全县共1 855个。4月，形成发展高级社高潮，到12月，全县高级社发展到898个，入社农户占农户总数的83.5%。还有386个初级社的入社农户，占全县农户总数的12%。1957年1月以后，县委对农业社开展整顿、健全、巩固、发展工作，把1 244个农业社合并调整为821个，入社农户占农户总数的97.5%。信宜县的农业社会主义改造基本完成，农业经济实现了由个体经济向集体经济的转变。

过渡时期总路线公布之后，中共中央提出了手工业社会主义改造的任务。1953年12月，信宜第一个手工业合作社——镇隆农具生产合作社就已成立，有社员44人。1954年信宜县成立手工业管理科，开展手工业普查，并部署对手工业进行社会主义改造。合作社实行生产资料集体所有，统一经营，按劳分配，社员的劳动积极性很高，生产效率大大提高。县委县政府总结推广镇隆农具生产合作社的经验，于 1955 年又建立石灰生产合作社 1 个，供销合作社 1 个，农具生产合作社 2 个，共有社员 133 人。1956 年 2 月信宜手工业社会主义改造进入高潮，县城东镇先后建立中心农具社、缝纫社、综合社、金属制品社、木器社、棉纺织社、皮革社 7 个合作社。3 月，全县 15 个区相继在 11 个主要行业里建立合作社或合作组，社员、组员共 1 088 人。12 月，全县又组织起手工业生产合作社 45 个，合作组 3 个，基本实现手工业的社会主义改造。组织起来的手工业劳动者积极性大大提高，生产发展很快。1956 年全县城镇手工业合作社、组总产值 135.92 万元，比 1955 年增长 74.26%。

在农业、手工业社会主义改造顺利开展的形势下，信宜随之开展对私营工商业的社会主义改造。1955 年 11 月，全国工商联执委会号召全国私营工商业积极接受社会主义改造，踊跃投身社会主义行列。信宜的私营工商者热烈响应号召。1956 年 1 月在北京市、广州市全面完成私营工商业社会主义改造的大好形势鼓舞下，信宜从 1956 年 1 月下旬开始，用半个月时间完成了私营工商业改造。在这个过程中，信宜县委坚决贯彻执行中共中央关于和平改造的方针和赎买政策。私营工商业改造后，按行业分别成立公私合营企业，实现了变资本主义私有制为社会主义公有制的社会变革。

二、第一个五年计划的成就

国民经济恢复任务完成后，中共中央决定从 1953 年开始实行发展国民经济第一个五年计划。这一年又开始贯彻党的社会主义过渡时期总路线。信宜县在对农业、手工业和资本主义工商业进行社会主义改造的同时，有计划地开展社会主义建设。经济、社会各个领域都有很大的发展，取得很大成就。1957 年，信宜县社会总产值 11 729 万元，比 1952 年增长 53.58%；国民收入 8 670 万元，比 1952 年增长 46.88%；人均收入 159.04 元，比 1952 年增长 33.03%。

农业方面，信宜县委县政府围绕农业合作化这个中心，大力开展改善耕作条件、改进耕作技术方面的工作，推动农业生产快速发展。首先，抓紧的工作是农田水利的基本建设。1953 年起信宜各地大力修筑山塘、水陂、水圳，修筑加固河堤。1954 年形成兴建水利工程高潮。"一五"期间，全县共修筑小型山塘 217 宗，陂圳 3 556 宗，河堤 51 条，基本实现旱涝保收。其次，信宜采取保持水土、改良土壤、改进农具等措施改善耕种条件，又在科技部门的配合下，培育推广良种，不断提高产量。1953 年信宜就已经建立农业试验场，开展水稻、小麦良种的引进繁殖试验。1955 年成功引进推广了珍珠矮、广场矮、矮仔占等一批适合信宜种植的水稻良种，使水稻亩产大大提高。1956 年信宜成立水土保持示范推广站，培训水土保持技术人员，开展水土保持工作。1957 年，东镇六谢的试点取得好效果。当年就在东镇的坡脚、礼圩和镇隆西岸推广试点经验。信宜在治坡治沟方面为农林业的发展拓宽了路子。1955 年，信宜县委组织开展农林并举的大生产运动，提倡因地制宜大种杂粮和大力发展畜牧业。1957 年信宜县粮食总产 14.46 万吨，比 1952 年增加 33 835 吨，其中稻谷 126 503.36 吨，比 1952 年增加 30 172.76 吨；玉米 3 604 吨、小麦 1 950.35 吨、薯类 12 280.85 吨，分别比 1952 年增加 578.6 吨、250 吨、2 558.8 吨。1957 年花生总产 988.75 吨，木薯总产 57 070.2 吨，分别比 1952 年增加 305.55 吨、39 948.5 吨。

林业畜牧业也取得显著成绩。政府年年组织植树造林。第一个五年计划期间造林 38 692.8 公顷，相当于 1949 年全县森林面积的31%。五年里信宜卖给国家的木材共317 098立方米。畜牧业方面特别重视生猪和耕牛的饲养。1956年饲养生猪150 665头，比1952年增加38%。1956年耕牛存栏量88 147头，比1952年增加20%。

工业有较快的发展。第一个五年计划期间，信宜建起全民所有制工业企业12个（其中公私合营4个），有职工1 227人。铸铁、陶瓷、造纸等传统工业有新的较大的发展，增加了电力（水电、火电）、松香、采矿、选矿等新的工业门类。工业的发展，在原料、能源方面支援国家工业化，同时满足人民群众生产生活的部分需求。1957年建成的合水水电站是粤西第一座水力发电站，开创了信宜乃至粤西地区水力发电的先河。"一五"期间，信宜的工业总产值逐年增长，从1952年86万元到1957年977万元，增长10.4倍。

商业方面，"一五"期间信宜健全扩大了供销合作系统，发挥了搞活流通、保障供给的作用。1954年信宜县供销社成立，下设日杂公司、土产公司、农业生产资料公司、果菜副食公司。全县设15个基层供销社、6个批发部、63个生活资料零售门市部、15个生产资料门市部、8个收购站、5个饮食店。供销社在广大农村设立分销店、收购网点，城乡商贸活跃繁荣。1957年信宜商业饮食业的总产值219万元，比1952年增长84%。

金融方面，"一五"期间信宜县的金融组织除了有中国人民银行支行和各区的银行营业所之外，还不断建立农村信用合作社。1953年全县有信用社10个，到1956年发展到233个。1956年全县信用社有社员66 200人，股金13.2万元，存款余额96万元，贷款余额154万元。

交通方面，"一五"期间除了继续扩改广海北线之外，开始修建区与乡之间、乡与乡之间的公路。到1957年全县修建通车公路 205 千米，县内外特别是偏远山区，交通状况大大改善。东镇至北界 18 千米的公路（东松线第一段）和池洞至怀乡 16 千米的公路（池怀线）是"一五"期间建成的。这些公路是沟通县内外的交通要道，对发展山区经济意义重大。特别是池怀线，它是怀乡、洪冠、茶山等乡镇通往县城、省城的唯一公路。公路的修建为交通运输业的发展创造了条件。"一五"期间，信宜运输邮电业的社会总产值，1952 年为 37 万元，1957 年为 60 万元，增长 62%。

"一五"期间，信宜的教育事业在整顿中发展，规模逐渐扩大。1952 年全县有小学 249 所，1 123 个班，在校学生 40 561 人，教职工 1 275 人；1957 年全县小学增至 284 所，1 464 个班，在校学生 56 269 人，教职工 1 713 人。1953 年全县共有中学 5 所，其中初中 36 个班，高中 4 个班，在校学生初中 1 920 人，高中 187 人，教职工 146 人；1957 年全县中学增至 8 所，共有初中 63 个班，高中 7 个班，在校学生初中 3 920 人，高中 371 人，教职工 184 人。

随着经济社会的发展，"一五"期间信宜人民的生活水平有较大的提高。1957 年与 1952 年比较，全县农民人均粮食消费量增长 37.2%，棉布消费量增长 30%，食糖消费量增长 31%，猪肉和鱼的消费量增长 9%。许多农民从一日三餐全都是喝粥吃杂粮变成每天至少吃一顿干饭。职工工资收入有所提高。"一五"期末，全县全民和集体单位职工，人年平均工资 411.96 元，比 1952 年提高 21.6%。城乡群众的文化生活水平有所提高。县城有文化馆，乡村有文化室，新华书店面向农村，送书上门。学校逐年扩大，办学形式多样。少年儿童大多进中小学读书，成人积极参加业余学习。农村有农民夜校，城镇有职工夜校。工作之余，人们上夜校、逛文化室，文化生活丰富多彩。

第三节 探索有失误，道路现曲折

一、"大跃进"运动

1958 年 5 月，中共八大二次会议制定了"鼓足干劲、力争上游、多快好省地建设社会主义"的总路线。

信宜县委响应中共中央和省委的号召，以高度的热情，带领信宜人民掀起了"大跃进"高潮。5 月，在县委一届三次会议上，县委提出"鼓足干劲，苦战三年，根本改变信宜面貌"的奋斗目标。中共中央和省委要求 1958 年晚造水稻一造跨《农业发展纲要四十条》（亩产平均达到 400 千克），硬性规定各农业社要实行高度密植。很多干部不讲实际，盲目跟风，形成瞎指挥作风泛滥。为"实现"高指标，各地出现虚报粮食产量的现象，大家互相攀比，浮夸成风，甚至报纸也报道广东某地方有亩产 6.5 万市斤（32 500 千克）的高产卫星典型。信宜坚持实事求是，平均亩产只报 400 市斤（200 千克），没有达到该纲要要求。信宜这个湛江地区水稻产量最高的县，却"变成"了产量最低的县。时任县委书记和分管农业的副书记为此作检讨、受批判，被认为是"右倾保守"，后被调离信宜。此后信宜同全国、全省一样，以高指标、瞎指挥、浮夸风和"共产风"为特征的"左"的错误严重泛滥。

信宜组织 20 万人的钢铁民兵师，按军队编制管理，下设营、连、排、班，在贵子中伙、思贺大坪、洪冠楼垌建成 3 家钢铁厂负责炼钢。全县各地建筑"小土群"炼铁炉负责炼铁。"小土群"有土坯炉、石灰窑、木炭窑、砖瓦窑、山洞窑、炮楼、山沟窑等共7 966座。各行各业都被卷进大炼钢铁运动中，到处竞放大炼钢铁的"卫星"。1958年9月4日，县委在马贵召开工业生产战地会，提出必须一手抓农业，一手抓工业，做到粮食、钢铁齐跃进。9月15日至10月19日，全县先后放了两次"卫星"，共炼钢铁1 781.93吨。11月1日，全县集中力量统一放特大"卫星"，一天生产的钢铁就超额完成了上级下达的6.5万吨任务。结果钢铁的"跃进"导致浮夸风进一步泛滥。同时，"全党办工业，全民办工业"运动中，严重脱离客观实际，多数工业企业建立不久就纷纷下马，造成极大浪费和严重损失。

二、人民公社化运动

1958年4月，中央发出关于把小型的农业合作社适当地合并为大社的意见。一些地方开始建立人民公社。这时，信宜出现高级农业社并社联社情况。5月，全县810个高级社合并为236个大社。部分高级农业社办起托儿所、幼儿园、缝衣组、理发组，甚至办起公共食堂等集体生活的组织，开始刮起了"共产风"。8月中央政治局北戴河扩大会议作出《关于在农村建立人民公社问题的决议》，把"大跃进"和人民公社化运动推向高潮。信宜迅速作出建立人民公社的规划，计划一乡办一社，全县建立21个人民公社。9月，正式试办人民公社，到10月中旬全县实现人民公社化。信宜打破原来的规划，扩大公社的规模，全县仅建立8个公社，每个公社约1.5万户，人口6万多。公社实行政社合一，下设生产大队，大队下设生产队。11月后按照"组织军事化、行动战斗化、生产集体化"的要求，公社之下按照军队团以下的编制改为营、连、排，全县7个公社（古丁公社已划给高州）共有

117 个营 642 个连 2 639 个排。公社建立初期，实行工资制和粮食供给制，食饭不交钱，公共食堂迅速发展，全县公共食堂 6 114 个，参加公共食堂农户 117 906 户，占农户总数的 98.4%。公社建立后，各高级农业社的公共积累、公共财产、公共设施、多年生长的经济作物、社员交纳的公有化股金、私人小片山林和自留地等，一律转为公社所有，自留果树折价归公社；房屋、小农具暂归社员私人所有；个体农户加入公社，除留下小农具、家禽外，其余生产资料全部折价入社，价款抵交公有化资金，多余部分作为投资款处理。

1959 年 5 月，信宜开始对人民公社进行整顿，实行以大队为基础的三级所有制，调整大集体与小集体以及家庭副业的关系，公社管理的混乱局面有所改变。此后继续采取有效措施，纠正人民公社不适应生产力发展的管理措施，农村经济逐渐得到恢复。1962 年 10 月，全部公社实行以生产队为基本核算单位制度，强调人民公社的体制、规模，以及中共中央颁布的《农村人民公社工作条例》中的各项规定长期不变，较好地发挥了群众的积极性，生产得到较快发展。

三、国民经济的调整和恢复

1958—1960 年，信宜修筑了尚文水库、高城水库、山田水库、六堪水库、大坡水库等两大三小五座水库，对发展农业生产发挥了很大的作用。新建的一批工厂，也曾为信宜经济的发展作过贡献。但 1959 年信宜粮食总产量比 1957 年下降 20.9%，1962 年比 1957 年下降 3.86%。生猪饲养量也因粮食下降而逐年大幅减少。1959 年为 129 806 头，1960 年为 106 172 头，1961 年为 84 466 头。农村大办公共食堂，强行一天吃三餐干饭，加上城镇人口大量增加，粮食供应几度困难。轻工业产品减少，市场供应紧张，物价上涨。居民消费水平倒退到 1950 年以前的水平。1961 年粮食仍十分紧缺。农村的人口平均年口粮比 1957 年减少 63 千克。农业、轻工业和重工业比例失调，造成农产品奇缺、轻工业品供应严重不足，给居民生活带来诸多困难。

党和政府吸取"大跃进"和人民公社等一系列失误造成严重经济困难的教训，于 1960 年下半年开始纠正工作中"左"的错误，并决定对国民经济进行全面调整。1960 年 8 月、12 月，广东省委先后发出《关于停止刮"共产风"等十条农村经济政策的规定》和《关于纠正"共产风"的十七条政策性规定》。1961 年 1 月，中共八届九中全会正式通过"调整、巩固、充实、提高"的八字方针。1962 年上半年中共中央召开扩大的工作会议（又称"七千人大会"）、中央政治局委员会扩大会议等重要会议，作出全面贯彻"八字方针"的重大决策，对整个国民经济进行调整，并提出一系列果断的措施。同时党和政府还采取一系列政治措施，以加强全党和全国人民的团结，从政治上保证国民经济调整工作的顺利进行。

中共信宜县委贯彻中共中央和广东省委的指示，从 1960 年下半年开始，贯彻"调整、巩固、充实、提高"方针，对农业、工业、财贸等经济领域的政策措施进行调整，首先是采取措施克服粮食紧缺的困难，随着开展以贯彻中共中央《关于农村人民公社当前政策问题的紧急指示信》为中心的整风整社运动，以期落实中共中央政策，转变干部作风，整顿组织，纯洁队伍。

整风整社运动于 1960 年 11 月至 1961 年 7 月分三批开展。第一批以贯彻中共中央"十二条政策"为中心，第二批和第三批以贯彻中共中央"十二条政策"和"六十条"为中心。在思想路线上，努力恢复共产党的实事求是的作风，使泛滥成灾的讲假话、讲空话、讲大话的不正风气得到一定程度的纠正。在公社的经营管理方面，落实中共中央的政策，实行以生产队为基础的三级所有制，允许社员经营自留地和家庭副业，从各方面集中劳动力，加强农业生产第一线，有领导有计划地恢复农村集市，开放农贸市场，活跃农村经济，落实分配政策，使90%左右的社员增加收入。在整顿干部作风方面，通过开展批评与自我批评，清理"共产风"中平调的财物，批判揭露贪污、浪费、官僚主义的"三害"和浮夸风、命令风、瞎指挥风。处理干部生活特殊化、违法乱纪问题，使干部受到很大的教育，作风有很大的转变。

从1961年起，信宜县委在总结"大跃进"和人民公社化的经验教训的基础上，采取有力措施，切实进行国民经济的调整，主要做了以下工作：

一是加强农业战线，恢复农业生产。第一，集中劳动力，大办农业，大办粮食。人民公社化过程大办企业，农业主要劳动力分散，直接从事农业第一线生产的劳动力不足六成。全县开展大办粮食的宣传，全面进行劳动力的整顿，公社里的农业劳动力要回到农业生产第一线。全县转移劳动力共计3万多人。第二，从人力、物力、财力、技术等方面，大力支援农业生产和农业基本建设。县委从县直属机关单位抽调大批干部到各公社，协助公社抓农业生产。为加强领导，先后抽调200多名党员干部分配到公社，做到每个公社有5名以上县直机关单位党员干部。同时要求县直属机关单位尽可能给公社以物力、财力支持，同心同德支援农业第一线，使农业生产尽快恢复发展。第三，减少粮食征税。县委根据国务院的指示，适当降低生产队农业税负担和部分地区的计税产量。全县1960年度比1959年度调减农业税1 145吨[①]，减幅为5.7%；1961年度又比1960年度调减955吨，减幅为5%。

---

① 当时直接用实物缴税。

按照国务院和广东省人民政府指示，调减税负后，增产不增税，全县实际农业税额稳定三年不变。这对农业生产起到很大的鼓励和促进作用。第四，有计划调高农产品收购价格。按照上级指示精神，对粮食、油料、生猪、水果、"三鸟"、蛋品等 63 个农副产品的收购价格适当调高。调高的部分一年可给全县农民增加收入 330 多万元。第五，还根据"发展生产，繁荣经济，城乡互助，内外交流"的经济工作方针，恢复了供销社，组织一些合作商店、合作组，进一步开放农贸市场，活跃经济。第六，全面贯彻关于整顿人民公社的各项政策。这些政策主要是：以生产队为基本核算单位，对全县所有公社、大队、生产队规模都根据实际情况作适当的调整；生产队对生产大队采取包上交任务的办法，发挥生产队和社员的积极性；给所有社员留下占耕地 5% ~ 7% 的自留地，并允许社员在完成集体出勤和交售家庭肥料任务的条件下，自己开荒种植作物，发展"三鸟"、生猪饲养，使家庭副业生产普遍得到恢复发展；贯彻"公平负担，合理派购"政策，对各种农副产品收购任务作了适当的调整，扩大社员的自留部分，兼顾国家、集体和农民三方面的利益；进一步在生产队推行"三包一奖"生产责任制管理制度。

二是大力缩减基本建设，停办耗资大的厂。县办的中伙、大坪、楼垌 3 个钢铁厂下马合并，改办中伙造纸厂，大大减轻财政压力，缓和物资供应的紧张状况，集中较多的财力和物资支持农业发展。

三是精减职工，压缩城镇人口。在经济调整过程中，根据全县燃料动力、原材料供应的最低需求，尽量压缩工业生产战线。1962 年把公社直属的 90 个工业企业缩减为 39 个，对保留下来的企业也进行整顿。与压缩工业战线、关停并转一部分企业相适应，信宜从 1961 年起，精减职工和压缩城镇人口。到 1963 年上半年，全县精减职工共 2 918 人，压缩城镇人口 516 人。精减的职工和压缩的城镇人口，都回到农业生产第一线。

四是加强财贸工作，促进生产发展。财贸部门贯彻调整方针，压缩财政支出，支援农业生产；组织货源，清仓查库，处理库存积压物资，保证城乡人民生活的基本需要；稳定 18 类基本生活必需品价格的同时，对部分消费品实行高价政策，回笼货币，稳定物价。全县 1962 年回笼货币 168 万元，1963 年回笼货币 282 万元，1964 年回笼货币 229 万元。

五是调整学校设置，控制教育事业发展速度。

信宜进行国民经济调整过程中，还在思想领域采取措施，消除"大跃进"运动造成的不良影响。

1962 年 2 月信宜县委召开全体（扩大）会议，贯彻中共中央在北京召开的"七千人大会"精神。会上，县委常委检查 1958 年来党内生活中存在的主要问题，充分发扬民主，敞开思想，开展批评和自我批评。同时，各公社党委也召开谈心会，开展谈心活动，互相交心，上下通气，揭露问题，改进工作。

各级党委在加强集体领导，健全党的组织生活的同时，按中共中央的指示，落实干部政策，对 1958 年之后几年里在"反右倾""反瞒产""拔白旗""新三反""整风整社"等运动中产生的案件，进行一次全面的复查甄别，凡处分错了的予以平反，处分不当的予以纠正，并召开干部群众大会公开宣布。对各机关单位和企事业单位挫伤面较大的错案，采取一揽子平反的办法予以平反。据信宜县委监察委员会 1962 年 4 月的统计，1958 年至 1960 年全县被处分的干部共有 2 407 人，受到各种批判斗争而不处分的 2 414 人，经复查甄别，处分错的 266 人，处分不当的 557 人，对这些人都进行了改正，并作了妥善安置，进行公开宣布。对被批判斗争而不作处分的也一律公开宣布，予以恢复名誉。

至 1962 年，信宜国民经济调整工作已取得初步成效，许多方面都出现了迅速恢复和发展的良好势头。为争取国民经济的根本好转，信宜县委根据中央的决定从 1963 年起，继续用 3 年时间进行调整、巩固、充实、提高的工作。

农业方面，信宜认真贯彻执行中央提出的以农业为基础、以工业为主导的发展国民经济总方针，落实政策措施，促进农业全面发展。1963 年，全县贯彻"以粮为纲，大办粮、油、猪、渔，有重点、有步骤地恢复主要经济作物的方针"。坚决贯彻执行"保护以生产队为基本核算单位的制度，至少 30 年不变，坚决反对刮'共产风'，反对侵犯生产队集体所有制，保护符合政策规定的自留地（包括自留山）、饲料地、开荒地和屋前屋后的竹木、果树；反对侵占公地，过量开荒和分散集体耕地"等政策规定。在继续落实执行以生产队为基本核算单位的体制，切实恢复自留地、家庭副业和集市贸易的同时，1964 年 9 月，县委总结推广池洞公社发展山区经济 10 个典型经验，同年 12 月又总结推广洪冠公社洪冠大队经湘一队，全队水稻年平均亩产 817.9 公斤，创全县连片面积高产纪录的水稻高产经验，促进全县科学种田创高产活动的开展。在全县推广定勤、定肥、定购的"三定"制度，健全田间生产和副业生产的责任制，提高劳动效率。大面积推广矮秆水稻良种，推广良种绿肥。加强农业基础建设，续建尚文、高城、山田、六堪、金才、大陂等水库。同时，适当发展小水电，促进农业生产的发展。实行以计划内征购为主，辅以计划外换购和认购的粮食收购政策，增产的粮食，可以换购化肥，也可以按照农贸市场价格议价售给国家。这样，既兼顾了国家和农民的利益，又调动了农民生产和出售粮食的积极性。

工业方面，进行企业调整和技术改造，改进企业的经营管理。贯彻《国营工业企业工作条例（草案）》（即"工业七十条"），开展"以支援农业为中心,以提高产品质量、增加适销对路品种、降低生产成本"为主要内容的增产节约运动。整顿工业企业,压缩工业规模,发展小水电和食品工业,增加纺织业。工业投资,1963年至1965年,平均每年为228万元,比第二个五年计划每年投资110万元增加了一倍多。对生产方式落后,产品质量低,成本高,品种不适合市场需求,又难以提高,没有前途的企业,分别情况采取关(关闭)、缩(缩小生产规模)、转(转产品方向)、改(改进、提高)等办法处理。经过调整,工业内部各个环节的比例关系都比较协调,工业产品的质量明显提高,花色品种大大增加。经营管理方面,加强经济核算和定额管理。技术管理方面,建立健全生产技术责任制,开展科学实验和学习新技术的活动。1965年,工业总产值1 227万元,比1962年增长15.32%,平均每年递增5%,超过了1957年的水平。

商贸方面,做好以市场为中心的各项工作。1963—1965年,国营商业部门和供销合作社大力组织农副产品的收购,组织工业品销售,积极开展地区、城乡和部门之间的物资交流。其间,调整部分工农业产品价格,扩大购销,贯彻合理的统购、派购政策,实行奖售、换购、议购等措施,并从财力、物力上大力支援农业。同时,调整和增设了农村固定商业网点,充实了流动购销力量,活跃了市场,大大促进了生产队各种经营活动的开展。改善商业流通经营管理,减少不必要的经营环节,改革不合理的运输路线和规章制度,缩小商业购销差价,提高企业经营管理水平,加快商品流转,使商品供应情况显著改善。1965年,除粮食、油料等少数商品外,市场商品供求关系已基本正常。

经过1963—1965年的调整,信宜国民经济发展取得较大成绩。1965年,信宜工农业总产值9 533.3万元,比1962年增长24.06%,比1957年增长11.65%,其中农业总产值8 306.3万元,工业总产值 1 227 万元，分别比 1962 年增长 25.46% 和 15.32%。1965 年粮食总产量 181 466.7 吨，比 1962 年增长 31.26%，比 1957 年增长 18.87%。1965 年全县生猪饲养量 336 974 头，比 1962 年增长 124% 倍，比 1957 年增长 91.55%。国营商业部门和供销社部门对农副产品的采购大幅度增加，农民的收入大幅度增长。1965 年，全县收购农副产品金额 1 075 万元，比 1962 年增长 1.26 倍，比 1957 年增长 2.4 倍。社会商品零售总额也大幅度上升，1965 年全县零售总额 3 268 万元，比 1962 年增长 46.79%，比 1957 年增长 78.46%。随着经济的恢复和生产的全面发展，财政收入也有很大增长，1965 年财政收入 779.55 万元，比 1962 年增长 23.33%，比 1957 年增长 62.76%。

1966 年 2 月下旬和 6 月下旬，广东省委主要领导两次到信宜调研，先后参观了尚文水库和竹山、怀乡、镇隆、水口、北界等公社，对尚文水库开梯地种果树、竹山公社大种竹子和全县大面积广种红麻的举措大加赞扬，充分肯定信宜向山发展多种经营的路子走对了。稍后，省委通知全省各级党委组织公社党委副书记以上领导干部到信宜参观。一时间，信宜名闻全省。

四、"文化大革命"

"文化大革命"期间，信宜和全国各地一样，各级党政机关工作受到严重破坏，广大干部和群众遭受打击和迫害，社会主义经济建设和文化事业遭受严重损失。然而，信宜广大人民对各种打、砸、抢、抄、抓等暴乱行为有不同程度不同形式的反对和抵制，因而，信宜"文化大革命"运动的破坏受到一定程度的限制。

1966 年 5 月，中共信宜县委向全县各级党政部门、机关、学校传达中央《五一六通知》。学校停止高考，毕业生继续留校闹革命。6月初，信宜中学学生开始批判该校领导人和所谓"资产阶级代表人物"的教师。6月下旬开始，全县各中学都停课进行"文化大革命"，开展大鸣、大放、大字报、大辩论。8月初，中央文化革命领导小组批评向学校派工作组是"犯了方向路线错误"。信宜派驻各中学的工作组被解散。从此，乱揪乱批乱斗的局面从学校向党政机关蔓延。县党政机关、企事业单位也掀起"文化大革命"浪潮。大鸣、大放、大字报、大辩论也开展起来。县委对在大辩论中群众意见多而又被强烈要求罢官的干部实行罢官。到9月中旬，全县局长以下各级干部共40多人被罢官。8月中下旬信宜中学出现红卫兵组织，很快县内各中学及机关、企事业单位争相效仿。其间，城南古塔和十里岗古塔被拆毁，许多有价值的古籍、古画被烧毁，大量有历史意义的祠堂庙宇被砸毁，珍贵的文化古迹遭受破坏。

1967年3月底，信宜县军事管制委员会成立。1968年3月，信宜县革命委员会（简称"县革委"）成立。县革委按照上级革委会的部署，全面迅速开展"斗、批、改"运动。1968年7月，开始在全县范围内开展"清理阶级队伍"；1968年10月办"五七干校"、下放干部劳动；1968年开始学校改制，开展"教育革命"；1970年5月搞"两退一插"（干部退职、退休和下放农村插队落户）；1970年11月作出信宜"学大寨，赶昔阳"的规划，开展"农业学大寨"运动，工矿企业改革"不合理规章制度"。一系列在"左"的思想指导下的运动使信宜社会秩序、经济秩序不断陷入混乱。

"九一三"事件后，信宜开展了批林整风运动，揭发林彪反革命集团罪行。县革委开始纠正一些"左"的做法，逐步落实党的各项政策。1974年中共信宜县委、县革委发动干部群众对1968年揪"南路党"的错误做法进行揭露和批判，对受害人员给予平反。1974 年至 1976 年，信宜既纠正"左"的错误，又不可避免地继续贯彻执行"左"的方针政策。在持续多年的"路线教育"运动和"农业学大寨"运动中，继续强调"以阶级斗争为纲""限制资产阶级法权""限制小生产"等。这些"左"的政策继续阻碍农村经济的发展。

"文化大革命"在经济社会各领域都给信宜带来严重的危害。生产秩序、经济管理秩序被打乱，经济遭受严重的破坏。1968 年工农业总产值比 1965 年下降 4.5%。一系列"左"的城乡经济政策影响了经济发展。农业生产受影响尤其严重。"文化大革命"开始的前几年，粮食总产量连年下降。1976 年全县人均粮食占有量 265 公斤，比 1965 年的 275 公斤减少 3.6%。比较大宗的经济作物产量大幅下降。如水果，1965 年全县总产量 2 742.7 吨，1970 年 1 949 吨。又如黄豆，1965 年全县总产量 2 492.35 吨，1970 年 2 035 吨。1976 年 10 月，"四人帮"反革命集团篡党夺权的阴谋被粉碎，"文化大革命"结束。信宜人民热烈庆祝粉碎"四人帮"的历史性伟大胜利，并广泛深入揭批"四人帮"反党篡权祸国殃民的罪行。通过揭批"四人帮"，人民群众提高了认识，增强了对共产党的信心，渴望恢复正常的社会秩序和生产秩序。

"文化大革命"结束后的 1977 年至 1978 年，信宜的国民经济得到恢复，但出现徘徊不前的情况。1978 年信宜县工农业总产值比 1977 年仅增加 1.27%。

1978 年 12 月，中共十一届三中全会的召开，标志着中国进入了社会主义现代化建设的历史新时期。信宜人民开始迈进改革开放振兴信宜的新征程。

6

第六章

改革开放时期

探索信宜发展之路

一、平反冤假错案和调整社会政治关系

1978 年 12 月，中共十一届三中全会召开。从此，中国走上了"改革开放，为实现社会主义现代化而奋斗"的发展道路。中共中央首先开始拨乱反正，狠抓了平反冤假错案和落实各类人员政策的工作。

根据中央有关拨乱反正、落实党的政策指示精神，信宜县委于 1979 年 2 月 27 日作出《关于对"文化大革命"中冤假错案进行平反的决定》，成立落实政策领导小组及办公室，配备专职干部，按照党实事求是、"有错必纠"原则，全面复查"文化大革命"期间处理的各类案件，其中重大的有揪"南路党"、办华侨学习班、砸烂公检法、干部"两退一插"、监护 40 名革命干部、反击"右倾翻案风"等案件，同时也复查清理其他历史遗留案件。

县委根据中央的指示，在做好平反冤假错案的同时，调整各方的社会政治关系。

第一，从 1979 年 1 月起，摘掉地主、富农分子帽子，给予农村人民公社社员的待遇；其子女的个人成分一律定为社员。土地改革时，给地主、富农划定成分是必要的、正确的；由于情况变化，中央决定改变他们的成分，也是必要的。

第二，1979 年 5 月起，落实对国民党起义、投诚人员的政策。解放信宜时，全县共有国民党起义、投诚人员 576 名（人民政府给他们每个人发了证明书）。他们当中有 29 人在信宜解放后历次政治运动中受到过处理，经过认真核实，均按政策予以改正，并给予经济损失补偿，如水口镇的甘清池。

第三，1979 年 5 月起，落实赴台湾人员政策。信宜县赴台湾人员共有 2 814 人，赴台湾人员在大陆家属 10 713 人。平反台胞的冤假错案 22 宗，落实 14 户台胞家属房屋政策。通过广泛宣传党的政策，台胞和台胞家属之间通信日渐增加，回大陆探亲、旅游观光的台湾同胞也逐年增多。

第四，1980 年 2 月起，对原工商业者做了"区别"工作。全县列入区别范围的原工商业者 246 人，区别出小商、小贩、小手工业者及其他劳动者 238 人，恢复了他们的劳动者身份。并明确肯定：原工商业者已成为社会主义社会中的劳动者，其成分一律改为干部或工人。

第五，落实知识分子政策，改善知识分子工作条件和生活条件，恢复评定学术和技术职称，抓紧培养、选拔专业人才。对从民国时期过来的高级知识分子，对照政策落实各种待遇。

第六，大力宣传党的侨务政策，保护和褒扬侨胞爱祖国、爱故乡的热情，鼓励他们为支持祖国和家乡的建设作贡献。信宜还抓好落实华侨和侨属房屋政策，先后清理退还 473 户华侨的房屋，建筑面积共 20 多万平方米，人民政府还专门拨款 396 万元，供退还侨房开支。

第七，落实开明绅士政策。1949 年前，信宜的开明绅士对中国共产党领导的革命武装斗争或革命工作，都表现出同情、支持的态度，有的还秘密资助地下党组织，或者掩护革命同志，作出过贡献，如北界镇的林树德，东镇镇的梁肖眉、刘其铭，茶山镇的杨树廉（杨清溪），怀乡镇的叶国柱、廖育万，金垌镇的黄礼河等。县委对他们实事求是地作出正确客观的结论，恢复名誉，还他们历史的真实面目。

上述调整和落实政策，正确处理了一系列人民内部矛盾，调动了社会各阶层人员建设社会主义的积极性，对促进社会的安定团结，巩固和发展爱国统一战线，推动现代化建设事业的发展，起了重要作用。

二、农村经济体制改革

信宜作为山区县，农业向来是基础支柱产业。由于长期受"一大二公"体制的束缚，农业生产得不到应有的发展。中共十一届三中全会后，信宜迈进了改革开放、建设社会主义现代化的历史新时期，农村经济体制改革，在信宜的改革开放事业中占首要地位。实行家庭联产承包经营责任制和发展乡镇企业是农村经济体制改革的重大突破。贯彻十一届三中全会精神后，信宜农民的生产积极性被充分调动起来。人民公社原有的一些经营管理制度逐渐被突破，各种形式的农业生产责任制开始试行。起初，大部分社队实行联产到组的责任制。随后，不少社队将联产到组发展到包产到户、包干到户。当时有不少干部担心这种双包形式会背离社会主义。在农业经营体制问题上，中共信宜县委的认识也有一个发展过程。1979 年 2 月，中共信宜县委发布《关于加快发展农业生产的十项措施》，其中提到："生产队要加强定额管理，建立各种形式的生产责任制，计酬形式可以多种多样，只要不是包产到户、分田单干，各种不同的管理办法和计酬形式，都应当允许试行，不强求一致，不搞一刀切。"文件表明县委重视建立生产责任制，但对包产到户、包干到户还存在疑虑。1980 年 6 月召开的中国共产党信宜县第四次代表大会上，县委书记陈清在工作报告中强调要继续抓紧健全生产责任制和定额计酬，使按劳分配的原则落到实处。同时又指出"只要不改变公有制，不损害集体利益，不分田单干，无论哪种形式都应该允许"。这表明，县委对生产队自动实行包产到户、包干到户的责任制仍有疑虑。

1980 年 9 月，中共中央下发了《关于进一步加强和完善农业生产责任制的几个问题》，即中共中央 1980 年 75 号文件，强调要进一步搞好集体经济，同时也指出："在生产队领导下实行的包产到户是依存于社会主义经济，而不会脱离社会主义轨道的，没有什么复辟资本主义的危险。"中共信宜县委在贯彻中央 1980 年75 号文件精神后，有一部分的生产队已根据中央文件精神，从实际出发，冲破各种条条框框，实行包产到户、包干到户责任制。当时，中共信宜县委对生产队实行双包到户责任制，仍有担心。在 1981 年 2 月 22 日召开的全县三级干部会议上，县委表态不提倡各地都搞包产到户，但对已经搞了的，采取"一包二联"的办法，即通过积极引导，按照自愿、互利的原则，鼓励农民在一些项目上实行联合。县委对生产队实行的双包到户责任制采取了因势利导的方针，妥善处理好实行包干到户责任制过程出现的各种问题。

经过 1981 年上半年的实践，全县多数社队自愿实行包产到户、包干到户责任制。这时，中共中央又进一步肯定双包到户是社会主义集体经济生产责任制，是合作经济中的一个经营层次。此后，中共信宜县委加强领导，采取一系列措施解决承包过程中出现的各种具体问题，使家庭联产承包经营责任制得以完善。1981 年 5 月 31 日，中共信宜县委、信宜县人民政府联合发出《关于包干到户责任制若干具体问题的处理意见》。1981 年 12 月，县委、县人民政府根据信宜县农民人均耕地只有 4 分，而人均山地却有 4 亩的实际，联合作出《关于稳定山权林权、落实林业生产责任制的意见及有关具体政策问题的规定》，使林业生产责任制也得到落实。至1982年4月，全县99.8%的生产队实行家庭联产承包经营责任制。承包方法是：以原生产队核算单位按人平均土地包到户经营，耕牛、农具折价到户，各项上调任务落实到户负担，通过书面合同形式固定下来，若干年后调整一次；集体企业由集体统一管理，或承包给农户经营管理。统一安排军烈属、五保户、困难户的生活，统一规划农田基本建设。改革经营体制后，农民的生产积极性大大提高。1982年全县粮食总产量达285 043.65吨，创历史最高纪录。1982年起，连续3年粮食丰收并超过历史水平。

在实行家庭联产承包经营责任制过程中，由于未及时采取有效措施保护集体财产、维护农田水利等公共设施，一度造成损失。初期有9 370个生产队（占生产队总数的87.5%）没有签订书面承包合同。到1984年，才全面落实土地承包、山林承包书面合同。合同规定土地承包期延长至15年以上。生产周期长的开发性项目，如果树、林木等，承包期还可以更长一些。落实承包合同，让农民吃上"定心丸"。

家庭联产承包经营责任制的实行，为农村商品经济发展创造了条件。1985年1月，中共中央、国务院颁布《关于进一步活跃农村经济的十项政策》，取消农副产品统购派购制度，对粮食、棉花等少数重要产品，实行尊重农民自主权的国家计划合同收购的新政策，合同收购以外的产品可以自由出售，或以协议价格卖给国家；其余多数产品，逐步放开，自由交易。农业税，由过去向农民征收实物改为折征现金。这样，基本改变了实行30多年的统购派购政策，把农村经济纳入到有计划的商品经济轨道。

在实行家庭联产承包经营责任制和统分结合的双层体制过程中，农村经营体制，特别是土地经营体制又进行改革和完善。主要是在明确所有权、稳定承包权原则基础上，建立和健全土地使用权流转机制，允许承包农户采取转包、反租倒包、租赁、招标承包或土地入股等形式有偿转让使用权，重新确定经营者，使土地（含山地）使用权掌握在一些有资金、有技术、有经营管理能力的集体或个体手中，以利于土地开发。搞活土地使用权利于土地连片开发，规模经营。农业经营体制改革促进信宜"三高"农业快速发展，种养业商品生产基地逐步形成，土地效益和农业整体效益迅速提高，使信宜农业得到持续、稳定、协调的发展，农业内部的结构渐趋优化。林牧副渔的产值占农业总产值的比重，由 1980 年的 49.9% 上升到 1988 年的 55.1%。

农业经营体制的改革促进了乡镇企业的发展。这是农村经济体制改革的又一个伟大成就。1984 年 3 月 1 日，中共中央、国务院转发农牧渔业部《关于开创社队企业新局面的报告》，并发出通知，将社队企业改为乡镇企业，指出：发展多种经营是我国实现农业现代化必须始终坚持的战略方针；乡镇企业是多种经营的重要组成部分，是农业生产的重要支柱，是广大农民走向共同富裕的重要途径，是国家财政收入新的重要来源。

信宜执行中央指示，乡镇企业异军突起，发展很快。1979 年，全县社队企业有 1 844 家，从业人员 19 879 人，年总产值 1 861 万元。1980 年后，由于实行家庭联产承包经营责任制，解放出大批劳动力。在改革开放大潮的推动下，农村集体、个体及私营企业迅速发展。1984 年始，形成了乡镇、村、合作、个体四个层次和集体与个体两种所有制形式的乡镇企业。至 1986 年，全县乡镇企业 21 604 家，从业人员 58 960 人，年总产值 10 345 万元，总产值比 1979 年增长 4.56 倍。1987 年，全县乡镇企业有 28 742 家，从业人员 72 822 人，年总产值 17 822 万元，总产值比 1986 年增长 72.22%，实现利润 3 289.8 万元，上缴税金 745.5

万元。

1988 年，乡镇企业普遍遇到资金、能源不足、人才紧缺等困难。中共信宜县委、县人民政府重申大力发展乡镇企业的方针政策，切实加强领导，采取各种措施调动乡镇企业干部职工的积极性，引导他们从实际出发，充分利用本地资源，走资源开发的路子。如金垌镇的玉雕工艺业，怀乡镇的竹编工艺业，洪冠镇、大成镇、旺沙镇的小水电，东镇镇、丁堡镇、大成镇的花岗岩等资源型加工业均得到较大的发展。1988 年，全县乡镇企业有 21 416 家，从业人员 76 028 人，年总产值 21 353 万元，营业收入 31 560 万元，实现利润 3 682 万元，缴交税金 1 147 万元。企业总数虽然比 1987 年减少了，但从业人员、总产值、营业收入、利润和上缴税金分别比 1987 年增长 4.4%、19.8%、59.39%、11.92% 和 53.86%。1988 年，乡镇企业工业产值首次超过国营、二轻工业产值。1989 年乡镇企业有 22 363 家，从业人员 73 959 人，年总产值 24 889 万元，营业收入 36 100 万元，总产值和营业收入分别比 1988 年增长 16.56% 和 14.38%。1989 年和 1990 年，在国家宏观调控的影响下，乡镇企业资金紧缺成为共同难题。信宜县委和县人民政府采取发展"三小企业"（小竹编、小石料、小玻璃塑料）的策略，借助资源型企业受市场冲击相对较小这种优势来保持乡镇企业的发展速度。在各级党委、政府引导下，1990 年，"三小企业"发展到 301 家，营业收入 2 780 万元，占全县乡镇企业营业收入的 19.5%。全县乡镇企业 21 033 家，从业人员 77 326 人，年总产值 31 458 万元，比 1989 年增长 26.39%；营业收入 42 500 万元，比 1989 年增长 17.73%。

1991 年后，全县采取个体、联营等形式，多渠道、多层次办乡镇企业。各镇在场地、用电、贷款、税收、手续办理等方面给予优惠扶持，吸引本地、外地老板投资办厂。1995 年，全县乡镇企业有 33 234 个，从业人员 143 596 人，总产值 508 199 万元。

1996 年，全市各镇采取股份、合资、兼并、破产、转轨、资产重组等形式，对部分骨干企业实施改革转制，促进乡镇企业稳步发展。各镇坚持工业立镇宗旨，从资源开发、深加工和技术改造等方面开辟新路办好企业，形成了以造纸、皮具制品、建材、陶瓷、家具、爆竹、石料加工、采掘、机械、轻纺、冶炼、塑胶、玉器加工为骨干的乡镇企业群，带动了地方经济发展。1998 年，信宜被茂名市授予"乡镇企业领雁市"称号，先后有 18 个镇被评为信宜市乡镇企业"领雁镇"和"先进镇"。2000 年，全市有乡镇企业 25 807 个，从业人员 16.9 万人，总产值 94.9 亿元，总收入 104 亿元。

农村经济体制改革使信宜的农业生产得到全面发展，开始走上农林牧副渔、农工商综合发展的道路。尤其是乡镇企业异军突起，对改变农村的落后面貌、实现农村产业结构的转变、推进工业化进程、繁荣农村经济、增加农民收入，发挥了重要作用。随着社会主义市场经济的发展，乡镇企业也在发展中不断改革转制，融入公有制或非公有制工业企业的浩荡队伍。

三、工业体制改革

党的十一届三中全会后，随着经济体制改革不断深化，信宜县逐步开展工业体制改革。

最先的改革是推行以"权、责、利"相结合为原则，"仓、保、核"为内容的经济责任制。1982 年，信宜县红棉工具厂率先实行以"四定""五包"为内容的责任制。"四定"，即厂对车间实行定员、定产、定质、定耗。"五包"，即车间对厂部实行产量包干、原材料成本包干、工资包干、费用包干、成品率包干。是年，二轻工业系统中有 80% 的企业推行以"定、包、奖"为主要内容的经济责任制。1985 年，全县 33 个厂矿企业全部实行了经济责任制。1985 年后，在落实企业内部经济责任制的同时，进一步推行企业对主管部门和对国家的承包责任制。玉石材料厂、家用电器元件厂、纸箱厂、无线电二厂、红棉工具厂、二轻供销公司、工艺厂 7 家企业实行了所得税包干带征，取得较好效果。1987 年起，国营企业逐步实行承包经营责任制。

增强企业活力是经济体制改革的中心环节。为增强企业活力，1982 年后，信宜推出扩大企业自主权的改革措施，主要方面有：1. 经营自主权。各企业在国家计划的统一指挥下，有权自行安排市场调节产品的生产，自行销售产品。对不纳入国家供应原材料的产品，可实行高来高去。2. 人事自主权。企业有权根据生产需要，招收临时工；有权任免企业中层干部；有权从社会招聘技术人才。3. 奖励、处罚权。企业有权对职工进行奖惩。4. 工资奖金权。工厂企业内部的分配方式改革，实行工资总额与上缴税利挂钩，实行联产联销联利浮动工资，实行百元产值工资含量等。

为使企业成为自主经营、自我发展、自我完善、自负盈亏的社会主义商品生产者和经营者，企业由过去政府直接管理转变为实行厂长（经理）负责制。1983 年起，信宜县工业系统开始推行厂长（经理）负责制，实行党政分家，厂长（经理）可独立行使经营指挥权。1985 年后，又赋予厂长（经理）"组阁"权，副厂长（副经理）由厂长（经理）提出人选，报主管部门批准任免；企业中层干部由厂长（经理）直接任免。对厂长（经理）的"责"与"利"也作了规定。实行厂长（经理）负责制后，逐步扩大了企业的经营自主权。信宜县松香厂、信宜县食品厂、信宜无线电二厂、信宜家用电器元件厂、信宜纸箱厂、信宜工艺厂等13 家企业，按市场需求安排生产，建立了自己的销售网点，分别实行购销、转销和移库代销等多种销售方式，经济效益有较大提高。信宜县矿山机械厂、信宜县农机修理一厂、信宜县人民印刷厂等 13 家企业，逐步提高经营水平，使生产、产值、利润逐步回升。此外，有占企业总数 21.2% 的企业，在试行厂长（经理）负责制期间，经营管理不善。

全县直属的 33 家企业，实行厂长（经理）负责制后，都建立健全管理机构和管理制度，做到厂厂有领导专管，有专职质检员。全县工业企业共有管理干部 938 人，质检员 279 人。企业管理主要有产品质量管理、生产计划管理和设备管理。在计酬方面采取"奖优罚劣"方法，把生产者、管理者的经济利益与产品质量的好坏直接挂钩，从而促进产品质量的提高。

工业企业的生产计划管理，主要由企业的生产股负责，由厂长（经理）或副厂长（副经理）分工抓。对计划的执行情况，定期每月检查一次。对执行生产计划管理好的企业，给予奖励。1988 年，信宜县对松香厂、制药厂、水泥厂、瓷厂、化工总厂、工艺厂、华力事电子工贸公司、造纸厂等先进企业进行了奖励。

实行体制改革后，各厂矿都加强设备管理工作：建立设备档案资料，设 1~2 名专职人员管理；定期进行设备维修保养，建立各种制度和操作规程，定期对各种设备进行润滑、加固、调整、清理、防腐，并把设备维修保养列入岗位责任制评分内容，使之与职工的切身利益联系起来。各工厂订出设备维修制度，一般小修由生产使用车间负责，大、中修理则由生产车间联合机修车间共同进行。对成套专用设备，一般采用预测修理制度，即对设备进行有计划的日常维护、定期检查和计划修理。各工厂都注重设备更新改造。

2001 年后，国有工业企业产权改革基本结束，国有企业逐渐退出市场，民营、中小企业迅速发展。为改善中小企业经营环境，维护中小企业合法权益，促进中小企业健康发展，市政府出台

《扶持民营和中小企业发展若干政策措施》，安排专项扶持资金，对符合条件的民营、中小企业技术改造项目、科技创新项目及中小企业服务体系建设项目等进行扶持。全市先后投入技术改造和技术创新资金 4 300 多万元。中小型企业产值从 2001 年的 1 242 万元发展到 2010 年的 6 807 万元；工业规模迅速发展，工业总产值从 2001 年的 81.7 亿元发展到 2010 年的 160 多亿元。

2010 年后，全市工业企业推行全面质量管理，根据企业生产和管理特点，结合申办生产许可证、质量管理体系认证、产品认证、创著名商标等工作，建立一整套有效的质量环境管理体系，取得了良好效果。

2017 年，全市有规模以上工业企业 199 家，完成规模以上工业增加值 82.84 亿元，完成工业投资 153.28 亿元，完成工业技术改造投资 28.92 亿元。

四、开发小水电

开发小水电是信宜发挥资源优势，发展资源型企业的最佳选择。在信宜经济发展历程中，开发小水电发挥着举足轻重的作用。信宜地处山区，境内河流众多，水力资源丰富，水能理论蕴藏量 20.94 万千瓦。20 世纪 50 年代中后期，信宜开始因地制宜开发小水电，在规划建设中侧重考虑革命老区的小水电开发，以期通过开发小水电推动老区经济和社会事业的发展。

1956 年秋，信宜县第一座水电站合水水电站动工兴建，于 1957 年冬建成投产，装机容量 20 千瓦。1959 年 6 月，铜鼓水电站建成投产，装机容量 125 千瓦，是信宜继合水水电站后建成的第二座水电站，也是县内首座向县城供电的水电站。1968 年 8 月，扶参水电站第一台装机容量 1 580 千瓦机组建成投产，给县城输送生产和照明用电。1971 年冬，信宜县与大成公社联合扩建石屏水电站，装机容量 500 千瓦，1973 年秋建成投产，是信宜县第一座县社联办电站。1974 年冬，黄楼河电站正式动工，1976 年第一、二台机组建成投产，装机容量 2 000 千瓦。至 1979 年，全县累计建成小水电站（含微型小水电站）522 座，总装机容量 2.2152 万千瓦。

1979 年后，信宜调整小水电建设布局，保证重点项目，集中开发白石河和钱排河（黄华江上游）。动员各单位、各部门筹集资金联办或独办小水电，加快小水电建设。1980 年 8 月黄楼河电站四台机组共 4 000 千瓦全部建成投产。1978 年 3 月，石印电站复工续建，装机容量 2 000 千瓦，两台机组分别于 1980 年 1 月和 1981 年 9 月建成投产。

20 世纪 80 年代，信宜被广东省列入发展小水电重点县之一，小水电建设步伐加快。1980 年 3 月，县水电局局长吴敬先出席在广州召开的"全国小水电建设先进代表会议"。信宜县水电局荣获水利部和省水电厅分别授予的全国和全省"小水电建设和管理先进单位"。1984 年，全县小水电建设采取河流梯级开发形式，重点开发黄华江上游，以白石、大成两镇为先行点，积累经验，促进全县小水电建设。1984 年 6 月，县水电局成立信宜县小水电开发公司，负责全县小水电站的建设和管理。1985 年春，县水电局成立信宜县水利水电勘测设计室，负责全县水利水电工程勘测设计工作。1986 年 6 月，广东省水电厅批准云丽电站勘测设计书，同年 9 月 5 日，成立茂名市云丽电站工程指挥部，领导施工。该电站是以茂名市水电局为主的市县联办工程，位于洪冠云丽村，装机 5 000 千瓦，1988 年冬动工，1992 年 8 月投产。1988 年冬动工兴建的还有：位于洪冠大樟村的山心水电站，装机 2 000 千瓦；位于钱排山口村的蓝蓬水电站，装机 1 280 千瓦；位于合水高荷村的竹黄岭水电站，装机 4 000 千瓦，1992 年 8 月投产。

1990 年，广东省岭南电台一个星期内多次报道信宜小水电建设的情况和经验。1991 年 3 月，国务院确认信宜为"农村初级电气化县"。是年 9 月，位于洪冠镇扶曹村的扶曹水库电站动工兴建，库容 4 629 万立方米，装机 10 000 千瓦，总投资 12 000 万元，1998 年 5 月投产发电。是年冬，洪冠镇锦衣村的金丰水电站动工兴建，装机 1 000 千瓦，总投资 698 万元，1993 年 11 月建成投产。1994 年 4 月，经广东省检查验收，信宜县农村电气化建设已达到初级电气化县的各项标准。1995 年，信宜市被国家水利部授予"全国农村小水电初级电气化建设先进单位"称号；1996 年 5 月，市水电局被国家计划委员会、水利部评为"全国第二批农村水电初级电气化县建设先进单位"。

1996 年冬，新宝镇甘利村的甘利水电站、大成镇上湾村的石锦埇水电站、旺沙盘龙村的虎跳水电站先后动工兴建。1999 年 10 月，位于朱砂镇新圩村的珠宝石水电站动工兴建，装机 2 500 千瓦，总投资 2 237 万元，2003 年 1 月正式发电。1999 年冬，位于合水镇清静村的清静口水电站、位于钱排镇竹云村的银河（原曲尺河）水电站、位于洪冠镇锦衣村的洪冠（原克角）水电站先后动工兴建。2000 年冬，位于钱排竹峒村的大合水电站、位于思贺镇的大坪二级水电站、位于白石镇岳龙村的岳龙水电站先后动工兴建。

1979—2000 年，全市新建、改建（技术改造）、重建的水电站共 270 座，总装机容量 20.2 万千瓦，占可开发量的 96.5%。全市共建成入网小水电站 146 座，装机 281 台，装机容量 11.1965 万千瓦。1999 年 12 月，信宜市水利局被国家水利部评为"全国水利系统水电先进集体"。

2001 年，信宜被确定为全国"十五"期间 400 个农村水电电气化建设县之一，小水电建设迎来了新一轮发展高潮。市政府制定了《信宜市水电农村电气化实施方案 2 000—2005》，先后在广州、佛山、茂名等地召开了 8 次小水电建设招商洽谈会，吸引投资者到信宜办小水电。是年冬，平塘镇罗排村的云源水电站动工兴建，装机 1 200 千瓦，总投资 785 万元，2003 年 2 月投产；东镇凤岗村的凤岗水电站动工兴建，装机 1 030 千瓦，总投资 572 万元，2003 年 6 月投产。

2003 年后，全市水电站建设步伐加快。分布于市内乡镇的珠宝石、云源、光明、振源、金玉阁、楷棉、穗明、上花、乐义、丽湾、钱排、元珠、埌口、荷塘、木岭、贵兴、岳龙、牛牯坪、旺龙、洒冠、大洪、江山、十里、云贵、中燕、楼垌口、新塘、塘面、天潭、天河、吉东、平民、凤岗、贵丰、嘉和、石青坑的 36 座水电站于 2004 年相继建成投产。

2005 年后，境内又有石花地、罗中、八排、广义岭、大竹坪、垌头、合叉坑、下湾、佳利、曲尺河、恒滔、登科、兴源、金源、平花、河边、北梭口、岳龙二级、河源、大榔、燕水、大河坝、坪洲、华山、石梯、蓝房、东坑、岭脚下、河唇、榭竹、寨头、粤桂、水美永泽、马鞍、草塘、大墩、鱼箩潭、六明、滩垌口、五丰 40 座水电站相继建成投产。

2011 年后，长溢、黎湾、宝云、云梯、河美、西坑、玉堂、明堂、有坪、富湾、清静口、蓝村等水电站相继建成运营。2015 年后吐珠、罗上、洪海、西江等水电站建成投产。2017 年，全市有小水电站 286 座，总装机容量 20.83 万千瓦，售电量 6.82 亿千瓦时。全市的老区镇都建有水电站。

五、完善电网建设

为充分发挥水电站的经济效益和社会效益，信宜在加快发展小水电的同时，不断完善电网建设。1997 年，全市有条件的行政村都修建了水电站，全市 370 个行政村也实现村村通电，但仍有一些偏远的自然村因为无力架设输电线路未用上电。

1998 年国务院办公厅转发国家计委《关于改造农村电网改革农电管理体制实现城乡同网同价的请示》，同意国家计委意见，要求各地"改造农村电网、改革农电管理体制，实现城乡同网同价"（简称"两改一同价"），降低农村电价，减轻农民负担，提高农民生活水平；各级政府必须"在改造农村电网、改革农村供电管理体制的基础上，力争用三年时间，统一城乡用电价格，实现同网同价"。1999 年 2 月 12 日，广东省政府办公厅印发《我省农电管理体制改革、农网改造和城乡用电同网同价试行方案的通知》，要求各级人民政府和有关部门加强领导，顾全大局，按方案要求积极组织实施。

2000 年，信宜开始大规模农网改造，全市农村住宅到户电价降到每千瓦时 0.89 元。"两改一同价"工作取得阶段性成效。5 月10 日，市供电局组织人员对全市未通电的革命老区村庄进行核实，全市有未通电革命老区自然村 14 个，分别是思贺镇木瓜行政村龙塘、社角、梅子坑自然村，钱排镇竹云行政村大坪和垌心自然村，新宝镇华丰行政村龙堂和光明自然村，贵子镇托盘垌行政村牛围和森木河自然村，径口镇良耿行政村良埇片 3 个自然村，合水镇高湾行政村茶坪和山楂根自然村。情况核实后，市供电部门即投资 225.97 万元，新建 10 千伏线路 23.1 千米，新增配电变压器 9 台/180 千伏安，新建低压线路 37.85 千米，于是年 12 月全部完成这 14 个革命老区自然村通电工程。受惠老区群众 1 088 户，5 381 人。至此，全市 23 个镇 370 个村委会 4 638 个村民小组（自然村）实现全部通电，全市农村 27.4 万户有 26.93 万户用上电，通电率 98%。

2001 年后，每年均开展农村电网改造，投资额度亦逐年增

大。2003 年农村电网改造总投资 600 万元，2008 年农网改造投资
3 700 万元，全市老区村的电网亦同时得到改造。

2010 年，国家对电网建设力度不断加大，全市电网建设项目
投资 9 638 万元，累计完成投资 10 313 万元，主网 35 千伏完成投
资 1 513 万元，新建配网完成投资 8 800 万元。建设与改造 10 千
伏线路 60 千米，低压线路 607 千米，新建（改造）台区 120 个，
新增（更换）配电变压器 262 台，容量 41 655 千伏安。2011 年，
全市电网建设项目投资 1.7 亿万元，110 千伏大成变电站于 12 月
21 日竣工投入运行。2012 年，全市新建配网工程项目总投资
10 084 万元，110 千伏永隆输变电工程、35 千伏贵子工程建成投
产，新增变电容量 4.8 万千伏安，新增输电线路 41.15 千米。
2012 年，全市共有变电站 21 座，其中 220 千伏变电站 1 座，110
千伏变电站 10 座，35 千伏变电站 10 座，配电变压器 2 263 台，
总容量 33.71 万千伏安。

2013 年，全市投资 10 077 万元加快电网建设。开展电压专项
整治，整治电压偏低台区 173 个；开展农村电网改造升级活动；
技改、大修项目完成投资 4 461 万元，老区和边远山区电网得到
改善。2014 年，集中力量破解制约农电发展突出问题，全年投资
10 356 万元加快电网建设，新增变电站出线 7 回，新建 10 千伏架
空线 17.82 千米，新建 10 千伏电缆 0.57 千米，新建柱上开关 7
台，新增配变 122 台，变电容量 19 545 千伏安，新建、改造低压
线路 1 833.98 千米。同时，整治电压偏低台区 343 个，受惠用户
达 9.8 万户；技改、大修项目 140 个，完成投资 6 438.15 万元。

2015 年，全年投资 8 383.15 万元。新建 10 千伏线路 74.07 千
米，新建低压线路 548.97 千米。新增配电变压器容量 25 665 千伏
安，共 118 台。此后，电网投资持续加大，在配网基建投资
12 634万元。合计新建电力管廊 6.93 千米，新建、改造 10 千伏线

路99千米，新增公用配变169台，新建、改造低压线1010千米。投资2846.59万元完成修理项目31个，改造残旧低压线路106.3千米。

2017年，电网配网基建投资12634万元，新建电力管廊6.93千米，新建和改造10千伏线路99千米，新增公用配变169台，新建、改造低压线1010千米。投资2846.59万元完成修理项目31个，改造残旧低压线路106.3千米。高标准打造44个省定贫困村的电网，安排专项资金进行改造，列入投资计划项目116项，项目总投资7934万元。先后承接茂名局组织的解决信宜配网历史欠账的两次专项行动。3月，共组立低压电杆2364条，更换低压裸导线239千米，消除218个台区安全隐患，全市所有老区村庄残旧危险线路得到全面整改。至11月，配网建设大会战中新组立电杆8291条，架设低压线15.75千米，集中解决水口、镇隆、东镇、北界、池洞、朱砂和怀乡7个镇农村电网薄弱、表后线过长、电压偏低的问题。同时，市供电局主动加强与地方党委、政府的沟通，大幅改善电网建设外部环境。经过深入调研沟通，沉睡8年的110千伏城西变电站工程于4月10日复工建设，12月25日竣工投产，革命老区东镇镇电网建设历史遗留问题得到有效解决。

至2017年，全市有六运220千伏变电站1座，城西、竹山、旺沙、镇隆、白石、大河坝、合水、北界、钱排、大成、永隆、池洞110千伏变电站12座，东镇、安莪、怀乡、金垌、平塘、新宝、贵子、思贺、火电厂、中伙等35千伏变电站10座，变电站总容量103.25万千伏安。10千伏配电线路135回，其中公用线路129回，专线6回；10千伏公用线路总长度2732千米，装接配变总容量68.47万千伏安；配变总台数3352台，其中公用配变2538台，公用配变总容量42.85万千伏安，专用配变814台，专用配变总容量 26.18 万千伏安。基本满足全市城乡居民工作生活的用电需求。

六、提高广播电视覆盖率

信宜解放后，各级人民政府重视广播宣传工作，逐渐加大财政投入，完善设备、提高技术，使广播事业不断发展提高。信宜广播事业经历了从实现有线广播到无线广播，到开通有线模拟电视，再到有线数字电视的发展历程。1951 年春，县人民政府成立"信宜县收音站"，配备工作人员 2 人。由专人笔录中央、省级新闻，整理成新闻稿，经校对审核后，再用信宜方言白话播出，便于群众明白理解。传输方式是借用邮电局电话线路传输到各区乡人民政府，用高音喇叭播放，播报时间为每天早、午、晚各 1 小时。1952 年收音站改为隶属县委宣传部领导。1956 年 1 月，"信宜县收音站"改称"信宜县广播站"。信宜广播事业迎来大发展时期。经县政府拨款投入，自行设计建设广播专线。1956 年年底，首先实现县城区广播网，设置安装了 300 多个喇叭点。覆盖了城区学校、工厂、政府机关单位及城郊农村，实现了城区喇叭广播全覆盖。同时，区、乡、农村学校的有线广播网络也同步延伸推进，至 1957 年年底，全县安装设置了 13 000 多个喇叭点。信宜县广播站利用广播形式，充分发挥党委政府喉舌功能，既直播各级新闻，又播放天气预报、会议通知、政府重大事项告知等。全县广播覆盖率100%。1958 年 12 月，信宜广播站与茂名广播站合并为"高州县广播站"，原"信宜县广播站"为分站，功能不变。1961 年，高州、信宜分县，恢复"信宜县广播站"。1966 年 8 月，更名为"毛泽东思想信宜县广播站"。1971 年，又更名为"广东省信宜县广播站"。1974 年 1 月，更名为"信宜人民广播站"。

1984 年 7 月，经县委、县政府批准成立"信宜县广播电视局"，实行局站统一，管理全县广播宣传工作和广播事业发展，县广播站改为"信宜县广播电视局"，隶属县委宣传部领导。1985 年 3 月，茂名广播电视局批复同意信宜县广播电视局建立信宜县人民广播电台，调频发射功率 100 瓦，96 兆赫兹，传送发射功率 100 瓦，使用频率 89 兆赫兹。同年 10 月 1 日，信宜县人民广播电台正式开播。1989 年，原有的 100 瓦调频发射机升级为 300 瓦调频发射机，安装在梅柳岗信宜电视转播台机房内，经过调试，1993 年元旦正式开播，并投入运行，电台的信号覆盖全县大部分地区。其中，革命老区怀乡、洪冠、茶山、钱排、池洞、东镇六个老区镇 144 个老区行政村 649 个老区村庄全都可以收到信宜广播电台信号。结束了信宜听众无法直接收听中央、省、市电台广播节目的历史。

1996 年 5 月，广播发射设备移设到粤西第一峰大田顶（海拔 1 704 米），调频发射功率 1 000 瓦，使用频率 98.9 兆赫兹，全天播音 16 小时 40 分钟，信号覆盖茂名、湛江、阳江、云浮、肇庆以及广西部分地区共 30 多个市县，受众人口 1 000 多万。该台重点围绕市委、市政府各个时期的中心工作开展栏目策划和报道。2017 年，广播电台节目有《早晨信宜》《综合新闻》《信宜新闻》等。

1990 年 9 月，"信宜县有线电视台"成立。1995 年，对城区有线电视主干线实行光纤电缆传输电视信号。1996 年 4 月，在大仁山顶兴建多频道微波分配系统（MMDS）发射机房，7 月底，项目前端设备安装调试完毕，成功运用 MMDS 技术传输 9 套电视节目，信号覆盖东镇、池洞、丁堡、北界、水口、镇隆等镇的大部分村庄，受众人口 40 多万。电视信号覆盖革命老区东镇、池洞的大部分地区。

1997 年 12 月，信宜人民广播电台、信宜电视台、信宜有线广播电视台合为一个播出实体，称"信宜市广播电视台"。广播电视局与广播电视台实行局、台合一体制。1997 年 11 月 21 日，粤广厅批准信宜市在大田顶设置 DS-8 转播台。1999 年，消灭"广播电视盲村"，实现村村通广播电视，全市 370 多个行政村通过无线的形式收看到 9 套以上电视节目。

2000 年 11 月，为加快全市农村有线广播电视网络建设，解决农村广大干部群众收听广播和收看电视节目困难的问题，市政府同意建设全市镇（街道）有线广播电视光纤网络，创茂名地区市（县）先例。2002 年 8 月，西线有线电视光纤联网工程全线竣工，北界、高坡、金垌、径口 4 个镇 36 个村委会光纤贯通。2004 年 6 月，洪冠镇、茶山镇、怀乡镇开通光纤联网，可收看到与市区一样的高质量电视节目。其间，整合城区和乡镇有线电视资源，对 23 个乡镇广播电视站进行收编，打造全市一张网，隶属市广播电视局统一管理。2005 年 4 月，池洞至朱砂、贵子光纤网络开通使用。2006 年 10 月，广播电视台争取到国家开发银行广东省分行建设文化大省的专项贷款资金 2 000 万元，为全面推进广播电视光纤联网工程建设，实现有线电视信号城乡一体化奠定了基础。2007 年 2 月，东线有线电视光纤联网顺利贯通。同年 12 月，南线镇隆、水口等剩余镇街的有线电视光纤联网全部贯通。至 2012 年年底，全市有线电视用户数达 10.11 万户，用户覆盖率 89%。

2012 年年初，着手有线数字电视整转的筹备和推进工作。12 月底完成分前端设备安装调试。2013 年 1 月，正式启动城区有线数字电视整转试点，把城区划分为 75 个小区逐个推进入户安装工作。4 月底完成城区有线电视用户的数字化转换。8 月召开镇级数转动员大会，部署镇级数转工作。12 月底完成镇隆、水口、北界、池洞、怀乡、平塘、合水、新宝、思贺、钱排、高坡、径口和洪冠 13 个镇的有线数字电视整体转换。2014 年 4 月，全面完成镇级有线数字电视整转工作，实现全市有线数字电视全覆盖。

2016 年，市广电网络改革重组工作顺利推进，加大投入，实施网络升级改造，拓展有线数字电视空间。全市除丁堡镇外各基层站广播电视信号完成光纤联网。光纤总里程皮长 1 280 千米，开设光点 1 319 个，线芯总长 15 360 千米，有线数字电视节目 182 套，信号覆盖全市 305 个行政村。2017 年年底，有线数字电视用户 12.12 万户，电视覆盖率 92%。其中革命老区群众踊跃参与，洪冠 2 348 户、怀乡 5 839 户、茶山 2 725 户、钱排 2 901 户、池洞 6 460 户、东镇 24 316 户。

第二节

贯彻南方谈话精神，掀起改革开放新高潮

一、贯彻南方谈话精神

1992 年 1 月至 2 月，邓小平先后视察武昌、深圳、珠海、上海等地，沿途作了重要谈话，统称为南方谈话。

中共信宜县委于 1992 年 3 月 13 日至 14 日，召开常委会议及县委工作会议，传达学习邓小平南方谈话精神。1992 年 5 月 16 日，中共中央发出《关于加快改革，扩大开放，力争经济更好更快地上一个新台阶的意见》后，中共信宜县委立即召开常委会、县委全会联系信宜实际，认真学习。县委班子破除教条主义和姓"资"姓"社"疑虑的束缚，破除对公有制与非公有制、国有与集体经济亲疏有别的心态，增强"三个有利于"的判断标准意识和"共同发展"的观念，进一步解放思想，加快改革开放的步伐。

通过学习南方谈话，信宜县很快掀起加快经济发展的新高潮。县委决定在县城近郊新里垌搞经济开发试验区，确定扶曹水库、G207 国道东镇至镇隆一级公路建设规划。经报请省人民政府批准，信宜经济开发试验区于 1992 年 5 月设立，可享受一系列优惠政策。试验区规划总面积 30 平方千米，以县城市区为中心，沿G207 国道向南北两翼共伸延 30 千米作为经济开发带进行全面开发。首期开发的中心区新里垌，面积 1.5 平方千米。开发区主街

新尚路长 1 080 米，贯通开发区的迎宾大道南北长 5 千米、宽 50 米。信宜经济开发试验区吸引到海内外投资者的投资超过 5 亿元，已发展成为饮食、金融、交通、电信、商住中心区，带动了信宜经济的发展。

1993 年 4 月 8 日至 11 日，中国共产党信宜县第八次代表大会召开，大会报告题为《把握机遇，真抓实干，实现经济建设新飞跃》。报告强调要继续深化改革，扩大开放，要围绕建立社会主义市场经济体制的目标，深化各行各业的改革。提出工作总的思路是"八个坚持不动摇"，即深入贯彻邓小平南方谈话和党的十四大精神，做到：继续坚持党的基本路线，以经济建设为中心不动摇；坚持加快经济发展，加快"奔康赶龙"步伐不动摇；坚持团结拼搏，开拓创新，同心同德富信宜不动摇；坚持"提高第一产业，优化第二产业，大力发展第三产业"，特别是积极发展支柱产业、高新技术产业不动摇；坚持狠抓基础设施建设不动摇；坚持千方百计，用足用活党的政策，争取高投入、高速度、高效益不动摇；坚持广开门路，增加农民收入不动摇；坚持加强党的建设和精神文明建设，控制人口增长，稳定社会、稳定大局、稳定治安不动摇。这次大会确定了信宜今后 20 年现代化建设目标和今后 5 年的经济和社会发展的基本目标和任务。这次会议是深入贯彻党的十四大精神，谋划全面加快信宜改革开放和社会主义现代化建设的重要会议。它标志着信宜的改革开放开始进入新的阶段。

1993 年后，中共信宜县（市）委认真贯彻邓小平南方谈话和党的十四大、十五大精神，努力探索脱贫致富奔小康之路，促使信宜社会主义建设事业突飞猛进，先后实现了脱贫和撤县建市，全面完成了信宜县第八次党代会提出的各项任务。全县（市）经济保持持续、快速、协调、健康发展。1993 年至 1997 年，全县

（市）地区生产总值由 11.5 亿元增加到 45.4 亿元，年均增长
31.6%；工农业总产值由 16.2 亿元增加到 90.7 亿元，年均增长
41.1%；财政总收入由 8 877 万元增加到 2.19 亿元，年均增长
19.8%；社会消费品零售总额由 5.6 亿元增加到 20.3 亿元，年均
增长 29.4%；外贸出口创汇由 1 438 万美元增加到 1.63 亿美元，
年均增长 62.5%；农民人均纯收入年均增长 28%；城镇职工人均
工资年均增长 17%。这五年是思想大解放、经济大发展、面貌大
变化的五年，是贯彻邓小平南方谈话精神，深化改革扩大开放取
得丰硕成果的五年。

二、逐步建立社会主义市场经济体制

改革开放后，全县逐步减少统购派购任务，逐步取消工业品
和生活用品计划供应，放开市场，搞活流通。1985 年后除粮食、
烟草、麻类和国营林场的木材等几种物资外，市场上生猪、鲜蛋、
水产品、蔬菜等货源充足。政府支持多种经济成分进入流通领域，
国营、集体、个体，各种经济体等可直接从各级批发站或工厂进
货，销售各类日用工业品和农副产品，形成多形式、多渠道、少
环节、开放型的商品流通渠道。1992 年 10 月召开的中国共产党
第十四次全国代表大会确定我国经济体制改革的目标，是建立社
会主义市场经济体制。这是经济改革理论和战略上的重大突破，
是对社会主义认识的一次新飞跃。1993 年 11 月，党的十四届三
中全会通过《中共中央关于建立社会主义市场经济体制若干问题
的决定》，该决定明确指出：社会主义市场经济体制是同社会主
义基本制度结合在一起的。建立社会主义市场经济体制，就是要
使市场在国家宏观调控下对资源配置起基础性作用。

中共信宜县委根据中共中央决定的基本原则，学习和探索逐
步建立社会主义市场经济体制。坚持公有制为主体、多种所有制

经济共同发展的方针，进一步转换国有企业经营机制，逐步建立适应市场经济要求的产权清晰、权责明确、政企分开、管理科学的现代企业制度。努力实现城乡市场紧密结合，国内外结合，营造平等竞争环境，建立统一开放的市场体系。进一步改革政府机构，转变政府管理经济的职能，建立以间接手段为主的完善的宏观调控体系，保证国民经济的健康运行。逐步建立新的按劳分配制度，鼓励一部分地区一部分人先富裕起来，走共同富裕的道路。建立多层次的社会保障制度，为城乡人民提供与国情相适应的社会保障制度，促进经济发展和社会稳定。

信宜花大力气抓农村的商品生产和流通，继续稳定和完善家庭联产承包经营为主的责任制和统分结合的双层经营体制，发展"三高"农业，大力推广股份合作制，调动社会力量支持发展"三高"农业，实现资源、劳动力、资金、技术等生产要素的优化配置和组合；调整农村产业结构，加快发展农业社会化服务体系，加快非农产业发展，为农村富余劳动力提供更多的就业机会。建立了一批农副产品批发市场，适应发展城乡集市贸易、产销直接见面的需要；农村市场由当地集市贸易向远距离商品流通扩展；由单一的农副产品市场向各种专业市场扩展；由以农民为主体参与的市场，向国营、集体、个体多种经济成分参与市场扩展；由以零售为主的市场向零售、批发兼营市场扩展。市场对农村经济的发展发挥了重要的导向作用。在改革开放中，除重要物资保持少量计划内分配外，绝大部分投入商品市场参与交换，方便群众。扩大了内外的流通渠道，加强横向联系，加快农副产品的北运。通过改革，基本形成多形式、多渠道、少环节、开放型的物资交流渠道。

经过几年的深化改革扩大开放，广大干部群众逐步树立较强的市场意识和价格观念，注意按价值规律办事。政府充分利用市场机制，把能够进入市场的物质生产行业都推向市场。积极发展集体、个体商业，发展横向联系，允许农民进城经商，使农民不仅在生产领域有自主权，在流通领域也有自主权，从而调动了各方面发展商品生产的积极性。至2003年年末，全市个体私营企业的就业人数已达4万多人。个体私营商业增加，大大方便了人民群众，适应了消费者的要求。逐步取消了统购派购农副产品，实行市场价格，由市场调节，大大调动了农民生产积极性，有利于生产的发展。

2010年后，信宜进一步深化改革，发展市场经济，搞活了生产要素市场，规范了市场行为，打破了地区、部门的垄断和封锁，初步形成了统一、开放、竞争、有序的大市场，促进了经济结构优化，使国民经济逐渐向持续、快速、健康的方向发展，推动了社会的全面进步。

三、撤县设市，推动经济发展

为适应社会主义市场经济和现代化建设发展的新形势，信宜县委县政府于1993年向广东省人民政府提出撤销信宜县设立信宜市的申请，随即领导全县人民以申报设市为动力，加快经济建设、市政基础设施建设和精神文明建设。1995年9月，经国务院批准，信宜撤县设市。此后，信宜市委市政府领导全市人民以更加高昂的斗志抓好设市系统工程的建设，推动经济上新台阶，促进社会全面进步，实施"九五"计划，向新世纪迈进。

1998年4月8日，在中国共产党信宜市第九次代表大会上，市委书记陈自昌向大会作题为《高举邓小平理论伟大旗帜，继续深入贯彻落实党的十五大精神，把信宜改革开放现代化建设事业全面推向二十一世纪》的报告。该报告说："我们确定这个主题，就是要全力推进信宜的现代化建设事业。争取经过下届五年的努力，到 2002 年，全市经济总量比 1997 年翻一番，也就是奋斗五年，再造一个信宜，到 2010 年全市基本实现现代化。"会后，信宜又掀起一个稳步推进各项改革，大力发展农业龙头企业，搞好城镇基础设施建设，促进各项事业发展的新高潮。

按照"一转二股三破产"的思路，结合实际，分类实施，全面推进国有集体企业改革。全市应转制国有集体企业 235 家，累计完成转制 200 家。在国有集体企业改革稳步进行的同时，非公有制经济取得了长足发展，全市个体户和私营企业发展到 2.49 万户，其中规模以上工业企业 43 家，占全市规模以上企业的54.43%。2002 年全市个体户和私营企业总产值 90.03 亿元（1990 年不变价），占全市社会总产值的 61.9%。政府机构改革顺利完成，人事制度改革稳步推进，市政府行政编制精简25.45%，镇级行政编制精简 14%。以建立公共财政体制为核心的财政改革取得新的进展，政府采购逐步规范化、制度化。行政审批制度改革、粮食流通体制改革取得成效。社会保障制度改革取得较大突破，养老、失业、工伤保险参保人数分别比 1997 年增长 15.13%、62.43% 和 66.25%。

基础设施建设和市政建设大大加强。"一河两岸"系统工程完成，绍秀体育馆、绍秀图书馆、广播电视大楼、玉都公园、梅岗公园、淘金湾广场（公园）等相继建成。五年内，市区建设面积扩大近 10 平方千米，人口增加 10 万人。累计投入公路建设资金 9.05 亿元，先后完成国道 207 线信宜段、省道 46 千米、县（市）道和镇村等三级公路 544 千米的硬底化建设，实现了全市370 个村委会村村通公路的目标，全市公路通车里程 1 965.6 千米，公路密度为 63.8 千米/百平方千米。至 2002 年，全市共有小水电站 291 座，装机容量 15.23 万千瓦。以"两改一同价"为目标的农村电网改造，投入资金 1 亿多元，先后完成竹山、合水等

6 座输变电站的扩容改造,同时改造、新建高压线路 500 多千米,农村住宅用电价降到每千瓦时 0. 79 元以下。通信事业应对入世,加快发展。电话普及率由 3. 52% 提高到 15. 65%。水利建设,五年共加固、维修堤防 82 千米,加固中小型水库 41 宗,新建、恢复水轮泵站 86 座,治理水土流失面积 2 万多亩,新增和改善灌溉面积 5 200 公顷。资源环境保护和生态建设得到进一步加强,全市有林面积增加到 175 333. 33 公顷,森林覆盖率 69. 5%,森林活立木蓄积量 1 024. 3 万立方米。

推动教科文卫事业全面进步,先后改造薄弱学校 169 所,兴建教师住房 5 000 多套,迁建信宜中学,新办信宜一中、市五小、市六小、教育城初中、教育城小学等一批中小学校。全市有 6 所学校被评为省一级学校,有 8 所学校被评为茂名市一级学校。九年义务教育进一步巩固,高中教育发展步伐加快。

市政府作出《关于依靠科技进步推动经济发展的决定》,根据信宜山区实际,抓好农业科技和林业科技的研究、引进和推广应用。市农科所与中国杂交水稻中心、华南农业大学等 6 所农科研究单位合作,聘请中国工程院院士袁隆平任技术指导,育成杂交稻新组合"培杂 18""培杂茂选""特优 524"等新品种 80 多个,创出了"信多收"品牌。市林科所对马尾松速生及高脂两大指标的研究在全国领先。2002 年度,信宜科研立项国家级批准 2 项,省级批准 5 项,茂名市批准 14 项。工业方面,市松香厂实施的"年产 4 000 吨 MR 树脂"项目,开发出 MR 树脂系列产品,大部分出口。科技进步对经济增长的贡献率由 1997 年的 29% 上升到 2002 年的 36. 5%。文化事业发展加快,五年累计投入 5 000 多万元进行文化基础设施建设,全市有 16 个镇新建了文化中心大楼,市文化馆被评为省特级文化馆,市图书馆被评为国家二级图书馆,有 13 件文艺作品获国家或省级文艺创作奖。全市 19 个镇实现有线电视大联网，其中有 9 个镇实现光纤传输联网。城乡有线电视用户由 1997 年的 2.63 万户增加到 2002 年的 3.69 万户。以绍秀体育馆竣工为标志，市区体育场馆设施建设上了一个新台阶，群众性体育运动蓬勃发展，信宜市被评为"全国体育先进县"。新编《信宜县志》获全国地方志二等奖。全市投入 7 000 多万元进行卫生基础设施建设、医疗设备更新及医务人员培训，25 所镇级卫生院得到了较大的改造，医疗条件、医疗技术水平明显提高，农村初级卫生保健基本达标，信宜被评为"爱婴市"。

2002 年，全市完成生产总值 92.46 亿元，工农业总产值 148.93 亿元，社会固定资产投资 12.28 亿元，社会消费品零售总额 35.5 亿元，外贸出口总额 1.44 亿美元，实际利用外资 810 万美元，财政总收入 4.29 亿元，城乡居民储蓄存款余额 41.62 亿元。

2002 年 11 月党的十六大召开，信宜全面贯彻党的十六大精神，实施"工业立市、农业稳市、旅游旺市、科教兴市"四大战略，紧紧抓住珠江三角洲地区产业转移的有利时机，发挥劳动力资源丰富和生产成本低廉的优势，以引进发展毛纺织业为龙头，以民营企业为主体，大力发展各种资源型和劳动密集型产业。2003 年，于东镇六运村开始建设万亩工业园区。2006 年，经省政府批准认定为全省产业转移区——东莞大朗（信宜）产业转移工业园。园区规划面积 1 万亩，计划投资 12 亿元，按产业特征分为能源供应区、特色资源加工区、毛纺织区、五金电子加工区和皮具服装加工区 5 个小区。至 2017 年，园区面积 2 861 亩（约 190.73 公顷），进驻企业 60 家，建成投产 57 家。完成工业资产投资 22.26 亿元，实现工业税收 0.37 亿元，安排就业 5 103 人。主要产品有不锈钢制品、机械制造、工艺品制造、电子电器等。其间，市委、市政府实施"告别泥砖房工程"，全市筹集投入泥

砖房改造资金 50 多亿元，新建楼房 1 500 万平方米，全市 95.6%
以上农户住上了楼房；带领全市人民掀起支持洛湛铁路信宜段建
设热潮，全市筹资 3 000 多万元支持铁路建设；引导全市奖教奖
学运动蔚然成风，全市相继成立各种形式的奖教奖学基金会近百
个，每年筹集数万元资金全用于奖教奖学，助推信宜教育发展；
建成西江温泉、天马山、太华山、石根山、大仁山、甲门峡、龙
玄峡等生态旅游景区一批，全市旅游业发展方兴未艾；全市农业
发展正朝现代农业发展方向迈进。

2010 年，全市生产总值 206.66 亿元，其中第一产业增加值
58.11 亿元，第二产业增加值 61.21 亿元，第三产业增加值
87.34 亿元，人均生产总值 19 241 元。2017 年，市委市政府把
握经济总基调，突出 "做大经济总量、做强特色产业、做优发
展环境、做美宜居城乡"，推动经济加快发展。是年，实现地区
生产总值 452.51 亿元，其中第一产业增加值 97.83 亿元，第二产
业增加值 132.31 亿元，第三产业增加值 222.37 亿元，人均生产
总值 45 847 元。

四、各界人士共襄家乡建设事业

改革开放后，信宜政治、经济、社会发生了深刻的变化，出
现经济发展、社会安定、人民生活蒸蒸日上的景象，海外侨胞、
港澳台同胞和内地同胞深深为家乡的变化所感动，真心实意为家
乡建设事业，为家乡的繁荣富裕贡献自己的力量。中共信宜县
（市）委、县（市）人民政府适时把握住海外侨胞、港澳台同胞
和内地同胞这份感情，因势利导，把这股社会力量引导到为信宜
公益事业建设上来，为加快信宜的各项建设服务。经县（市）
委、县（市）政府，尤其是信宜政协的恰当引导，海外侨胞、港
澳台同胞和内地同胞热心资助，无私奉献，纷纷捐款兴办教育、

文化、体育、医疗卫生、交通、农业生产、通讯、通电等公益事业或助残济困。至2017年，各界人士和社会团体捐款捐物兴办各项事业总金额超过3.5亿元。

（一）兴办教育文化体育卫生事业

1981年，信宜华侨中学复办，海外侨胞、港澳台同胞、内地乡亲等各界人士，为建设华侨中学踊跃捐款。华侨中学第一期工程于1986年顺利完成。此后，在县政府大力支持下，华侨中学建设发展步伐加快。该校规划占地100多亩（约7公顷），建筑面积5万多平方米，是一所环境优雅、设备先进、管理科学、教学质量较高的学校。

20世纪90年代后，信宜实行"普及九年义务教育"，集资办学蔚然成风，高潮迭起，全县投入巨资改造中小学校舍、新建学校及配套设施，曾经创下"一年新建501幢教学大楼"的兴教办学奇迹。海外侨胞、港澳台同胞以及内地乡亲，情牵故里，积极投身家乡办学热潮。他们出谋献策，慷慨解囊，捐款捐物，谱写了信宜教育新篇章。

信宜县政协委员、农民企业家李耀东，信宜水口镇简坡村人，是信宜第一个捐资兴建一所学校的带头人。改革开放后，他经营工商业富裕起来，不忘家乡，慷慨捐款50万元兴建水口镇简坡小学。跟着，一大批乡贤和社会热心人士纷纷投入到为信宜兴办教育文化体育卫生事业之中。

1990年，祖籍东镇庄峒村的香港同胞、信宜县政协常委梁培高，捐款10多万元兴建庄峒小学教学楼。还独自出资600多万元在庄峒新办一所培高中学，解决了庄峒及附近10多个行政村读初中难问题。

刘军，原籍池洞镇大坡村，是侨港信宜同乡会永远会长、信宜市政协副主席，他对家乡教育事业十分支持，捐款94万元支持大坡小学兴建一幢 2 000 平方米的教学大楼、一个标准运动场和教师住宅楼。为感谢刘军对家乡教育事业的支持，以他母亲罗绍秀名字将大坡小学命名为"大坡绍秀小学"。1999 年，又捐款 6 万元给大坡绍秀小学绿化学校环境。2001 年，再捐款 40 万元兴建一所建筑面积 540 平方米的分校，解决了离大坡绍秀小学较远的村庄儿童入学不方便的问题。2001 年前后，刘军先后两次捐款 80 万元支持他的母校镇隆中学增建一幢教学楼，2002 年又捐款 400 万元支持信宜中学建设新校舍，为信宜的教育事业作出了贡献。

刘军对家乡的文化建设事业也十分关心和支持，先后两次共捐款 68 万元修建池洞镇文化广场；1998 年，捐款 230 万元建设信宜图书馆；捐款 160 多万元修建玉都公园、梅岗公园、"一河两岸"系统工程等；捐资 1 050 万元兴建信宜绍秀体育馆。2009 年捐款 525 万元建设中医院住院综合楼。2017 年又捐款 300 万元，兴建池洞卫生院门诊综合楼。

水口镇高岭村梁锡武，是深圳市安托山投资发展有限公司董事长、总经理，信宜市（县）政协常委。他热心支持家乡教育事业，捐款 1 700 多万元建起一所兴盛中学。还捐款支持儿童福利会幼儿园、信宜革命老区建设、"一河两岸"系统工程等。

此外，热心支持家乡教育事业的港澳台同胞和乡贤有：

黄水养 1993 年捐款 22 万元兴建茶山小学科艺馆。黄绍有1990 年捐资 45 万元兴建北界中学教学楼，1991 年捐款 20 万港币修建汕口小学。梁业章，捐款 80 万元助建信宜中学科学楼。在他的影响下，新加坡侨胞黄水养、韦国仁也捐款，信宜中学的校友共捐助 40 万元，其他团体捐赠 62 万元。多方合力使科学楼得以按时建成并投入使用。

胡润生捐款数十万元资助信宜中学建设图书馆，捐款 10 万元修建玉都公园。曹平昌捐款 30 万元资助信宜中学建新校舍。侨胞何世嵩、黄荣文、温锦昌、谢征佑、甘尚武各捐 6 万元或 3 万元给信宜中学建新校舍。

丘国华捐款 2 万美元（当时折合人民币 16 万余元）建设横岗小学教学楼，捐款数万元给思贺中学购置教学设备。张权才捐款 5 万元助建云开小学教学楼，捐建玉都公园"权才亭"；还与其他香港同胞共同捐款数十万元修建玉都公园入口大门牌坊。

廖福钦捐款 4.2 万元助建蒲垌小学图书馆。陈胜泽捐款帮助石根小学、朱砂中心小学、朱砂二中、信宜华侨中学等校兴建教学楼。

梁中英从 1994 年开始，每年以同乡会的名义，组团回湛江、茂名地区，给这两个地区所属各县市参加高考取得优秀成绩的考生颁发奖金，并对优秀的任课教师给予奖励。他独自捐款数十万元把大水坡小学修建成一所全新的学校，还捐资给该校，作为优秀学生的奖励金。还捐款给水口镇水口小学扩建几间课室，捐款给水口镇高岭村修建文化室。

甘尚武 1994 年捐款修建双山小学课室。陆尚基捐款数万元修建水口小学的课室 2 间，还捐款修复水口村的"敕书楼"等历史文物。

李世奕和三位香港同胞慷慨捐赠 180 万元给信宜大坡山小学兴建教学楼等教学设施。田家炳捐款 120 万元支持信宜第二小学兴建科学楼，该校命名为"田家炳小学"。

"希望工程"助学活动在全国各地广泛开展，众多的香港团体踊跃参与。1994 年，港九新界贩商社团联合会捐献 100 万元兴建信宜一小"希望工程"教学大楼。同年，香港道教纯阳仙洞捐献 60 万元港币兴建信宜实验学校科学楼。香港三和洋行董事洪逸挥捐资 35 万元兴建信宜实验学校教学楼。香港智行教育促进会捐款 15 万元资助白石镇、大成镇等山区农村小学修建校舍。

爱国爱乡人士，不胜枚举，他们热心家乡的教育事业，还踊跃捐资兴办文化体育、医疗卫生、儿童福利事业。

2001年3月，信宜侨联会编辑出版了《信宜侨联五十年》，得到海外侨胞、港澳台同胞和内地乡亲279人捐款赞助出版费用。

2002年，香港同胞梁培高、刘道钿和乡贤胡润生、李德锋、吴妙燊等捐资帮助出版《信宜风采》、《信宜人》（第一卷）。澳门同胞黄绍有捐款5万元给北界镇汕口村委会办文化公益事业。

2003年，梁广华（梁培高）、梁兴盛、黄水养以及社会团体、各界人士共捐款200多万元，兴建信宜儿童活动中心。该中心占地7 000平方米，现已建成幼儿园大楼、教师宿舍楼、幼儿活动场所等配套设施。

侨港信宜同乡会名誉会长、香港纯阳小学校监朱柏全，1994年以纯阳道教团体捐款兴建信宜实验学校科学楼，又捐款300万元给信宜市人民医院兴建医疗急救中心。

梁培高1991年出资兴建登太华山公路，1996年又捐款10余万元完善太华山旅游设施，2001年又捐款近百万元建设"玉都公园"、"一河两岸"景观和妇联幼儿园等。

2005年，市高考奖教奖学助学促进会成立，每年8月召开全市性大会，奖励一批优秀教师和考上清华、北大等名校的学生，资助一批贫困优秀学生。此后，全市各镇（街道）和各姓氏联谊会尊师重教、奖教助学蔚然成风。市政协加强与广东狮子会、广东恤孤助学促进会、慈济慈善事业基金会、广东慈阳事业基金会等社会团体的联系，积极开展清除白内障、扶贫恤孤、奖教助学等活动。至2017年，社会各界和热心人士捐款捐物共计3.5亿元，其中刘军捐资超过3 000万元。

（二）支持市政建设修桥建路发展农业生产

信宜地处粤西山区，交通欠发达，经济发展缓慢。1992年6

月，县委、县政府制定《加快我县公路交通建设集资方案》，县内干部职工捐献1个月工资，农民捐献15个劳动日折款支持207国道改造。1993年，县委、县政府决定扩改城区人民路穿城路段5千米，由于资金不足，县委号召个人捐款赞助，大力支持扩改工程。各界人士纷纷捐款，1天内就收到捐款169.22万元，使扩改工程如期完成。1998年起，市委、市政府为建设梅岗公园、玉都公园、淘金湾广场和"一河两岸"系统工程等，连续4年春节期间在市区举行"公益万人行"活动，号召社会各界人士捐款，共襄盛举，共筹得善款近千万元。

1997年，香港同胞刘军捐款50万元，开通大坡村至市区公路。1999年3月，刘军又捐款190万元将大坡村通往外地的公路全线铺设水泥路面。捐款20万元给大仁山村修建两座水泥桥。捐款5万元修建一座拦河坝，引水灌溉受旱的400亩（约26.67公顷）水田，解决了大坡村旱水田问题。

梁广华（梁培高）1990年捐款架设庄峒村供电线路，解决了庄峒片照明、生产用电问题；捐款修建通往自然村的水泥桥两座；1994年捐款276万元铺设东镇经庄峒至金峒的东金线县道水泥公路。

赖以忠2001年捐款170万元铺设从木辂村通往县道怀茶线长5千米水泥公路，2004年建成通车。

梁锡武除捐巨资建学校外，还为信宜的公路、桥梁、市政建设等工程项目先后捐款300多万元。

李德锋先后捐资建学校、奖教奖学、建桥修路等共300多万元。何润森捐资近200万元建设蓝村小学、信宜中学，捐资120万元建设梅岗公园"玉宇宫"。李德锋和何润森各捐款数十万元为家乡修路、建桥、办学。

香港同胞捐款10多万元建造大坡山水泥桥；侨港信宜同乡会

会长张达珊捐款助建怀乡镇公路。

（三）兴办其他事业和扶贫济困

1995 年 12 月，信宜举行撤县设市庆典，各界人士热情捐资助兴，共收到捐款 746.4 万元。其中捐助较多的有：梁锡武 80 万元，陈永徽 30 万元，张达珊 20 万元，李耀东 20 万元，韦文祥 10 万元，林经纬 10 万元，胡润生 5 万元，梁思豪 5 万元。

2000 年建设信宜市总商会大楼，各界人士捐资近 60 万元。其中捐资较多的有：李德锋 7 万元，何润森 7 万元，阮保清 5.2 万元，廖勇 5 万元，吴祖棠 3.6 万元，胡润生 2 万元，梁思豪 2 万元，范文雄 2 万元，梁德芳和张定桃 2.1 万元。

2001 年 7 月，信宜受第四号台风"尤特"的影响，局部特大暴雨，造成山体滑坡，白石镇金林一农户 7 人被压死。径口镇平地村一农户 3 人，由于煤气瓶爆炸造成严重烧伤。刘军分别给上述两农户各捐赠 5 万元，作抢救、医治之用。2001 年，刘军回乡捐款慰问福利院和幼婴院的老人和孤儿等，还慰问池洞镇大坡村特困户和老人。2002 年，大成、白石、旺沙等镇暴雨成灾，刘军捐款 10 万元赈灾。

赖以忠捐款 10 万元，资助几个贫困的大学生完成学业；还资助在学的 8 个贫困大学生完成学业。

张达珊于 20 世纪 90 年代多次捐款慰问福利院的老人、孤儿等。

信宜各界人士无私奉献、热心公益，支持家乡建设事业，作出了巨大的贡献。其中刘军、梁培高、梁锡武等尤为突出，个人捐款均超过 2 000 万元。

五、推广开发试验区经验，加快城市化进程

1992 年年初，邓小平视察南方并发表重要谈话，同年党的十四大胜利召开，全国迎来了改革开放新高潮。信宜县委、县政府贯彻邓小平南方谈话和党的十四大精神，强调"发展才是硬道理"，进一步解放思想，转变观念，全力抓好以城乡基础设施建设为骨架，以大基地、大项目为重点，以社会各项事业为配套的系统工程。实行重点倾斜，多渠道、多形式、多层次筹集资金等措施，建设一批高起点、高质量、高水平的城市基础设施和市政公共配套设施。坚持"以路养路""以地换路""公开招标""引资承包"等行之有效的发展策略，实行"谁投资、谁所有、谁受益"的原则，调动社会各方面积极性，抓好交通、能源、通信、供水、供电等基础设施和市政公共设施建设。

1992 年经省政府批准，信宜设立新里扶贫经济开发试验区。开发区位于市区中心地段，占地 2 平方千米。区内规划布局合理，设施齐备，有邮电通信、商场、医院、学校、海关、商检、金融等配套设施。1 100 多米的新里南北大道与 1 300 多米东西走向的新尚大道纵横贯通开发区，形成建材、家具、电讯、金融、餐饮、旅业中心。财政局、城建局、邮政局、工商银行、农业银行、供销总社、国土局、房产局、社会劳动保障局、环保局等一大批行政机关企事业单位设于开发区内。2000 年试验区建设完善，成为信宜最繁华的商业区，被评为全省山区市县中最成功的开发区。新里开发区建设的成功经验辐射推广到周边地区。"八五"期间，继建设新里开发试验区之后，信宜先后开发城北、城南、电力、车九洞、陈锦垌、竹山、粮食新村、林业小区等 9 个开发小区，开发建设面积近 10 平方千米。

信宜注重新旧城区道路建设和扩改，对城市道路进行改造。先后投入 10 多亿元资金改造城区街道。先后完成了市区迎宾大道（207 国道穿城段）长 5.8 千米、宽 56 米的扩改工程，人民路长 5千米、宽 22 米扩改工程。在扩改纵向街道的基础上，新建或扩改一批横向街道，其中新尚路长 1.2 千米、宽 32 米，环市东路长 2.8 千米、宽 21 米，还有中兴大道（含中兴商业城）、电力大道、林业大道、竹山路等。同时建成了文昌桥、城北大桥、南环大桥等 7 座桥梁，使市区河道平均每千米有 1 座桥梁，完善了城市道路网络。先后在迎宾大道、人民路、电力大道、中兴大街、新尚路等 20 多千米主街道安装了双向城市标准路灯。城区 100% 主街道和 90% 的小区街道实现了水泥硬底化。其中迎宾大道宽 56 米，双向六车道，这样的规格在全省县级市中不多。经过"八五""九五"时期建设，信宜城市道路网络基本完成，交通条件得到根本改善，动辄塞车的现象成为历史。

信宜邮电通信、供水、供电、城市公交等公共设施配套建设取得了长足的发展。市委、市政府通过优先和优惠安排用地等措施扶持邮电通信事业，建起粤西地区最大的邮电通信枢纽楼，初步实现全市电话程控化、线路光纤化、电报传真化、邮运自办化，进入茂名市先进行列。信宜原有一个日供水仅 5 000 吨的水厂，要给全城 10 多万人口供水已不胜重荷。有一段时间，未能等到资金扩建水厂，许多单位被迫各自打井取水。自来水公司转为股份制公司后，成为茂名市首批 5 家股份制试点企业之一，很快筹集到股金 600 多万元，从银行贷款 400 万元，自筹资金 150 万元，解决了资金问题，水厂的扩建工程得以顺利进行。信宜自来水公司发扬艰苦创业的精神，从基建到设备选购到安装，领导带头，自己动手，共节约资金 300 多万元，水厂建设工程高质量如期完成。2017 年，水厂日供水能力 6.6 万吨。在交通方面，搬迁设在闹市区的 10 个汽车客运站，先后在城北、城东、城南建设了大型长途客运汽车站和中巴站，其中信宜汽车站和二运客运站是粤西地区同类车站中占地面积最大、设施最齐全的站场之一。信宜通过外引内联以及优惠安排用地，扶持市工商局在城中、城南、城西、竹山等处新建、扩建综合大型市场5个。采取地方财政投资和单位捐资的办法，先后建设了长山公园、梅江公园、玉湖水上公园、城市雕塑"飞鹰"等，为市民创造舒适的生活环境。

信宜经济的迅速发展和市政配套设施的日益完善，推进了城镇居民的住宅建设，形成了以城镇干部职工集资建房为主的住宅建设热潮。1992年至1995年，全市竣工住宅面积共160多万平方米，全市人均住宅面积15.2平方米，超过全省平均水平。新建住宅98%以上达到了房、厅、洗手间相配套。住宅建设的安排纳入小区开发，各种公共服务设施相应配套，协调发展。有些小区的建设相当成功，如教育局小区，其建筑物间隔合理，公共绿地多，建筑物外观整洁大方，成为信宜小区建设发展的样板。

随着城区建设的飞速发展，20世纪90年代前修编的城区总体规划已不适应形势发展的要求。1993年聘请天津城乡规划设计院海南分院对信宜城市总体规划进行了重新修编。新的城市总体规划（1995—2010年）总设计面积为64.4平方千米。新规划布局合理、设计科学、功能齐全。该规划经省市的有关专家审议，经市人大审议通过，报茂名市人民政府批准实施，成为指导信宜城市建设的重要依据。

1994年10月信宜县政府根据国家《城市和市容卫生管理条例》和茂名市的有关规定，制定了《关于城区市容和环境卫生管理的通知》，对城市建设用地规划管理、城市建设工程规划管理、城市交通运输管理、市政公共设施管理、市容市貌和环境卫生管理方面，都作出了明确的规定，为依法治城提供了法律依据。除成立城市监察管理大队之外，信宜市政府还成立以市长任组长，有城建、国土、交通、公安、交警、林业、工商、卫生、文化、环保环卫等职能部门参加的城市管理监督执法大队，负责联合巡逻检查和监督城市管理各种规定的执行情况，维护社会治安秩序，行使城市管理执法及处罚职能。信宜城市建设和城市管理并重，以管促建，在管理的同时加强宣传、疏导，使市民做到自觉遵守规定。信宜采取切实措施解决道路交通和卫生清洁难题，先后新建几个大型停车场，在市区合理设置临时停车场，解决车辆停放问题；兴建多个综合性市场，为入室经营创造条件；加强环卫队伍建设，实行垃圾不到地政策，每天把垃圾及时运走，取得理想效果，保持城市的整洁、有序。

1993 年始，城区先后投入资金 4 000 多万元，扩建新建玉都、城南、锦江、新里、四海等 8 个市场，建筑面积 4 万多平方米，粤西木材竹器市场面积 3.5 万平方米。同时，在全市各镇投入资金 3 000 多万元，先后建起市场 31 个，面积 4.4 万多平方米。1998 年，全市拥有市场 42 个，面积近 9 万平方米。此外还有近 4 万平方米的露天市场。由于市场基础设施日臻完善，促进了个体私营经济发展。2000 年，城区新增建筑物 3 000 多幢，面积近 200 万平方米，对鉴江城区段一河两岸进行综合整治，筑水美城。城区面积 18.2 平方千米，人口 18.6 万人。镇村累计建起钢筋混凝土农户住宅 150 161 户，占农业户总户数 66.7%，人均居住面积 22.4 平方米。

2000 年后，全市城镇化建设步伐加快，2004 年完成了城区总体规划重新编修，规划面积由 64.4 平方千米扩大至 99.96 平方千米，城市功能布局更加完善。先后推进省道达北线穿城路段工程、淘金湾桥、教育城桥等一批重点市政项目和一批新型商住小区建设，推动城区稳步发展。至 2012 年，城区面积增至 23.8 平方千米，人口 25.1 万人；城市主次干道、街道 100% 实现硬底化，城区骨干市政道路总长度由 2000 年的 60 千米增至 80 多千米，完成了一批园林绿化休闲场所建设，城市品位明显提升。全市镇村累计建起钢筋混凝土农户住宅 153 870 户，占农业户总户数 68%，人均居住面积 22.7 平方米。

六、招商引资，建设工业园

进入 21 世纪之后，珠三角地区一些企业陆续向外转移。信宜抓住机遇，建设工业园，筑巢引凤，迈开"工业立市"更坚实的步伐。2006 年 9 月省政府认定东莞大朗（信宜）产业转移工业园为省级产业转移工业园。园区按照高起点规划、高标准建设的指导思想，"适度超前"的理念进行规划建设，总体规划面积666.67 公顷。"四至"范围是：东至东江河，南至水口横茶村，西至东镇栗木村，北至东镇六运径口村。工业园按照"布局合理、产业聚集、环境友好、科学发展"的总要求，坚持强产业、抓项目、促投资的方针，抓好工业主导产业的培育，实施创新驱动发展的战略，稳步推进提质增效。

市委、市政府抓住省政府推出产业共建和梯度转移政策的机遇，加大招商力度，实行全方位、全领域、多层次立体化招商。市四套班子领导和各级各部门齐抓共管，采取以商引商、乡贤招商、专访招商、驻点招商等方式，立足高标准，选好商，招好商。围绕精密装备制造、玉器加工两大工业主导产业和突出信宜是国家重点生态功能区的定位进行招商。从园区规划到招商引资到项目建设到生产管理，始终坚持"环保先行"的原则，切实做到"既要金山银山，也要绿水青山"。在园区建设中，制定"一企一策"，对入园企业在水电安装、用水、用电等方面实行优惠，信贷方面实行倾斜。同时，努力优化营商环境，深化商事制度改革。主动为企业服务，积极为企业排忧解难，打造一流的投资服务平台，让投资者入园置业安心、放心。园区内设立党群服务中心、行政服务大厅、工会联合会和人才驿站等服务平台，使入园企业足不出户便可办理相关业务。

2013 年 9 月，园区被省经信委认定为第三批省市共建循环经济产业基地。委托省建筑设计院对工业园"一园六区"进行总体规划修编。2017 年，启动了水口模具加工区、循环经济示范区、丁堡物流园、东镇产业集聚区、六运玉器加工区和农副深加工区的预征地、土地林地报批、土地调规等工作。完成预征土地约 286 公顷，林地土地报批、土地调规等工作正在积极协调推进。至 2017 年，园区累计开发土地面积 190.73 公顷，进驻企业 60 家，其中建成投产 57 家、规模以上企业 40 家。园区完成基础设施投资 5 000 万元，实现规模以上工业产值 92.4 亿元，实现规模以上工业增加值 27.37 亿元，实现工业税收约 3 710.16 万元，完成工业固定资产投资 22.26 亿元。

七、大力发展交通，夯实发展基础

改革开放后，信宜高度重视交通基础设施建设。至 2000 年，共投入 20 多亿元修建新公路、扩改旧公路、铺设水泥路。全市 370 个村委会实现了村村通公路，总里程 1 885.6 千米，每百平方千米密度为 61.2 千米。公路质量比 1979 年有较大提高，形成了以国道为线，省、县道为骨架，乡镇村道内接外联的公路网络。

2003 年，省人民政府出台加快山区公路建设优惠政策，每铺设 3.5 米路面宽的水泥硬底化村道 1 千米，上级补助资金 10 万元。市委、市政府指示交通管理部门全面、详细地摸清全市农村公路的通达情况，充分掌握省对农村公路建设计划的调整，制订全市农村公路硬底化建设工作计划，及早谋划，加强宣传，大造公路建设声势，发动群众出资献勤支持公路建设，推动地方经济社会发展。经市内各级政府的广泛组织发动，各机关事业单位的大力支持，社会各界人士踊跃出资扶持，交通行政主管部门的精心规划，全市掀起了一轮轮村村通公路的大会战。每年交通管理部门争取上级村道建设指标数百千米，补助资金数千万元，加上各级政府的大力支持，受益群众的捐资献勤，境内乡村公路每年新增硬底化里程数百千米。2009 年年底，全面完成镇通村公路硬底化改造，总里程 1 684. 71 千米。至 2012 年，共投资超 5 亿元，新建成的乡村水泥路近 2 000 千米，全市县、乡村公路总里程为 4 387. 9千米，每百平方千米公路密度 150. 8 千米。大大提高了公路的运输能力，改善了人民群众生产生活环境，推动了地方经济社会的发展。

2010 年后，信宜立足区位特点，依托包茂高速、云茂高速（在建）、洛湛铁路，着力建设连接粤港澳大湾区与北部湾城市群的重要交通节点，不断加大投入，完善城乡综合交通体系，强化与周边城市的联系，主动融入茂湛 1 小时生活圈、融入粤港澳大湾区与北部湾城市群 3 小时生活圈。高起点规划，多渠道建设，全市交通建设呈现速度加快、等级提升、质量提高、路容美化的良好态势，基本形成了以包茂高速、云茂高速、洛湛铁路组成的"两纵一横、贯通南北"的交通格局。其中洛湛铁路岑溪至茂名段、包茂高速公路信宜段的建成通车，大大缩短信宜连接珠三角的交通时间。正在推进的云茂高速公路，计划 2020 年年底建成，可缩短信宜与珠三角发达地区的路程和行车时间，使信宜融入珠三角 3 小时经济圈。云茂高速公路也是贯通信宜山区镇多、辐射区域广、受益人口多、拉动全市经济社会发展作用大的线路。全市 19 个镇（街道）将实现 1 小时全覆盖，其中 13 个镇（街道）融入市区半小时生活圈。全市省道由 5 条增加至 7 条，实现镇镇通省道，形成境内较为完善的道路骨干网。加快城区玉都快速干线、育才大道等环城干线建设，完善市环东大道，省道 283 线西江至河吕段改建工程（云茂高速北界连接线）等连通高速路的路网建设。畅通城市主干道，全面带动城区"东扩、南拓、西进、北延"，进一步优化全市交通运输体系。

2017 年，全市有过境洛湛铁路，里程 53 千米；包茂高速公路，里程 50 千米；国道 2 条（G207 线、G359 线），里程 173.1 千米；省道 7 条，里程 338.7 千米；农村公路总里程 4 190 千米，其中县道 111.3 千米，乡道 1 951.9 千米，村道 2 126.8 千米。按公路技术等级划分，各等级公路里程为：一级公路 33.9 千米，二级公路 199.4 千米，三级公路 405.2 千米，四级公路 3 760.5 千米，等外路 235.2 千米。全市客运站场 10 个，其中二级站 2 个、四级站 6 个、五级站 1 个、简易站 1 个。全市客运班车已通行政村 345 个，农村客运班线 80 条，群众出行难、乘车难问题基本解决。

八、中心城市扩容提质

1952 年，信宜县城由镇隆迁至东镇，随后对街道进行改建扩建，先后建成解放路、红旗路、人民路、人民北路、人民南路和江堤路。1979 年县城面积只有 4 平方千米。1980 年后，市政建设迅速发展，机关办公大楼、厂房、职工宿舍、商店、学校等相继建成使用，居民住宅由砖瓦房逐渐改建为多层新式楼房，建成了一批居民新村，东镇作为信宜的政治、经济、文化中心，已粗具规模、功能齐全。1984 年梅岗路、振兴路、竹山街等街道逐渐建成。1985 年后，城区新建楼房均为混凝土浇制，楼层增到五至七层，部分城中村也逐步把砖瓦房改造成多层新式楼房。1986 年对城区进行第一次整体规划修编，先后规划兴建了大木垌、城南、城北 3 个住宅小区。1988 年城区面积增至 7.2 平方千米。1992 年建设新里垌经济开发试验区，财政局、城建局、邮电局、工商银行、农业银行等一大批机关办公大楼相继落成。1994 年绿鸦山、城东、玉都市场背、城南金湖等开发区相继开发，城区总面积扩至 14 平方千米。

1995 年 9 月 11 日信宜撤县设市，城区重点建设道路、桥梁、文娱体育、文教、卫生及休闲娱乐等基础设施。"九五"期间，城区新增建筑物 3 000 多幢 200 万平方米。1996 年，信宜市被确定为省创建文明城市先行点，市委、市政府以创建文明城市为契机，先后开展园林绿化年活动，争创"卫生城市""文明城市"活动，有力地推动城区建设健康快速发展；1997 年，继获得"南粤杯"达标后，信宜被评为"全国造林绿化百佳市"；1999 年 6 月，在第四次全国城市卫生检查评比中，信宜市被广东省爱卫会评为"1998 年度广东省卫生先进城市"，同年 9 月，被评为全省"创建文明城市先进单位"；2000 年，被授予"茂名市文明城市"称号；是年，城区规划面积扩展到 64.4 平方千米，市区建成面积 19.2 平方千米，人口 18.6 万人。

2000 年后，实施城市亮化工程，信宜城市路灯照明经历了从白炽灯到钠灯到发光二极管（LED）灯的转变，照明更节能，路灯使用寿命更长；路灯式样由暴露式路灯转为灯罩式路灯，灯柱由混凝土的灰圈柱更换为各种造型美丽的铁灯柱，路灯安装范围由主干道往住宅区普及，城区夜景越来越靓丽。2008 年，市区完成从南环岛至城北文昌桥头共 7.7 千米的路灯改造工程，新装路灯 360 盏，总投资 200 余万元。

2010 年，城区纵向主街道有人民路、迎宾大道、迎新路、解放路、江堤路、新里南北大道、一河两岸大道等。横向主街道有电力大道、红旗路、竹山路、中兴大道、林业街、农民街、新尚路、绿鸦路等。通过推进省道达北线穿城路段工程、淘金湾桥、教育城桥等一批重点市政项目和一批新型商住小区的建设，推动城市稳步发展。2012 年城市建成面积 23.8 平方千米，人口 25.1 万人。城市主次干道、街道 100% 实现硬底化，城区骨干市政道路总长度由 60 多千米增至 80 多千米，完成了一批园林绿化休闲娱乐场所建设，城市品位明显提升，全市城镇化水平达到50.07%。

2012年后，城乡建设以"强化城乡规划，加快中心城区扩容提质"为主题，以"强特色产业，造生态新城，建幸福信宜"为方向，以"山环水抱、绿色覆盖、整洁有序、生机勃勃、宁静雅致"为目标，做好城市规划，加大基础设施投入，加快重点工程建设，加强城市产业支撑，迅速拉大城市框架，提升城市绿化、美化、亮化水平，城市功能不断完善，扩容与提质互促共进。除市区所在镇东镇街道办事处外，其余18个镇建成区总面积扩大到40平方千米，镇所在地居民增加到32.5万人，全市城镇人口合计67.5万人，基本形成以市区为中心，沿国道、省道主干路集镇、村发展的城镇化发展格局。

2013年至2016年投入11.8亿元，建设项目25个，完成新建、扩建、改建街道总面积18万平方米，新建桥梁1座，城区面积由23.8平方千米扩大到26.5平方千米，累计完成投资近2.8亿元。2015年先后建成了市民广场、城区绿道，重建锦江大桥，建设一批市政道路、农贸市场等市政设施，扩建拓宽城市四大出入口，完成中兴大道、解放路、红旗路、新尚路、新宾中路、教育路、人民路、"一河两岸"西堤路南段（一期）、绿鸦河两岸、粤桂路等城市主要街道的沥青路面改造，对体育公园、淘金湾公园、玉都公园、梅岗公园和人民公园等公共休闲运动场所的场地和设施进行全面提升，完成城区生活垃圾填埋场无害化改造扩容工程。迎宾大道、吉祥路、"一河两岸"堤路等道路通过路面改造，更加整洁美观。站前大道、育才路、梅岗大道的建设使市区面积不断扩大。2017年，围绕"建设宜居宜业宜游的幸福和美信宜"目标，中心城区向东、南、西、北四个方向继续拓展。市委、市政府通过加强城市管理，抓好城市绿化美化亮化，实现城市扩容提质。

九、发展教育事业

改革开放初期，信宜县委县政府落实党和国家方针政策，采取有效措施，促进全县教育事业迅速发展。1977 年至 1980 年，实施"扫除文盲"运动，基本上扫除了全县少、青、壮年文盲。1984 年，全县实施小学普及教育。1981 年至 1988 年，实施集资办学，1981 年，全县中小学有危房 13 万平方米，欠缺校舍 5 万多平方米。县委县政府高度重视，共筹集建校资金 2 801.57 万元，新建教学楼房 195 幢，建筑面积 166 827 平方米；新建学校平房 4 129 间，建筑面积 123 895 平方米；添置全新课桌凳 23 288 套。县城新建成二中、三中、教师进修学校、华侨中学及三小的新校舍。至 1986 年，全县新建校舍面积占学校总建筑面积 33.8%，改造维修校舍面积占学校总建筑面积 52.9%，基本实现了校校无危房，班班有教室，人人有课桌凳（简称"一无两有"）。1986 年，信宜县被省评为实现"一无两有"一级县。1987 年至 1988 年，全县再集资 788.73 万元，新建校舍 64 295 平方米。发展各类教育，完善教育体系。从 1981 年起，先后举办初等职业教育学校、大中专函授、广播电视教育和高等自学考试等，初步形成从初等、中等至高等的成人教育体系。

1988 年，全县共有中、小学 459 所，毕业生 23 741 人，招生 30 768 人；在校学生 150 449 人，教职员工 7 771 人，其中公办教职员工 4 816 人。适龄儿童入学率 98.3%，小学生毕业率 95.4%，12—15 周岁少年儿童普及率 98.3%，6 周岁儿童入学率 73.3%。改革中等教育结构取得初步成效，丁堡职业中学及县第三中学分别获共青团中央、农业部和中国科协联合授予"播千乡星火，育百万能手"中学实践教育活动先进单位称号。

1989 年后，实施"农村义务教育学校危房改造"（简称"改危"）、"普及九年义务教育"（简称"普九"）工程，定出教育发展基本格局。1991 年至 1992 年，实施教育"改危"工程，全县共投入资金 1 亿多元，新建钢筋水泥结构教学楼 501 幢，新建砖混结构平房 75 幢，6 个老区镇 166 个老区村建起教学楼，基本实现中小学校校有教学楼。1992 年 3 月 31 日，《羊城晚报》以《奇迹，奇迹，信宜出奇迹！一年冒出 500 幢教学楼》为题在头版作了报道。1993 年至 1995 年，实施"普九"工程，全县共投入资金 2 亿多元，新建中学 30 所，改造老中学 24 所，新建科学楼 30 幢，教学楼、师生宿舍楼 110 多幢。其中新宝镇征地 2 公顷多，新办新宝二中；平塘镇征地近 2 公顷，办起平塘二中、三中，搬迁重建平塘中学，成为全市新建中学最多的镇。池洞小学校舍总面积从信宜解放初的 375 平方米扩大到 3 549 平方米，学生活动场所由"普九"前的 700 平方米扩大到 3 100 平方米。

1995 年后，信宜市委、市政府把教育摆在优先发展的战略位置。以"砸锅卖铁办好教育"的决心和行动抓好教育，办强教育，推动全市教育实现跨越式发展。先后经过"教师安居工程""建设两大教育城""中小学布局调整""普及高中阶段教育"（简称"普高"）、"创建广东省教育强市"（简称"创强"）、"创建全国义务教育发展基本均衡县"（简称"创均"）、"创建国家级农村职业教育和成人教育示范县"（简称"创示"）、"创建广东省推进教育现代化先进市"（简称"推现"）等发展历程。先后获得了"全国'两基'工作先进单位"（两基指基本普及九年义务教育和基本扫除青壮年文盲）、"广东省普及高中阶段教育先进单位""广东省教育强县""全国义务教育发展基本均衡县""国家级农村职业教育与成人教育示范县"等荣誉称号。

1996 年至 2000 年，实施"教师安居"工程。全市投入资金

1.5 亿元，兴建教师住房 5 883 套，共 34 万平方米。"教师安居"工程，改善全市老区村学校办学条件，扩大办学规模，提升九年义务教育普及程度。1997 年，信宜市教育局被评为"广东省文明单位"。

2001 年，市委、市政府以超前的眼光大办教育，投资 2.3 亿元，仅用 1 年时间就建起了占地 100 多公顷、总建筑面积 39 万多平方米的教育城。教育城里设信宜中学、教育城初中、教育城小学、教育城幼儿园、青少年宫 5 个教育机构。教育城已成为信宜的现代教育航母和基础教育优质品牌，是现代化学校建设的样板。2004 年，实施中小学校布局调整，按老区村优先的原则，全市所有行政村办小学，各镇（街道）办 1 所寄宿制中心小学，依托圩镇办大办优初级中学，撤并办学条件差、规模小的农村初中，集中城区发展普通高中教育。至 2010 年，全市学校布局调整共计投入 6 亿多元，先后撤并初中 15 所，撤销完全中学初中部 5 所，撤销小学分教点 74 个。新办学校 12 所，其中独立高中 3 所，初中 2 所，职校 1 所，市区小学 3 所，市区幼儿园 2 所，特殊教育学校 1 所。

2006 年至 2008 年，为发展职业教育，信宜市决定新建占地约 35 公顷的信宜市职业技术学校，与信宜市第三中学和信宜市第六中学组成信宜第二教育城。第二教育城占地 80 多公顷，总建筑面积 35 万多平方米，有师生 2 万多人。2007 年至 2011 年，实施"普高"工程，全市普通高中形成"市区一个龙头五驾马车，农村五大普通高中"的发展格局（龙头指信宜中学，五驾马车指信宜一中、信宜二中、信宜三中、华侨中学、砺儒中学，农村五大普通高中指镇隆中学、西江中学、怀新中学、白石中学、合水中学）。2011 年通过了省"普高"督导验收。高中阶段在校学生从 2001 年的 9 000 多人增至 2011 年的 79 000 多人，高中阶段教育毛入学率从 2001 年的 25％ 提高到 2011 年的 89.7％。2011 年 7 月，发展高中的经验和做法，以《不待扬鞭自奋蹄》为题刊登于茂名市委领导《参阅件》专题推介。2012 年，信宜市被评为茂名市"普高"先进单位、广东省"普高"先进单位、全国"两基"工作先进单位。

2012 年至 2015 年，创建"广东省教育强县""全国义务教育发展基本均衡县"与义务教育标准化学校建设工程结合起来统筹实施，全市共投入资金 10 多亿元，新建规模校舍 87 幢，维修校舍 650 幢。2015 年，在茂名市率先实现省级教育强镇（街道）全覆盖，成为"广东省教育强县""全国义务教育发展基本均衡县"。2015 年 10 月 27 日，《中国教育报》以《不建楼堂建学堂》为题赞誉信宜大办教育崇文重教的做法。2015 年至 2017 年，实施创建"国家级农村职业教育与成人教育示范县"工程，全市累计投入 1 亿多元，实现标准化镇（街道）成人文化技术学校全覆盖，完善市、镇、村三级职业成人教育培训网络。2017 年 5 月信宜市被教育部等六部门确定为"国家级农村职业教育与成人教育示范县"。2017 年启动创建"广东省推进教育现代化先进市"，累计已投入逾 7.6 亿元，推进城区教育扩容提质、全面改善贫困地区义务教育薄弱学校基本办学条件、校舍安全保障、教育信息化建设、校园建设等工程，全市学校新增校舍超 18 万平方米，新增城（镇）区义务教育学位 7 700 个，完成 250 多所中小学校舍安全和学校厕所改造项目建设，取得预期效果。

十、发展卫生事业

信宜是农业大市，经济欠发达，农村卫生投入严重不足，卫生事业发展缓慢。1978 年年底，信宜县卫生系统有干部职工 901 人，其中专业技术人员 630 人。能够开展腹部手术的镇级卫生院有怀乡、思贺、合水、朱砂、镇隆5个。改革开放后,信宜卫生医疗设备不断完善,医护力量逐步壮大,医疗卫生防疫水平显著提高。1988年全县有县级医院5个,卫生事业机构(含卫生院、诊所、卫生室)52个,病床946张,医务卫生从业人员1 854人,其中医疗卫生技术人员1 645人(含副主任医师6人,主治医师82人,医、药、护、技师160人,医、药、护、技士366人);还有活跃在农村的乡村医生、接生员。拥有A超、B超、X光机、心电图机、体外起搏装置等一批医疗器械。全县有11个医疗单位能开展A超、B超和心电图等服务项目。1994年,县人民医院被评定为国家二级甲等医院。1997年6月,市中医院被评定为省级二级甲等中医院。同年,全市共有14个卫生院被卫生部评定为一级甲等卫生院,信宜市被评为广东省农村初级卫生保健基本达标市。

2000年,全市共有各类医疗卫生机构646个,其中综合医院3个,专科医院3个,专科防治站(所)2个,卫生防疫机构1个,镇级卫生院25个,诊所、医务室、医疗点611个,卫生学校1个,病床1 150张,从业人员3 917人,其中政府办医疗机构有副主任医师32人,主治医、药、护、技师227人,其他卫生技术人员1 289人。拥有X光机、心电图机、脑电图机、麻醉机、显微镜、吸引机、CT机、B超机、呼吸机、心电监护仪、全自动分析仪、碎石机、心肾监护仪、肾透析仪、彩色多普勒超声仪等大量先进医疗器械,总价值3 992万元。全市加强慢性病防治和药政管理,推行中西医结合。大多数传染病发病率呈明显下降趋势。地方病得到有效防治。2000年,全市25家卫生院中有17家被评为"爱婴卫生院",信宜被评为茂名市"爱婴市"、广东省"卫生城市"。

2001年后,全市医疗机构贯彻执行医疗卫生管理法规,规范行业行为，落实各项规章制度，确保医疗质量安全，先后开展创建"平安医院""诚信医院""三好一满意"等活动，推行临床路径和单病种医治质量管理，加强医疗服务监管和处方用药管理，执行处方点评和公示制度，开展抗菌药物临床应用专项整治，促进科学合理用药。开展"三基三严"岗位大练兵考核竞赛，抓好科室规范化标准化建设，重点抓好消毒供应室、X光室、手术室等科室规范化建设。建立完善严格的医疗技术准入和管理制度，坚决查处违规行为。积极开展无偿献血工作，保障临床使用和血液安全。实现防控感染工作规范化、制度化、科学化，感染率控制在较低水平。开展优质护理服务示范工程活动，加强临床护理，强化基础护理，改善护理服务。全市医疗卫生单位管理制度得到落实，医疗技术和医疗服务质量明显提升，服务态度明显改善，医疗纠纷减少，医患关系紧张问题得到缓解。控制了医药费用增长，全市医院门诊、住院每人次平均费用的增幅都低于茂名市平均增幅。

2005年，全市90%卫生院办公场所已成为危房，业务用房不足，医疗设备残旧落后，医务人员缺乏。农村医疗卫生条件的不足造成基层群众看病就医难问题。为解决这个难题，茂名市于2008年4月召开全市农村薄弱卫生院基本建设改造工作动员大会。会后，信宜加快农村薄弱卫生院基本建设改造，分三批对革命老区20个基层薄弱医疗卫生机构进行建设改造，改薄新建面积2.93万平方米，投入资金3200多万元。其中第一第二批改薄的卫生院有竹山、怀乡、朱砂、茶山、新宝、平塘、思贺、丁堡、金垌9个，2010年全部建设完成，并通过验收投入使用；第三批改薄的卫生院有东镇、池洞、水口、镇隆、北界、洪冠、白石、大成、贵子、钱排、合水11个，2012年全部建设完成并投入使用。通过改造基层薄弱医疗卫生机构，增加了业务用房，更新了陈旧用房，改善了基层医疗环境，促进了老区基层医疗卫生事业发展，基本解决老区群众看病难问题。

2009 年，开展医疗卫生制度改革，基层医疗卫生机构负责人全部实行竞聘上岗。2012 年，全市有 75 人获聘院长（副院长）、主任（副主任）。2011 年 12 月 23 日起，全市基层医疗卫生机构一律实行基本药物零差率销售；2012 年 7 月 1 日起，所有药物（基本药物和非基本药物）均实行零差率销售，市级公立医院也开始实行国家基本药物制度（使用比例 40% 以上）。是年底，全市基层医疗卫生机构实行收支两条线和绩效工资制度。全市 33 个政府办医疗机构开展新农合住院即时报销和门诊补偿业务，975 个村卫生站（分站）开展新农合门诊补偿业务，覆盖全市各个村镇。全市初步建立基本医疗卫生制度框架，卫生资源利用效率和医疗卫生服务的质量显著提高，卫生筹资逐步发生结构性变化，群众"看病难、看病贵"问题得到缓解。

随着改革的深入开展，信宜医疗卫生机构出现多种体制。2012 年，全市共有注册执业医疗卫生机构 1 421 个，其中政府办市直医疗卫生机构 7 个、部门办医院 3 个、镇卫生院 22 个、街道社区卫生服务中心 3 个、民营医院 4 个、护理院 1 个、村（居）卫生站（分站）1 346 个、门诊部 3 个、个体诊所 18 个、卫生室 14 个。其中有 2 个市直医疗机构被卫生部评为二级甲等医院（人民医院、中医院），14 个卫生院被评为一级甲等卫生院，3 个市直医疗保健机构、17 个卫生院被评为"爱婴医院（卫生院）"。医疗业务的科目和业务量不断增加。2012 年，全市医疗单位开展的外科业务主要有胸外、普外、泌尿、骨伤、烧伤、颅脑等手术。内科已可诊治心血管、呼吸、泌尿、神经、消化、血液、内分泌等系统的常见病、疑难病，还可以开展妇产科、儿科、五官科、口腔科、中医科疑难病症的检查和治疗工作。除开展一、二级医院诊疗项目的全部项目外，还能开展三级医院诊疗项目中的部分项目。

2013 年，贯彻执行《信宜市全面加强医疗质量安全管理和持续改进实施方案》《信宜市卫生提质工程实施计划》，提高医疗质量，改善医患关系。2016 年，按照"基层首诊、双向转诊、急慢分治、上下联动"的要求开展分级诊疗，加强网络医院建设，实施国家基本公共卫生服务项目建设，建立居民健康档案，做好儿童预防接种、孕产妇保健、老年人保健工作，推进卫生事业发展。

2017 年，全市有医疗卫生机构 1 173 个，其中医院类机构 17 个、基层医疗机构 25 个（不含卫生站、诊所）；床位 5 358 张，其中医院类机构床位 3 499 张、基层医疗机构床位 1 859 张，全市每千常住人口床位数 5.37 张。全市医疗总收入 134 368 万元；总诊疗 11 327 411 人次；出院人数 176 455 人（入院人数 176 896 人）。全市卫生机构在职在编人员 3 223 人，其中卫生技术人员 2 440 人、行政工勤人员 783 人；正高职称 11 人、副高职称 161 人、中级职称 499 人、初级职称 1 847 人；研究生学历 6 人、本科学历 995 人、大专学历 1 233 人、中专及以下学历 989 人；执业（助理）医师 2 064 人、注册护士 2 101 人，全市每千常住人口拥有执业（助理）医师、注册护士分别为 2.61 人、2.11 人。至是年 12 月，以市中医院为改革试点的全市公立医院综合改革全面完成；全市村两委干部换届进行计生情况审查 8 300 人次，办理干部提拔晋升"一票否决"38 人次；全市落实农村离岗接生员和赤脚医生生活困难补助共 997 人 801.69 万元。全市共创建广东省卫生村 45 个，茂名市卫生镇 14 个、卫生村 306 个；农民使用卫生厕所普及率 96.33%。全市 6 个革命老区镇 374 个老区村庄，实现医疗卫生、妇幼保健全覆盖，治病难问题得到解决。

十一、推进全域旅游

1979 年前，信宜境内旅游未形成产业。那时的旅游，只是在节假日，本地居民或回乡探亲的海内外乡亲，三五成群游览境内风景人文胜迹，或中小学生每年的春秋郊游活动。改革开放后，群众生活水平逐步提高，部分群众开始走出信宜，参加茂名、广州等地的旅行社组团，游览各地的风景和名胜古迹。

1979 年，信宜县中国旅行社成立，最初的业务是接待回乡探亲观光的华侨、华人及港澳台同胞。后拓展业务，开展国内游旅游线路组团，代办机票、火车票等业务。20 世纪 90 年代后期，旅游业逐渐兴起。信宜境内大雾岭风景区、石印风景区、半月岩、大仁山、太华山、尚文水库等旅游景区相继建成，游客日渐增多，外出旅游的人次也逐年增加。

2000 年 6 月，信宜市人民政府设立旅游局，负责管理全市旅游业。2003 年，市委、市政府实施"旅游旺市"战略，加快旅游景区的建设，全市旅游业进入高速发展时期。先后建成西江温泉、天马山、大雾岭、大仁山、太华山、甲门峡漂流、龙玄峡漂流等景区，初步形成"四山二漂一泉""两天游"生态旅游格局。2006 年，全市游客 89.94 万人，旅游收入 2.25 亿元。2010 年，全市游客人数增至 137.55 万人，旅游总收入增至 4.9 亿元。

2011 年，石根山景区、池洞莲花湖水上庄园、禹神国际大酒店动工兴建，新城国际大酒店建成营业，并荣获四星级旅游饭店称号。2007 年 2 月，信宜市首届李花旅游文化节在茶山镇举办。同年 6 月，信宜市首届三华李品果节在钱排镇举办，拉开了旅游节庆助推旅游发展的序幕。此后，每年的李花节、品果节成为信宜常态旅游节。2013 年 5 月，市委市政府编制《信宜市旅游发展总体规划（2013—2025）》，推动全市旅游业的发展。2015 年，全市游客 228.49 万人，旅游总收入 10.99 亿元。

2016 年 1 月 29 日，全国旅游工作会议上提出：推动中国旅游从"景点旅游"到"全域旅游"转变。同年 10 月 28 日，中共信宜市第十三届代表大会第一次会议提出：信宜坚持走"绿色崛起"的发展道路，实施"生态立市、产城融合、全域旅游、创新驱动"四大发展战略，突出培育壮大生态旅游、玉器加工、精密装备制造三大主导产业。11 月，信宜市被确定为全省第一批全域旅游示范区创建单位。市委成立市创建广东省全域旅游示范区工作领导小组，组建市旅游发展委员会，设立旅游发展专项资金。信宜旅游业从此开始新的发展时期，从发展理念到规划措施，各方面都有突破。首先是擦亮信宜"中国长寿之乡""中国慈孝文化之乡""中国南玉之都""全国重点生态功能区"名片，创立信宜"长寿之乡，生态之旅"旅游品牌，加大旅游宣传促销力度，做好"引客入信"工作。接着编制完成《信宜市全域旅游发展规划（2017—2030）》，确定推进创建省级全域旅游示范区工作的时间表和路线图。同时，编制《镇隆温泉小镇概念规划》《平塘马安竹海生态旅游区概念规划》等专项规划，加强招商引资工作，推进全域旅游发展。

市委市政府充分利用绿色资源优势，以旅游大项目建设为抓手，通过参与省旅游产业投融资对接会，采取印发《旅游招商引资知识手册》等措施，开展旅游招商引资工作，实施全域旅游月工程，引进安徽乐泽集团开发镇隆温泉小镇项目（规划总投资 30 亿元）、洪冠康养小镇项目（规划总投资 5 亿元），引进东方园林投资控股集团开发平塘马安竹海景区（规划总投资 8 亿元），打造龙头旅游项目。对已有的景区还不断采取措施优化提质，推动创 A 升级。为推进全域旅游建设，提升信宜城市形象，对环市东路、站前路、城南出口、达北线等进行改造，依托省道 S370 线打造东部"百里银杏"风景道，完善主要交通干线的旅游交通标识指引牌，旅游交通环境有了明显改善。与中国联通合作建设信宜旅游大数据平台，积极推进旅游服务智能化建设，推出"信宜全域旅游地图"应用程序，为游客提供旅游目的地信息查询、语音讲解、线路规划等便捷服务。完善配套设施建设，在旅游景区、乡村旅游点等场所新建和改建旅游厕所共 20 座，提升旅游景区服务质量。2016 年，全市共接待游客 473 万人次，实现旅游总收入 21 亿元。

信宜是"中国三华李产业龙头县"，"香雪李花""银妃李果"景观已久负盛名，形成了"山、城、泉、漂"为主线的生态旅游格局。至 2017 年，已建成钱排双合李花世界、茶山李花观赏区等乡村旅游景点。钱排双合村建有大型文化广场、停车场、旅游厕所、小卖部、农家旅馆、农家菜馆等旅游配套设施；年均吸引游客超过 50 万人次，旅游服务业已成为钱排镇的重要产业之一。在李花节的带动下，白石红橙基地、英地坡梅园、白石细寨百香果园、白石红樱桃基地、径口砂糖橘果园等一批农业休闲旅游景点陆续兴起。通过举办李花节、品果节、漂流节、南玉工艺文化旅游节、南江源头客家文化节、甜柿节等旅游节庆活动，助推了农家乐、乡村旅游的发展。钱排"银妃"三华李、合水百香果、北梭甜柿、大成山楂等已成为信宜特色土特产，深受游客喜爱。

　　2017 年，信宜旅游景点已遍布全市各镇（街），旅游线路有三条，线路一：天马山、西江温泉、镇隆古城、教育城、旺同十里竹道二天游。第一天游天马山、上磨村、西江温泉；第二天游镇隆古城、南玉城、教育城、旺同十里竹道、高城湿地公园。线路二：大雾岭、钱排、合水、平塘三天游。第一天游大雾岭；第二天赏钱排观光农业、合水石峡梯田、中坳风力发电；第三天览石印古庙、马安竹海。线路三：石根山、甲门峡漂流、大仁山二天游。第一天游北逻乡村公园、大仁山、甲门峡漂流；第二天游太华山、石根山。是年，全市游客人数增至 473.5 万人，旅游总收入 21.3 亿元。

第三节 落实政策，加快老区发展

一、老促会助力老区发展

为促进老区建设发展，1991 年 4 月 30 日成立信宜县老区建设促进会。该会是由热心老区建设的党政离退休干部和社会爱心单位及人士组成的非营利性社会团体。信宜县老区建设促进会成立后，全心全意为老区人民服务，协助党和政府促进老区建设与发展，为信宜老区人民脱贫致富，把老区建设成为社会主义新农村作出了贡献。

协助云开村解决"六难"问题 云开村位于云开山脉中段，海拔 700—800 米，山高林密，是土地革命战争时期革命老区村。该村受地理、气候等各种因素制约，"走路难、读书难、看病难、用电难、吃水难、通讯难"（"六难"）问题十分突出。1997 年，云开村只有一条高山崎岖小路，雨天泥泞不堪；一所学校年久失修，雨天漏雨，门窗残破；一个小卫生站，缺医少药；一部电话机常常不通电，形同虚设；一个旧祠堂作村委办公场所；一个小水电站，功率小，线路残旧，电灯半明半暗。是年，村民人均年收入 2 700 元，只有全市平均数的三分之一。

信宜市老促会通过调研写出报告，如实向市委反映云开村"六难"情况，市委、市政府高度重视。1997 年 9 月，时任市委书记陈自昌亲率四套班子有关领导，市委办、市府办、教育、交通、电力、民政、邮电、水务、农业、畜牧、农委、卫生等部门领导及镇干部深入该村现场办公。随后，全市开展帮扶老区脱贫奔康、解决老区"六难"问题的相关工作。现场办公会后筹集到老区建设资金 152 万元，各部门采取有效措施，使云开村"六难"问题逐步得到解决。2017 年，云开村已经实现路通、电通、电话通、网络通，新建了学校教学楼和村委会办公楼，全村种植优质山楂 2.67 公顷、三华李 573.33 公顷，人均年收入 7 900 元，比 1997 年增加了近两倍。此次市委书记现场办公会议之后，全市革命老区群众的"六难"问题引起了各级、各部门的关注，他们纷纷从财力、人力、技术上出台政策和方案，解决革命老区群众生产生活的问题，促进革命老区群众致富奔康步伐。其间，信宜市老促会积极联系各级政府和部门，沟通各方，作出了不可磨灭的贡献。

扶持老区科技兴果　1997 年，茂名市老促会提出要在老区实施科技兴果项目。1998 年，根据茂名市老促会的工作安排，信宜有 6 个老区村被选为科技兴果试验点。信宜市老促会为做好科技兴果工作，先从普及科技知识着手，印发资料，聘请科技人员，深入老区村庄上科技课，培训出一批熟练掌握选种育苗和嫁接技术的科技种果骨干。然后，在全市老区村选择 12 个示范点，发挥骨干带头作用，在示范点创造高产经验，再辐射带动全市科技兴果，打开信宜水果业发展的广阔前景。

2001 年，茂名、信宜两级老促会领导到钱排镇梭垌村进行水果生产调研，发现三华李大果 12 元/千克，小果才 1.6 元/千克。如果通过技术改造，使小果变大果，农民便可增收 7 倍以上。于是信宜市老促会的领导向信宜市委提出建议，得到市委支持。信宜市老促会连续三年以 6 000 元/年的价格承包种果大户许宗文的两棵优良三华李单株与当地桃树嫁接育苗。试验基地由 300 亩扩大到 1 000 亩, 再扩大到 1 万亩。先后在钱排镇梭峒、茶山镇等三华李主产区推广选育良种、培育果苗、高位嫁接等科学育果技术, 实现了小果变大果目标, 科技兴果取得重大突破。2017 年全市三华李产值 17. 38 亿元。从 1998 年起, 茂名、信宜两级老促会先后投入资金 140 万元, 扶持种植了 12 个水果品种。先后办起三华李、山楂、柑橘、黑榄、枇杷、澳洲坚果等水果育苗基地, 取得了良好效果, 为老区致富奔康作出了贡献。

协助老区村解决交通难题 革命老区大多是偏远山区, 没有硬底化公路, 雨天泥泞不堪, 交通极不方便。2005 年前, 省交通厅补助老区修筑硬底化公路, 标准为 10 万元/千米, 2005 年后提高到 15 万元/千米, 茂名市配套补助 2 万元/千米。信宜市老促会与市交通局开展艰苦细致的勘测和深入调查核实, 掌握信宜老区村道建设的精确里程数据, 由市交通局向省交通厅报告, 争取到省、茂名市补助资金近 1. 2 亿元, 资助云开、坡岭、俊昌、古泮、北逻、旺同、三南、罗林、高坡、旺坡、洪胜、安莪、石订、滩峒、新宝、黄沙、中峒、梭峒、木辂、六定、扶龙 21 个行政村修筑公路, 铺设水泥路面, 解决了这些老区村庄行路难的问题。至 2009 年, 全市老区行政村已全部实现了村村通公路和路面水泥硬底化。针对特困老区村缺乏资金改善交通的情况, 信宜市老促会每年向省老促会申请 2 个老区村的修路补助资金, 每个村争取到 4 万~6 万元, 为促进老区经济发展办了实事。

协助改造老区学校 信宜老区有学校 161 所, 在校师生 9 万多人。学校教学设施不足, 校舍破烂, 班额大, 有的还在祠堂上课。群众要求改造学校, 但苦无资金。2002 年年初, 省政府印发《关于同意改造老区农村小学实施方案的批复》, 省财政按每所破危小学补助 30 万元的标准, 支持老区改造小学危房。池洞镇扶参小学原在罗氏祠堂上课, 群众每年祭祖拜祠, 影响学生学习, 被省列为第二批改造的对象。当地政府决定征地另建新校，共筹集资金130万元，其中省、茂名市补助40万元，镇安排21万元，群众和热心人士捐资19万元，教育部门支持50万元，建起了一幢高6层，有24个教室、6个级室，建筑面积3 260平方米的教学大楼。2005年8月18日，在茂名老区学校改危总结大会上，时任茂名市市长对池洞镇扶参小学给予表扬。2002年至2005年，信宜分三批共争取省、茂名市补助2 470万元，加上信宜配套资金、外出企业家、干部群众捐资共3 720多万元，完成搬迁和改造老区小学危校83所，总建筑面积93 972平方米，基本解决了全市老区学生入学难的问题。

协助卫生院"改薄"　2005年，信宜市老促会对老区镇卫生院进行调研，发现大部分老区卫生院技术力量薄弱、设备简陋、房屋残旧、历史债务重等问题，严重影响群众看病就医。信宜市老促会及时把调研报告逐级上报，由省老促会向省委、省政府报告，省委、省政府决定，把改造乡镇薄弱卫生院作为全省解决老区和山区人民"看病难"问题的一项迫切任务。信宜市委、市政府高度重视，2008年起，全市卫生院改造分两批进行，6个老区镇的7个卫生院共投入950万元，总建筑面积9 451.98平方米。老区卫生院医疗环境得到改善，基本满足群众就医保健需求。

协助老区解决安全饮水问题　信宜老区有29个村饮用水含氟高，41个村饮用水源不足，83个村饮用水不洁，严重影响老区群众身体健康。为解决老区饮水难问题，信宜市老促会加强与市水务局联系沟通，争取上级批准立项，省水利厅批复信宜老区村11个饮水项目，拨付资金504万元，加快老区饮水项目建设。如茶山镇是革命老区镇，群众饮水难问题突出。信宜市老促会多次协调督促市水务局，派技术人员深入茶山勘测设计。2007年省批复立项，投资150多万元在茶山建成一个小型自来水厂，解决该镇群众饮水问题。2008年起，全市革命老区先后建成安全饮用水工程101宗，解决了大部分老区村饮水难问题。

支持老区学子和困难儿童读书 1995年起，在上级老促会和市政府的支持下，信宜市老促会想方设法为老区子弟和困难儿童解决入学读书问题。一是给烈士后裔发放助学金，按大学、高中、初中分等级给予3 000元到200元的补助，累计共发放助学金620人次，发放金额48.8万元。茶山镇覃大喜烈士后裔10多人获得资助。二是每年给老区入读大学的优秀学子发放奖学金，分三个等次，奖励4 500元到1 500元。2017年奖励132名，共28.9万元。三是推荐安排老区困难子弟免费就读技工学校。2005年起，共推荐安排154名老区青年就读。四是资助孤儿和单亲儿童读书。信宜市老促会与市妇联合作，为读小学、初中的孤儿和单亲儿童发放助学金，每人每年资助600元到700元。从2012年起，每年资助90名，至2017年共资助540名。

向老区学校赠书 2016年始，茂名市老促会在市老区基金收益使用项目中增设"向老区学校赠书"项目，每年向信宜市一个老区中心小学、一个老区中学各赠送价值1.5万元的图书。捐赠得较多的书籍有《全唐诗》《全宋词》《资治通鉴》《鲁迅全集》《巴金全集》等。茂名、信宜两级老促会每年都派员到受书学校参加赠书仪式。

关心"五老"人员 2001年起，茂名、信宜两级老促会每年组织对全市无定补的"五老"（老苏维埃战士、老党员、老游击队员、老交通员、老保垒户）人员进行慰问，发放慰问金700～1 000元/人。2001年全市有"五老"人员240人，到2017年减至132人。信宜市老促会坚持年年慰问罗汉烈士遗孀和林俊耀烈士遗孀以及中共信宜县委首任书记罗克明的女儿，给她们送上党的温暖。怀乡镇横冲村铁支顶叶瑞芳户，是老堡垒户，单家独户住在高山上，房屋残旧，生活孤苦。各级政府和信宜市老促会共资助她3.5万元，盖起红砖房，改善了居住环境。政府和信宜市老促会每年都给农村特殊困难农户送去扶助金。至2017年，共慰问"五老"人员900多人次，发放慰问金72.7万元；共资助困难户1 530多户，总金额90多万元。

革命遗址维修建设　2007年，信宜市老促会与市委党研室争取市内各单位党委支持，筹资建设起怀乡起义纪念室。2012年，又筹资对怀乡起义指挥部旧址进行了加固修缮。2008年，信宜市老促会和中共信宜市委党史研究室以中共信宜市委、市人民政府的名义在全市设立革命史迹碑志39处。2013年，信宜市政府和茂名市老促会拨款维修了钱排云开革命烈士纪念碑。2015年，拨款重修了东镇梁尚文烈士墓。2017年重新布展怀乡起义纪念室和贵子中伙中队革命纪念室，对新宝枫木革命烈士纪念碑进行修葺，重新布展新宝罗荣华老红军纪念馆。考察了怀乡中垌革命斗争纪念室，并向当地党委政府提出了保护维修意见。

宣传老区建设成就　信宜市老促会配合上级老促会共组织了4次老区行，给电视、报纸、电台组织稿件40多篇。2017年，信宜市老促会又组织了一次由1名副市长带队，相关部门领导参加的"精准扶贫老区行"，对8个"精准扶贫"老区村进行巡察，对做得好的及时表扬，不足的及时提出要求进行改进，有效地促进了老区扶贫工作。2017年，茂名市各区（市）老促会理事长座谈会在信宜召开，信宜市老促会组织市电视台录制了一部反映信宜老区建设成就的宣传短片《信宜老区新貌》，深受与会者好评。信宜市各级领导十分重视老区的宣传，积极组织撰稿宣传老区，订阅宣传老区的刊物。信宜市老促会多次被中国老促会和省老促会邀请参加宣传工作经验交流会，多年来，共获得中国老促会颁发的老区宣传工作一等奖1次，二等奖4次，三等奖5次。《信宜新闻》《玉都信息》、信宜电台、信宜电视台先后刊播了200多篇反映信宜老区发展成就的稿件，对宣传老区、认识老区、建设老区、服务老区，起到了很好的推动作用。

二、开展农技培训，实施科技兴果

中共十一届三中全会后，信宜全面实施"科技兴果"战略，水果生产迅速发展。1987年，成立信宜县果树研究所，1992年，设立水果开发办公室。1992年，县委县政府组织开展"高产高质高经济效益"（简称"三高"）农业大会战，要求镇办千亩果、万亩林，管理区办百亩果、千亩林，林业站办十亩果、百亩林的科技兴林示范点。各镇成立"三高"农业指挥所，逐级落实责任制。出现了由政府机关、企（事）业单位投资，镇、村和农户提供林地，实行联合种植的股份制经营模式。实施公司带动基地、基地带动发展的策略，采取"公司＋基地＋农户"或"公司＋农户"等多种形式，产供销一条龙，农工贸一体化，推动水果产业化经营，促进了水果产业快速发展。1993年信宜水果种植面积18 657.47公顷，总产量48 378吨，进入全国百强县（市）行列，排36位。2017年全市水果种植面积56 894.33公顷，产量915 350吨。水果产业成为信宜农村经济的重要支柱产业。

2000年成立水果生产技术研究中心，2002年设立信宜市水果局。水果生产研究和专业管理机构的相继成立，加快了信宜优良水果品种的选育、引进试验、示范推广进程，在标准化生产技术研究、技术指导培训、促进水果稳产增产和果农增收等方面发挥了重要作用。

改革开放后，农户种植水果的积极性空前高涨。20世纪90年代后，信宜水果产业发展进入鼎盛时期，大批特色水果优良品种相继被引进推广，水果品种日益增多，发展规模迅速扩大。如荔枝品种，引进了桂味、妃子笑、白蜡、黑叶、淮枝等新品种，培育改良了本地的鉴江红糯、进奉、北界甘棠迟荔等品种。其中鉴江红糯由广东省农作物品种审定委员会审定命名，母本园位于镇隆镇天后街。1995 年，信宜鉴江红糯荣获第二届中国农业博览会金奖。引进和推广种植的水果品种有储良龙眼、大乌园龙眼、巴西香蕉、三华李、红江橙、化州橙、蕉柑、椪柑、温州蜜柑等新品种。2000 年后，引进了甜柿、砂糖橘、枇杷、番石榴、百香果、青枣、澳洲坚果、柠檬、沃柑等特色水果品种。

此外，每年不定期组织全市（县）各镇农技站举办水果栽培技术培训班，再由镇农技站培训指导果农。同时，以"万名农民中专生"、新型农民培训、科技入户、青年农民科技培训、1921 党员培训、基层农技推广体系改革与建设等项目为载体，通过举办培训班、印发技术资料、播放电视专题片、发送手机短信以及使用"农技宝""中国农技推广APP""云上智"云平台等多条渠道推广普及科学种果技术，提高全市（县）果农的种植管理技术。信宜多次被评为"全国农技推广示范县（市）"。

20 世纪 80 年代初期，县农业局建立水果苗圃场，繁育大量红江橙、化州橙、蕉柑、椪柑、荔枝、龙眼等优质果苗供果农种植。推广克服荔枝大小年技术、荔枝"优质、丰产、稳产'三关'技术"、"进奉荔枝改善着色技术"取得成功。成功克服厄尔尼诺现象影响，在全国多地荔枝出现大减产的情况下，信宜荔枝产业仍实现丰产稳产。该技术成果获茂名市农业技术推广二等奖，1997 年获农业部百万亩荔枝丰收一等奖。

1996 年，信宜成功引进种植香蕉试管二级苗，组织有香蕉种植经验的 10 多个镇建立二级苗培育大棚，进行二级苗培育。是年水口镇引种巴西香蕉试管苗取得成功，平均每株挂果 35 千克，最重一株达 75 千克。1999 年，建立香蕉组培苗工厂培育一级苗，同时推广应用香蕉滴灌技术。2000年后，全市新种香蕉80%以上采用巴西香蕉试管苗种植。

信宜农业局、老促会邀请多位水果专家，对池洞镇旺坡村近2000亩6—7年树龄不挂果的榄树进行高接换种，取得成功，吸引高州、电白、化州等周边县众多干部群众前来参观学习。2004年茂名市科技兴榄会议在信宜召开。

1972年，县供销社从广东省翁源县三华镇引进三华李树种植。2000年成立三华李优良单株评审小组，评选"十佳"优良单株，利用优良单株培育大批优质嫁接苗，解决三华李长期种植后果实变小、品质变差、产量下降等问题，三华李果园得到优化改良。2012年起，每年均举办李花旅游文化节和"银妃"品果节，吸引了大量的游客前来信宜旅游和消费。通过建基地、抓品质、创名牌、拓市场等措施，推动了三华李产业持续做大做强。2006年，信宜市被评为"全国三华李生产龙头县（市）"，成为全国最大的三华李生产基地。2011年，信宜三华李被评为"岭南十大佳果"，"2011农产品品牌打造示范市"。2013年，信宜三华李主产区之一的钱排镇被国家农业部评为全国"一村一品"示范镇。2017年，在全国优质李评比中，信宜三华李荣获"金奖"。在全省名特优新农产品评选中，信宜三华李被评为"区域公用品牌"。信宜被评为"全国三华李标准化示范区"。此外，信宜三华李还先后获得"无公害农产品""绿色食品"认证，被授予"广东省农业名牌产品"称号。"大果优质三华李栽培技术"获茂名市科学技术三等奖。2017年，全市以三华李为主的李子种植面积17 275.13公顷，产量20.02万吨，产值17.38亿元。

三、因地制宜，创建一镇一业

中共十一届三中全会后，我国实行改革开放，农业推行家庭联产承包责任制,极大地调动农民生产积极性。信宜县委、县政府紧抓机遇,因势利导,鼓励和引导农民对农业产业结构进行调整,在积极发展粮食作物的同时,大力发展水果、南药等高效经济作物。农作物种类和品种日益丰富。1990 年,信宜县主要粮油作物有水稻、小麦、番薯、木薯、玉米、花生、黄豆等。其中粮食总产量达 32.1 万吨,信宜县被国务院授予"粮食生产先进单位"。主要经济作物有柑橘、香蕉、荔枝、黑榄、黄皮、砂仁、田七、八角、肉桂、黄红烟、蔬菜、苎麻、香茅等。农业区域化布局粗具雏形。1992 年,全县上下深入学习贯彻邓小平南方谈话精神及党的十四大精神,信宜农业得到空前的重视和发展,县委、县政府根据各地产业基础、地理环境、气候特点、种养传统等实际,以市场为导向,按照"稳粮扩经"的思路,因地制宜,科学规划,调整优化农业结构。加大政策扶持和资金、技术的投入,努力创建"一镇一业"新格局。

信宜农业向"高产、优质、高效"发展方向加快迈进,推进农业商品基地建设,推动优势产业向优势产区聚集发展。1995 年,全市建成水果基地 13 个,总面积 33 333.33 公顷。粮食总产量达 38.2 万吨,成为全省山区第一个"吨谷县(市)"。信宜养殖业长足发展,山地鸡养殖数量突破 6 000 万只,被《人民日报》记者誉为"山地鸡养殖王国"。

2000 年后,信宜水果、南药、竹子、山地鸡等种养业发展规模不断扩大,呈现基地化生产、集群式发展态势,逐步形成了特色鲜明的区域化产业布局。以镇隆、水口、丁堡、东镇、北界、金垌等镇为主,形成南部特色农业产业带,重点发展香蕉、荔枝、龙眼、优质谷、超级稻等;以贵子、朱砂、池洞、怀乡、洪冠等镇为主,形成北部特色农业产业带,重点发展三华李、南药、网箱鱼、山地鸡、丞仔鱼等;以钱排、茶山、大成、白石等镇为主,形成中部特色农业产业带,重点发展三华李、粉蕉、山楂、日本甜柿、反季节蔬菜等;以思贺、新宝、合水、平塘等镇为主,形成东北部特色农业产业带,重点发展优质香榄、八角、竹子、大棠梨等。

信宜创建"一镇一业"成绩显著,钱排、思贺、大成等镇各具特色。据 2015 年统计,钱排镇三华李种植 5 300 公顷,产量 6.45 万吨,总产值 3.8 亿元,人均单项收入 5 623 元。2013 年,钱排镇被国家农业部评为全国"一村一品"示范镇。茶山镇三华李种植 3 680 公顷,产量 7.8 万吨。丁堡镇荔枝种植 1 553.33 公顷,产量 3.9 万吨。思贺镇八角种植 3 000 公顷,产量 1 000 吨。大成镇山楂种植约 66.67 公顷,合水镇茶叶种植约 100 公顷。洪冠镇南药种植约 4 333.33 公顷,其中益智 3 333.33 公顷,南肉桂 333.33 公顷,巴戟、八角、砂仁、生姜、佛手等共约 666.67 公顷;品种有南肉桂、益智、八角、砂仁、金银花、钩藤、佛手等 30 多种。1992 年,洪冠镇被省定为"省木本药材肉桂生产基地";南肉桂产品曾在 1995 年和 1997 年获得中国农业博览会金奖,1999 年获国际名牌奖。洪冠镇的益智产量占全国总产量的 20%。2017 年洪冠镇被评为省级南药专业镇,并入选第八批全国"一村一品"示范村镇。

2017 年,全市水果种植面积 56 866.67 公顷,总产 92.4 万吨。其中,荔枝 9 206.67 公顷,产量 7.51 万吨;龙眼 8 866.67 公顷,产量 8.83 万吨;李子 16 913.33 公顷,产量 18.75 万吨;香(大)蕉 10 573.33 公顷,产量 44.28 万吨;柑 499 公顷,产量 7 433 吨;橘 1 176.87 公顷,产量 10 959 吨;芒果 1 540 公顷,产量 1.56 万吨;橙 799.87 公顷,产量 10 965 吨;菠萝 129.13 公顷,产量 1 911 吨;梨 622.67 公顷,产量 5 428 吨;柿子 1 246.67 公顷,产量 2.24 万吨;番石榴 201.3 公顷,产量 2 102 吨。

信宜农业工作取得显著成效，至 2017 年，先后获得"全国三华李生产龙头县（市）""全国超级稻推广示范县（市）""全国农林牧业总产量百强县""全国水果百强县""全国测土配方施肥技术推广示范县""全国农技推广示范县""全国农业标准化示范区""2011 农产品品牌打造示范市"等多项荣誉称号。信宜三华李被评为"岭南十大佳果"，信宜氹仔鱼被评为"广东省十大最具人气土特产"。信宜成为全省最大的山地鸡养殖基地和全省南药、竹子、反季节蔬菜重要生产基地。

四、发展电商，促进产销

信宜最早利用互联网销售商品的企业是竹编企业，通过互联网收单、发货、结算。2010 年后，全市电商企业迅速发展。

为促进电子商务企业发展，市委、市政府先后印发《关于全面推进农村电子商务及农村信息化工作的实施意见》《关于成立信宜市农村电子商务及农村信息化工作领导小组的通知》《关于全面推进我市宽带网络基础设施建设的意见》。2014 年 7 月，信宜江东电子有限公司东奥电商中心成立。2015 年 8 月，位于东莞大朗（信宜）产业转移工业园区内的信宜市电商物流产业园建成，该园办公建筑总面积 3 000 多平方米，仓储 5 000 平方米。9 月，信宜市"一村一品"农业有限公司成立。10 月，开始建立镇级电子商务试点。随后，稳步推进农村电子商务示范点建设，促进镇村电商队伍不断扩大。2015 年，信宜获得"茂名市电子商务示范县"称号。

为促进电商企业进一步发展，市政府又印发《信宜市信息基础设施建设三年行动计划（2015—2017 年）实施方案》，2016 年 1 月，市"一村一品"农业有限公司被评为省级惠农信息社；4 月 20 日，市委、市政府和京东集团签订了战略合作协议，开设京东中国特产信宜馆。在相关职能部门的协助下，先后搭建"一村一品"电商平台、"信宜市淘宝田园电商平台""南玉网上商城""广东同智易购商城""天天信宜电商平台"等。市网商协会、市电子商务协会相继成立，有会员260多名。两个电子商务行业协会的成立，汇集了一批本地电商、微商经营者，促进了全市电商企业的发展。9月，市"一村一品"农业有限公司获得中国农业部"新农民创业创新百佳成果"奖；是年，该公司销售额1 000万元。10月建成一条邮政电商街，电商街占地面积超过600平方米，有11间电商店铺。12月下旬，信宜遭遇大量百香果销不出去的困境，市电子商务协会发挥电商团队优势，组织会员一晚上共售出百香果16 000多单，总重量35吨，帮助农民增收30多万元。

2017年，市"互联网＋商务"小镇被评为广东省第二批"互联网＋"小镇；是年，市"一村一品"农业有限公司销售额2 000多万元，实现销售额一年翻一番。5月，钱排镇电商物流园建成，该园占地面积2 000平方米。邮政集团信宜分公司启用冷链直运模式寄送三华李，开启了"社会增效、企业盈利、群众增收"的多赢局面，是年运输三华李总重量超过1 250吨，价值超亿元。信宜江东电子有限公司东奥电商中心立足于网上销售各种智能小家电产品，以过硬的产品质量立足于市场，树品牌，注重知识产权保护，销售的产品均通过国家CCC产品认证，其中多个产品获得国家专利授权保护；是年该中心销售额超1 000万元。广东盈富农业有限公司电子商务销售额3 000万元，并入选广东省电子商务示范企业，是茂名市唯一一家入选企业。

为促进电商发展，市政府先后组织相关行业协会对精准扶贫户的年轻劳力进行创业培训20多场（次），培训1 000多人，部分精准扶贫户已成为电商从业者。多次举办信宜网商与贫困户一对一帮扶活动,累计为贫困人口销售产品近亿元,为推动全市电子商务精准扶贫工作,帮扶贫困户致富作出积极贡献。

信宜电子商务迅速发展,培育壮大了一批电商企业,建立了一批电商农产品生产基地,引导向"一村一品"优势产业方向发展。其中百香果电商生产基地 10 个,三华李电商生产基地 10 个,甜柿电商生产基地 2 个,柠檬电商生产基地 3 个,茶叶电商生产基地 2 个,怀乡鸡电商生产基地 2 个,水稻电商生产基地 2 个,走地鸡电商生产基地 2 个,鹰嘴桃电商生产基地 1 个,葡萄电商生产基地 2 个。市镇村三级电商物流网络已初步建成,物流企业实现全市乡镇全覆盖,市区快递门店和镇村服务网点多达 600 多家,其中邮政公司服务网点就达 400 多家;全市在茂名邮政局备案在册的快递企业 106 家,从业人员 1 000 多人。2014 年至 2017 年,派件分别为 116.36 万件、315.76 万件、612.03 万件、956.44 万件,收件分别为 39.34 万件、82.77 万件、147.95 万件、233.73 万件,派件增速超 50%,农产品收件年均增速超 60%。

2017 年,全市已建成电商企业或店铺 1 400 多家,其中以钱排三华李、怀乡鸡等农产品销售为主题的淘宝店铺 239 家。电商、微商、快递、物流等从业人员达 1 万多人,全年电子商务交易额近 6 亿元,本地网购金额近 4 亿元。全市 19 个镇每镇都建有一个镇级电子商务示范点,农产品网销畅旺,参与销售三华李的电商、微商人员超万人。三华李销售价格逐年上升,2015、2016、2017 年网络销售价格分别为每斤 16 元、20 元、25 元,网络销售量分别为 1 100 吨、1 700 吨、3 200 吨。信宜市通过"互联网+"新模式,擦亮了"岭南佳果"品牌,得到省委领导的充分肯定。

五、大力开展老区道路交通建设

信宜山区,山崇岭峻,交通落后。1958 年前,县内只有几条简易公路，大部分乡镇不通公路。1958 年后，县委、县政府组织全县群众大力修建地方公路。至 1978 年，全县地方公路通车里程增至 443.1 千米，实现县通镇公路化。但所有地方公路均为等外沙土路，很多管区无法通车，远未能适应社会发展需要。特别是老区镇村，路线长、山高路陡、弯多、工程量大、投资大，无法筹到资金开通公路。

1979 年后，随着经济的发展，人民生活水平不断提高，人们渐渐意识到：山区要致富，必须先修路。县委、县政府下决心，在全县范围内掀起新建地方公路、改造沙土公路热潮。20 世纪 90 年代后，在国家、省、市有关部门的大力支持下，信宜地方公路建设，特别是老区公路建设迅速推进，取得了令人瞩目的成就。

1991 年 10 月，广东省第六次山区工作会议在广州召开，会议研究如何加快山区脱贫致富步伐，促进全省经济协调发展。信宜县认真贯彻省山区工作会议精神，为加快全县公路建设，县老促会与县交通局共同研究，对既是山区，又是革命老区的管理区优先安排公路补助。至 1995 年，完成了国道 207 线东镇至镇隆段 23.5 千米一级公路扩改工程，省道铺设沥青路面 30 千米，新建地方公路（乡道）357.8 千米，完成扩改乡道（含老区公路）上等级公路 517 千米。

信宜第一条乡道公路沥青路——高坡至立石通广西公路于 1996 年 12 月 30 日建成，金垌、高坡部分老区村交通得到改善。根据省委、省政府扶贫开发"两大会战"工作部署，市委、市政府制定《信宜市村村通公路工程建设实施方案》，成立"两大会战"指挥部，市委书记陈自昌亲任总指挥，督促市府与各镇签订《信宜市村村通公路责任书》，加快全市地方公路建设步伐。2000 年 9 月底，茂名市委、市政府在信宜召开茂名市扶贫两大会战现场会议，推介信宜的经验及做法。是年，全市完成 27 个老区行政村二级路改造 123.8 千米，完成 17 个老区行政村新开公路建设 96.6 千米，完成老区村桥梁建设 8 座 271 米，完成老区自然村公路建设 126 条 248 千米。

2002 年 6 月，信宜市委、市政府召开各镇书记、镇长、乡镇分管公路建设的领导参加的县、乡公路建设动员大会，成立以市委书记为总指挥的领导机构，印发《公路改造实施方案》，市政府与各镇签订公路建设责任书。12 月 10 日，茂名市县通镇公路建设现场会议在信宜市召开，会议传达省加快山区县通镇公路建设现场会议精神，并作全市县通镇公路建设计划编制说明，签订《茂名市县通镇公路建设工作责任书》。2004 年 10 月 25 日，省老促会向省委、省政府报送《关于老区行政村水泥硬底化公路建设的调查与建议的报告》。28 日，省委书记张德江作出批示：赞成加快老区行政村公路建设的建议。优先安排；适当提高补助标准；量力而行，尽力而为，绝不能形成新的债务，把好事办坏；区分情况，分类指导。12 月，茂名市老促会与茂名市交通局组织力量，对各县（市、区）镇通老区村委会的公路建设情况进行调查，并到湛江、阳江等地参观学习公路建设经验。信宜市老促会与交通局按上级要求对老区村的公路建设进行了调查。2005 年，茂名市老促会和茂名市交通局组织力量再次到各县（市、区）听取意见和建议，进行面对面沟通，制定《茂名市镇通老区村委会公路硬底化建设实施方案》，对工作的指导思想、建设目标、组织机构、技术标准、资金筹措与管理、组织实施等，都作了详细说明并上报市政府审批，随后印发各县（市、区）。3 月 24 日，省政府常务会议讨论同意老区行政村硬底化公路建设每千米补助从 10 万元提高到 15 万元。茂名市委、市政府领导考虑到老区经济困难，除省补助的资金外，决定对老区公路建设给予 2 万元/千米的补助。10 月 12 日，信宜召开全市农村公路建设暨镇通老区村委会公路建设工作会议，落实广东省、茂名市交通工作会议精神，迅速掀起全市镇通老区村委会公路建设热潮。印发《信宜市镇通老区村委会公路硬底化建设实施方案》，明确从 2005 年起，力争用 5 年时间实现全市老区村委会公路硬底化建设。是年，完成全市镇通老区村委会公路里程共 747.9 千米，市通老区镇公路路面铺设共 53.5 千米，老区村道水泥硬底化共完成路面铺设 183.1 千米。

2006 年全市开工建设公路 27 条 232 千米，完成路面铺设 124 千米。老区洪冠镇中燕村委会地处高寒边远山区，经济条件差，距镇 11 千米，村委会要承建公路 6 千米，弯多坡陡，施工难度大。市老促会和交通部门研究，发动各方给予支持，其中镇政府支持 13.5 万元，群众捐资数万元，市交通局等单位也给予资助。至年底该村完成了公路硬底化建设任务。2009 年是镇通行政村公路硬底化改造期限的最后一年，在未完成改造的镇通村公路中，老区公路占较大比重。6 月 18 日，信宜市召开相关乡镇的镇委书记、镇长及相关部门参加的工作会议，制订镇通老区村公路改造扫尾工作方案，要求各镇和相关部门加大工作力度，采取有效措施，确保按时完成任务。至 12 月，镇通行政村老区公路硬底化改造全部完成。是年，全市 370 个村委会全部实现镇通村公路硬底化，完成镇通行政村老区公路。2010 年，全市完成镇通村公路 1 600 多千米，通自然村公路近 400 千米，完成投资 6 亿元。"十一五"期间，县道改造 40 多千米，县通镇公路改造 100 多千米，完成经济网络线路 4 条 60 多千米，农村公路交通网络不断完善。

2013 年省下达信宜老区自然村公路项目 14 个 21.67 千米，省补助资金 325.05 万元，占全市社会主义新农村公路改造补助计划的 25.8%，受益老区人口 2.23 万人。全市争取上级对老区自然村公路补助项目 165.9 千米，完成 196 个老区自然村公路硬底化改造。至 2015 年，全市新建、改造经济线、网络线、连通线 132

千米，完成 500 人以上的自然村公路以及延伸学校、养老院、老区村庄、新农村示范区、生产园区、生态观光区、牲畜养殖基地的公路（省统称为"新农村公路"）改造 520 千米。2016 年，全市完成新农村公路改造 102 千米。2017 年，全市完成年度窄路基路面拓宽工程和公路安全生命防护工程任务，完成新农村公路改造 150 多千米。

六、积极推进老区安全饮用水工程建设

2000 年起，信宜市转变治水思路，树立科学治水、生态治理、人水和谐理念，以建设国家级重点生态功能区及建设水生态文明为目标，全面抓好全市农村建设，特别是革命老区水利工程建设。最紧迫的任务是对中小型水库除险加固，确保革命老区镇村群众及附近镇村群众的安全。这些中小型水库，均为 20 世纪 50—70 年代修建，抗洪能力差，存在着较大的安全隐患，危及水库下游群众的安全。2003 年，加固了东镇街道佑英村的金才水库、东镇街道垌尾村的六堪水库及北界镇旺将村的旺将水库。2010 年，加固了茶山镇茶山村高涨水库和茶山镇周冲村旺冲水库。2012 年，实施黄华江钱排河上游治理工程，规划投资 1 188.12万元；黄华江钱排河支流治理工程，规划投资 1 616.61 万元。投入资金 80 万元加固怀乡镇怀乡村的山田水库。2015 年，实施东江河池洞段防洪堤工程，规划投资 2 850 万元。同时，全面对中小型水库进行除险加固，先后加固了茶山镇渤上村的塘冲水库、朱砂镇大六村的田尾坑水库、池洞镇排田村的龙湾水库、东镇街道英地坡村的六川充水库和碰田水库、东镇街道高城村的高城水库、洪冠镇扶曹村的扶曹水库、茶山镇丰垌村的罗白塘水库、怀乡镇旺禾村的三叉塘水库、东镇街道六谢村的山寮塘水库。2017 年，实施东江河镇隆段治理工程，完成投资 844.20 万元；

实施北界河治理工程，完成投资 1 276.50 万元。

经过治理，提高防洪标准，达到 20 年一遇以上防洪能力，恢复和改善河道生态功能，美化水生态环境及沿途村容村貌，发挥河道治理综合效益，造福老区群众。

2002 年起，信宜市以建设国家级重点生态功能区和实现水生态文明为大方向，突出抓好全市特别是革命老区的安全饮用水工程建设。2003 年，市水利部门安排资金 300 多万元，先后在地处高氟区的怀乡镇怀乡、中堂、平梅，洪冠镇大樟、蓝村、红胜等老区村进行饮水工程改造。其中怀乡镇集中资金建设怀乡圩后岭怀乡灌渠引水工程，建设日产 5 000 立方米的水厂，解决圩镇和部分农户饮用水问题。洪冠镇也集中大樟、蓝村两个村的资金改造饮用水。随后，全面启动农村饮用水安全工程建设项目，分年度实施。2008 年，开工建设茶山镇自来水厂、北界镇良垌村饮用水厂、合水镇清水山自来水厂扩网工程 3 宗革命老区安全饮用水工程。2009 年，先后开工扩建钱排镇龙湾村、水口镇大甲村、白石镇自来水厂，建设北界镇金渠村，大成镇冲尾高田垌，东镇街道庄垌屋地坜，怀乡镇大仁村、中堂村、平花茶子，新宝镇新宝村、水打田村等安全饮用水工程。2010 年，先后开工建设安全饮用水工程的村有洪冠镇翻稿、垌美、洪上村，怀乡镇中垌、平花、旺禾、云龙、中堂大坡、金盈村，钱排镇云开、竹云、钱新、北内、梭垌村，白石镇大寨、六域村，北界镇高坡、石订村，茶山镇渤上、白木村，合水镇高湾、黄沙村，池洞镇西村、石庆村，工程共 24 宗。

省委、省政府把农村饮水安全作为民生工程，摆在突出位置，实施村村通自来水工程。信宜根据实际，推进村村通自来水工程，为农村提供达标的生活用水，从根本上解决农村供水安全问题。2011 年开工建设的革命老区安全饮用水工程 34 宗，2012 年完成

27 宗。2013 年后，革命老区安全饮用水工程建设加快。至 2017 年，先后建设革命老区安全饮用水工程 101 宗，共投入资金 6 558.90 万元，其中中央补助资金 2 435.50 万元，省补助资金 2 505.77 万元，茂名市级配套资金 113.90 万元，地方安排部分资金。该项工程已全部完成并投入使用，惠及全市 16 个镇（街道）97 个村委会 15.43 万群众。

2017 年，村村通自来水工程在全市 19 个镇（街）铺开，其中革命老区在建工程有：东镇街道的高城、合丫河、旺垌，规划新建高城水厂；池洞镇的东安闸、池洞村（居）、铜鼓、西村、岭砥、石庆、东安、东安南，规划新建池洞水厂；水口镇大甲村，规划新建垌心水厂；洪冠镇的洪冠、洪胜、洪上、锦衣、云丽、大樟、蓝村，规划新建洪胜及锦衣水厂；钱排镇的钱排（居）、钱上、双合、钱新、西垌、梭垌、北内、龙湾、山口、达垌、白马，规划新建钱排水厂；平塘镇的大湾、湾龙，规划新建平塘和北永水厂；合水镇的新云、黄沙、高湾、杨梅，规划新建合水与清水山水厂联合供水；茶山镇的茶山村（居）、丰垌、丰垌口、周埇、渤上、渤中、渤垌，规划扩建茶山及渤上水厂。

七、实施农村泥砖房改造工程

1990 年后，信宜有部分农村居民将泥砖房改建成楼房，但多数村民仍然居住泥砖房。每逢台风暴雨季节，一些年久失修的泥砖房坍塌或被洪水冲毁，给群众造成灾难。引导支持农村居民改造泥砖房，成为重要的民生工程。

1996 年，市委、市政府加强领导，引导、支持农民告别泥砖房。是年 4 月，市委、市政府印发《关于按现代化要求搞好我市城乡规划建设管理工作的通知》，提出泥砖房改造的目标，要求用五年时间基本完成全市泥砖瓦房的更新改造，50% 以上的中心村建设成为基础与服务设施配套的新型文明村庄，80%以上的居民住上新型的红（沙）砖房或钢筋混凝土楼房。各级政府和有关单位实行政策优惠，落实扶持措施，简化报建手续，鼓励农民改造泥砖瓦房。同时，加强协调服务，帮助解决改造泥砖房遇到的资金不足问题、用地纠纷问题。设计复制提供适合农村不同经济层次农户需要的多种式样的图纸供选用。泥砖房改造过程中，做到加强规划，积极引导，坚持拆旧建新，移风易俗，倡导文明卫生，把建新楼房与发展经济结合起来全面考虑。1999年1月，市委、市政府提出《关于加快全市泥砖房改造的意见》，并于当年4月成立以市长为组长的市改造泥砖房领导小组，切实加强领导，加快全市泥砖房改造。至2000年，全市22.9万户农户中有15.02万户告别泥砖房，住上新楼房，人均居住面积22.4平方米。

2002年9月，市委九届十一次全体（扩大）会议通过《信宜市关于实施农民告别泥砖房工程的决定》，决定用五年时间，基本完成全市农民泥砖房的改造。为帮助农民筹措建房资金，市政府通过"农户自筹一点、政府补贴一点、收费减免一点、帮工节约一点、信贷支持一点、亲朋借助一点"等多种筹措方法，减轻农民负担。此外，动员企业家、有条件的社会热心人士自愿捐款支持。同时，全市机关事业单位干部职工，每人每月捐资10元，连续5年用于支持农户建房。实施市领导和政府部门挂钩帮扶镇村的制度，组织市直单位和镇副股级以上干部开展"结对子"挂钩帮扶活动，形成社会各方力量齐参与，共同支持农户改造泥砖房的氛围。至2007年年底，全市筹集投入泥砖房改造资金近50亿元，新建楼房面积约1 500万平方米；全市50%的镇（街道）基本完成"告别泥砖房工程"任务；基本完成泥砖房改造的镇里，95.6%的农户住上了楼房。2007年后，市政府把泥砖房改造作为长期性的工作，由市扶贫开发办公室协调各镇（街道）继续扶持剩下的农户，以及返贫户、新增户等农户改造泥砖房，每年扶持数千户。

2011 年至 2015 年，广东省安排信宜住房困难户改造建设计划指标为 22 902 户，安排信宜搬迁"两不具备"生活条件贫困村居民 3 161 户，两个地质灾害集中点居民 59 户 254 人。2012 年，全市共完成低收入住房困难户改造 10 530 户，投入农村低收入住房困难户住房改造建设资金累计 29 亿元，其中省扶持资金 15 731.5 万元，茂名、信宜两级地方配套资金共 2 415.5 万元。2013 年，完成搬迁任务 1 502 户，成功搬迁集中安置点 5 个，累计共投入建设资金 4 706 万元，其中省财政划拨到户资金 4 506 万元，茂名市财政配套搬迁集中安置点的基础设施建设资金 200 万元（共 5 个村，每村 40 万元）。金垌镇良耿村是广东省著名的老区搬迁集中示范点，平塘镇北永村委会大富村为地质灾害搬迁集中安置点。金垌镇良耿村共集中搬迁安置 88 户 459 人，省老区办曾在该示范点召开全省老区搬迁工作现场会，该示范点的饮水、交通、卫生设施完善，成为现代新农村建设的亮点。

2015 年，大成镇石屏村、北界镇红光村成功申报为省幸福安居工程示范村，水口镇贺家村为茂名市幸福安居工程示范村。北界镇红光村除获得省示范村的扶持资金 100 万元外，还得到帮扶单位广州市越秀区人大和诗书街道扶持资金 60 万元。红光村利用这些扶持资金安装太阳能路灯 90 多盏，兴建村文化广场和文化长廊，建起"红光书屋"和图书室，加建教师宿舍二套、学校的图书室和文化宣传廊。红光村成为"有路灯、有文化长廊、有文化广场、有图书室"的"四有"现代新农村建设示范村。

八、打好扶贫攻坚战，加快老区脱贫

信宜山多田少，交通不便，生产条件恶劣，很多农村家庭劳动力少，文化水平低，致富门路有限。受诸多不利条件限制，多年来贫困一直是信宜的基本县情。1978 年，信宜农村贫困人口 4.8 万户 24.7 万人，占总人口的四分之一。1986 年贫困人口 4 万户 20 万人，所占人口比重没有多大改变，是年被广东省列为山区贫困县，是全省 31 个山区贫困县之一。为促进全省共同发展，广东开展扶贫攻坚大会战，实行沿海地区与内地山区对口扶持，加快贫困地区脱贫奔康的步伐。1987 年年初，省政府办公厅牵头，省直 8 个单位抽调干部组成扶贫工作组进驻信宜，开展扶贫工作。信宜县政府成立扶贫工作办公室和乡镇扶贫工作领导小组，建立县五套班子成员和县直机关单位挂钩扶持各乡镇贫困户脱贫致富的工作制度，号召全县共产党员与贫困户结成"一帮一"扶贫对子。省、县众多的扶贫力量在生产资金、物资、技术等方面给贫困户大力扶持。1987 年 10 月，县委、县政府制定《信宜县脱贫致富规划》，提出领导挂钩扶贫、生产扶贫、科技扶贫的任务和措施。

信宜扶贫攻坚的举措首先是大抓粮食生产，通过推广"杂优"水稻生产技术，夺取水稻增产增收，解决贫困户的温饱问题。结果，粮食产量连年创新高。1993 年，全县人均口粮 360 千克，为脱贫奔康打下良好基础。接着，在稳定粮食生产基础上，充分利用土地资源，大搞开发性农业，种植南药、水果，饲养山地鸡，发展竹编业，耕山致富热潮风起云涌。接着，再以南药、水果等资源为依托，发展中成药、果脯、食品保健品加工业，促进工业、商业、运输业发展。同时，劳动部门配合搞劳务输出，增加群众收入。从 1991 年开始，信宜在抓好农业深度开发的同时，乘势加快资源型劳动密集型工业、乡镇企业的发展，强化基础设施建设。公路建设、小水电建设突飞猛进。竹器编织、山地养鸡、南玉工艺、花岗岩开发蓬勃发展。1993 年，信宜县工农业生产总值 30.4 亿元，各项经济指标和社会事业发展水平达到省制定的贫困县脱贫标准。同年 12 月经省政府审核批准，信宜县被划出贫困县行列。从 1986 年到 1993 年，信宜在广东省、茂名市的扶持下，走过了 7 年不平凡的脱贫路。其中，怀乡、东镇、洪冠、钱排、大成等一批革命老区镇（村）发挥各自的资源优势，发展特色产业，终于跻身"一村一品"的先进行列，创造了脱贫致富的辉煌业绩。

1999 年 3 月，市政府组织进行"一帮一"扶贫对象摸底统计，全市人均纯收入 1 000 元以下的贫困户 7 975 户 29 884 人。2000 年，全市人均纯收入 1 500 元以下的贫困户 6 800 户近 3 万人。扶贫攻坚仍然是信宜全面实现小康征程上的重大任务。

2010 年，信宜按广东省要求仍实施扶贫开发"规划到户、责任到人"。全市 50 个贫困村中，广州市越秀区帮扶 12 个，茂名市帮扶 11 个，信宜市帮扶 27 个。各级帮扶单位共同努力，多方筹措资金开展帮扶工作。至 2012 年，信宜市累计投入帮扶资金 3 亿多元，实施一批带动贫困村、贫困户增加收入和惠民便民的基础设施帮扶项目。全市 50 个贫困村平均每村集体收入 9.09 万元，有劳动力贫困户人均纯收入 7 000 多元，全部实现脱贫，贫困村村容村貌有了较大的改变，贫困户的生产生活条件改善，综合素质明显提高。

信宜市第二轮扶贫开发的重点帮扶村是广东省认定的 2011 年全村农民人均纯收入低于 5 623 元，村集体经济收入低于 3 万元的48 个村。其中珠海市对口帮扶 13 个，茂名市对口帮扶 12 个，信宜市直有关单位和广东省、茂名市驻信宜有关单位帮扶余下的 23 个。各帮扶单位认真落实责任，做到定点、定人、定责帮扶。重点帮扶家庭人均纯收入低于 3 039 元、有劳动能力的贫困户。重点帮扶村之外的有劳动力的贫困户，则由其所在镇（街道）组织帮扶。省级扶持资金，根据重点帮扶村的贫困程度和贫困人口规模，由省财政按90万元、75万元、60万元三个档次发放。2013年和2014年，每年都发放帮扶资金扶持贫困村建设。有对口帮扶任务的珠三角6市，帮扶资金由各市自筹解决。茂名市级帮扶的12个村，按每村每年10万元发放。信宜市帮扶的23个村，按每村每年10万元资金发放。2015年"广东省扶贫济困日"全市募集的资金，重点安排用于新一轮扶贫开发项目建设。在重点帮扶村全部实行扶贫小额贷款贴息。贴息资金由省财政补助40%，茂名市财政补助30%，信宜市财政补助30%。各帮扶单位除安排用好专项引导资金外，还通过单位自筹、社会募集、行业投资（或奖补）、银信贷款等多种渠道落实帮扶项目所需资金，切实扶持贫困村脱贫。

第三轮扶贫是"新时期精准扶贫"，2016年开始实施。信宜贯彻中央、广东省、茂名市扶贫开发工作会议和习近平总书记关于扶贫开发的系列重要讲话精神，落实创新、协调、绿色、开放、共享发展理念，以提高贫困人口收入，完善社会保障，推进基本公共服务均等化，改变贫困地区落后面貌为总目标，坚持规划到户、责任到人、协调动员各方力量、扎实推进各项工作等行之有效的措施，切实做到"扶真贫、真扶贫"，达到精准扶贫、精准脱贫的要求。对贫困户的摸查做到全覆盖，确保不漏一户，不落一人。逐户登门核查，核清农户家庭资产、收入支出的情况，并详细记录在案，由农户、村委干部、调查人员签名确认，促使全市精准扶贫工作有序推进。

全市新时期精准扶持的相对贫困村44个，全部由中共中央直属机构（简称"中直"）、省级人民政府或者省政府组成部门直属的事业单位（简称"省直"）和珠海市、茂名市单位定点帮扶。中直单位帮扶的情况为：水口镇高岭村由中国粮食储备有限公司帮扶；丁堡镇山背村由省农发行帮扶；白石镇岳龙村由中石油华南化工销售公司帮扶。省直单位帮扶情况为：钱排镇钱新村由广州交通职业技术学院帮扶，合水镇新云村由省地质局帮扶。信宜市定点帮扶全市 326 个非贫困村（含第一、二轮 98 个贫困村），茂名市级定点帮扶非贫困村 17 个，信宜本级定点帮扶非贫困村134 个，其余 175 个村由所在镇（街道）组织帮扶单位定点帮扶。按照"县为单位、分级负责、精准识别、长期公示、动态管理"原则，做好相对贫困户精准识别工作。2015 年年末，农民人均可支配收入低于 4 000 元的农民已全部纳入精准扶贫对象。全市革命老区村庄贫穷落后的面貌已产生巨大的改变。这些有着光荣革命传统的美丽山村，经济社会的发展与全市其他镇（村）同步向前，正朝着全面实现小康的目标阔步前进。

九、开展扶贫救助

由于各种原因，信宜的人民群众中有一批情况特殊的生活特别困难的人员，诸如孤寡残疾人员等。对于这些特困群体，政府按政策大力予以救助，以促进社会文明进步。

为解决农村中的老堡垒户、老游击队员、老交通员、老党员、老苏区干部（简称"五老"人员）的生活困难问题，广东省人民政府办公厅 2000 年 8 月 4 日转发省民政厅、省委组织部、省财政厅《关于对在乡"五老"人员实行定期补助的意见》。随后，信宜即着手开展"五老"人员身份确认和定期发放补助工作。2001年 4 月 5 日，信宜市政府成立信宜市在乡"五老"人员审核评定工作领导小组，开展对在乡"五老"人员的审查确认工作。从2000年1月起，对经审查确认的"五老"人员，由政府民政部门按在乡复员军人定补标准的80%发放定期补助。2006年开始，全市"五老"人员每月的定期补助由银信渠道发放，先由市民政局将"五老"人员的相关信息报送市财政，市财政核定后将款项划拨银信部门，银信部门直接发放到"五老"人员个人银行账户，切实保障"五老"人员基本生活。2017年，信宜"五老"人员有134人，定期补助标准为1 091元/月。

信宜还有一批在战争年代曾为革命作过贡献的老党员、老堡垒户、老交通员、老游击队员，因特殊情况或客观原因未能享受到省政府规定发给的定期定额补助金。据统计，2001年全市这种无定补的"五老"人员有240多人，2017年为132人。市老促会积极争取上级的资助和基金配套，每年给这些没领定补的"五老"人员送去生活补助。自2001年起，茂名市、信宜市两级老促会每年对信宜无定补的"五老"人员进行慰问，发放慰问金700～1 000元/人。至2017年，共慰问900多人次，发放慰问金72.7万元。同时，每年还给农村特殊困难农户发送扶助金，2001—2017年，受助困难户1 530户，扶助金额90多万元。

1998年，信宜根据国务院条例和省人民政府制定的实施细则，全市开始实行最低生活保障制度。是年，人均补差标准为每人每月10元。后经多次调整，2002年，全市最低生活保障标准为城镇人口每人每月163元，农村人口每人每月91元；人均月补差标准为城镇每人每月48.52元，农村每人每月14.13元。2008年后，最低生活保障标准逐步调整和提高。2017年，最低生活保障标准为城镇每人每月638元，农村每人每月440元；补差标准为城镇每人每月 503 元，农村每人每月 228 元。市低保金的主要来源为省财政配套分担 70%，本级财政承担 30%。2017 年，全市共发放城乡低保金 11 194 万元。

"五保"供养是我国农村实行的一种社会救助制度，即对丧失劳动能力和生活无着落或依靠的老、弱、孤、寡、残的农民实行保吃、保穿、保燃（燃料）、保教（儿童和少年）、保葬的政策。2003 年前，信宜"五保"对象供养费用主要是由镇级向群众统筹，每年向辖区群众按责任田田亩数征收稻谷若干斤，统筹起来后发给"五保"对象。2003 年税费改革后，由市财政统一安排资金供养"五保"对象。对"五保"对象的供养，主要采取分散供养和集中供养两种方式。2003 年"五保"对象供养标准为分散人员 50 元/人·月，集中人员 100 元/人·月。2016 年后，改为"特困供养人员"。后经几次调整，2017 年，信宜"五保"对象供养标准增至为分散供养人员 772 元/人·月，集中供养人员 927 元/人·月，与 2003 年相比，分散供养人员标准提高 14 倍，集中供养人员标准提高 8 倍。

2001 年前，信宜对孤儿救助主要采取寄养、领养等办法，由市民政局补助适当钱、粮给寄养户、领养户解决孤儿弃婴生活教养等问题。2001 年至 2009 年，孤儿养育主要靠地方政府和亲人救济给予保障，政府把孤儿纳入最低生活保障范围给予解决部分生活费。2010 年，国务院出台文件，正式建立孤儿保障体系，确立养育标准，2011 年，广东省出台配套文件。2011 年起，信宜严格按照省文件要求执行，孤儿补助资金发放标准为集中孤儿 1 000 元/人·月，散居孤儿 200 元/人·月。2011 年全市共有孤儿 1 299 人，其中集中孤儿 54 人，散居孤儿 1 245 人。2017 年，全市共有孤儿1 101人，其中集中孤儿39人，散居孤儿1 062人。孤儿补助资金发放标准为集中孤儿1 450元/人·月，散居孤儿880元/人·月。

2016年7月前，残疾人救助工作由市残联负责。2016年7月后，残疾人的生活补贴和护理补贴由民政局整理发放。2016年，残疾人生活补贴为1 200元/人·年；重度残疾人护理补贴为1 800元/人·年。2017年，残疾人生活补贴为1 800元/人·年；重度残疾人护理补贴为2 400元/人·年。

医疗救助分为重、特大疾病医疗救助和"一站式"医疗救助。2017年，全市共救助13 267人，共发放医疗救助资金3 963.79万元，人均救助金2 987.71元。其中重、特大疾病医疗救助共救助2 891人资金3 287.13万元，人均救助金11 370.22元；"一站式"医疗救助共救助10 376人次资金676.59万元，人均救助金652.07元。

把老区建设成社会主义新农村示范村

一、乡村振兴战略

2017 年，市委、市政府全面贯彻党的十九大精神，以习近平新时代中国特色社会主义思想为指引，以人民为中心，以美丽宜居乡村建设为抓手，坚定不移地贯彻创新、协调、绿色、开放、共享的发展理念，在推进脱贫攻坚工作中认真落实好乡村振兴战略，围绕"产业兴旺、生态宜居、乡风文明、治理有效、生活富裕"的总要求，推进老区社会主义新农村示范片和44 个省定贫困村建设，有效地促进了全市革命老区的发展。

实施乡村振兴战略工作领导小组，落实创建社会主义新农村示范村责任制，建立市、镇分级抓落实的创建社会主义新农村示范村工作机制。市委、市政府印发《信宜市全域推进农村人居生态环境综合整治和社会主义新农村示范村建设总体实施方案》《关于全面推进社会主义新农村建设的实施意见》《信宜市省定贫困村创建社会主义新农村示范村财政资金奖补和项目管理实施方案》等文件落实工作方案和使用管理资金的实施细则，推进全市新农村示范村建设。

2017 年，全市 44 个贫困村和 19 个有贫困人口的镇（街道）共建立特色产业扶贫基地 139 个，有劳动力的贫困户参与长效稳定的产业项目有 7 847 户，自主发展产业的有 4 383 户，占全市有劳动力贫困户总数的 85.91% 。新增凉果加工等企业 22 家，延长了扶贫项目产业链，保障了扶贫开发项目发挥增收效益。

2017 年，全市 44 个省定贫困村中，居民有 20 户以上的 569 个自然村均开展"三清三拆三整治"工作。"三清"指重点清理村巷道及生产工具、建筑材料乱堆乱放；清理房前屋后和村巷道杂草杂物、积存垃圾；清理沟渠池塘溪河淤泥、漂浮物和障碍物。"三拆"指拆除危旧房、废弃猪牛栏及露天厕所茅房；拆除乱搭乱建、违章建筑；拆除非法违规商业广告、招牌等。"三整治"指整治垃圾，落实门前包卫生、包绿化、包秩序责任制，建立保洁队伍，健全村庄卫生 24 小时保洁机制；整治污水，建污水处理设施，重点推进农户改厕，实行雨污分流、污水排放暗渠化；整治畜禽污染，建设栅栏圈围，实现人畜分离、家禽集中圈养。清拆整治后开始进行项目建设阶段。工程项目采用 EPC 总承包模式，一村一包，整村推进。7 月，全市 44 个省定贫困村 44 个项目全部完成招投标，开始施工。至 12 月，省级新农村建设专项资金共 4.4 亿元，支出 27 822.9 万元，支出比例为 63.23%；茂名市、县自筹资金支出 1 654.91 万元。其中省级新农村建设专项资金支出项目为：村道建设 7 716.55 万元；垃圾处理设施建设 878.35 万元；集中供水项目建设 4 583.58 万元；污水处理及雨污分流设施建设 6 137.94 万元；卫生站等公共卫生设施建设 724.37 万元；公共文化设施建设 7 124.32 万元；规划设计费、监理费等其他支出 657.79 万元。通过"三清三拆三整治"，村庄道路干净平坦，河溪清洁通畅，村容村貌整洁有序，初步呈现美丽宜居社会主义新农村新貌。

推进全市新农村示范村卫生站与公共服务设施建设，提升城乡一体化水平。2017 年，全市 44 个省定贫困村，需规范化公建的村级卫生站 44 间，已建好 24 间，完成了设备配套并投入使用；

其余 20 间卫生站全部动工兴建，10 间封顶，2 间完成装修。全市 20 户以上的自然村按实际需求配套建设 1 个以上标准化公厕，并列入省定贫困村创建新农村示范村考核指标。全市省定贫困村和镇隆镇省级新农村建设示范片共规划建设公厕 132 个。至 11 月，在建 77 个，完成 25 个。

推进集中供水全覆盖，全市 44 个省定贫困村集中供水全覆盖工作纳入创建社会主义新农村示范村建设工程总承包范围。至 11 月，全市有 37 个村开工建设，其中合水新云完成集中供水工程的建设任务。

完善交通设施建设，全市省定贫困村通 200 人以上自然村公路改造项目 112.2 千米，完成 93.5 千米；完成改造危桥 3 座。2017 年 12 月，市委制定并印发《信宜市行政村"村村通"工作方案》，推动全市农村交通发展。

推进生活垃圾处理全覆盖，先后建成一批生活垃圾收集点（箱、桶）、19 座镇级生活垃圾转运站、1 个城区生活垃圾无害化填埋场，完成"一镇一站、一县一场"的建设任务。城区、各镇（街道）根据实际购置了一批勾臂垃圾车、挂桶垃圾车、密闭垃圾运输车、翻盖垃圾运输车、铲车、小型垃圾运输车、电动保洁车、手推车等清运保洁工具，城乡生活垃圾处理更加高效环保有序。

推进全市生活污水处理全覆盖，该项目纳入《信宜市整县推进镇村水质净化设施建设项目实施方案》，实现全市镇一级水质净化设施全覆盖，完成 20 户以上的自然村雨污分流，污水排放管道收集或暗渠化；完成禽畜集中圈养，20 户以上的自然村按实际需求配套建设 1 个以上标准化公厕。

市委、市政府制定乡村振兴人才规划，加强人才库建设，加大乡村振兴人才培训力度，实施新型职业农民和乡村专业人才培育工程。建立乡村振兴人才引入机制，出台优惠措施，从全国各地人才洼地吸收引入一批乡村振兴人才，招聘大学毕业生到信宜从事支农、支教、支医和扶贫工作，扩大候任村干部的招募规模，为实施乡村振兴战略做好人才储备。按"一村一律师"成功做法，充分发挥乡村振兴人才的作用，推动人才下乡，让有经验、有专业知识的乡村振兴人才组建"一镇一团队，多镇一团队"或"一镇一人，多镇一人"的队伍，把他们培养成乡村振兴的生力军，让他们在当地党委的领导下，发挥聪明才智，带动群众推动社会主义新农村示范村建设。

二、老区新农村示范村建设

信宜用好用活中央、广东省、茂名市加快老区发展的一系列方针政策，在各级党委政府的关怀支持下，采取切实有效措施全面加快老区发展。2012 年后，贯彻落实党的十八大精神和习近平总书记关于推进社会主义新农村建设系列重要讲话精神，着重推进全市村庄人居生态环境综合整治，把革命老区村庄全面建设成为基础设施配套、公共服务完善、生态环境良好、农民持续增收、社会和谐稳定的社会主义新农村示范村。

党的十九大后，市委、市政府全面贯彻党的十九大精神和习近平新时代中国特色社会主义思想，深化改革，把握机遇，实施乡村振兴战略。2017 年 7 月，东镇街道旺同、礼垌、英地坡等 44 个行政村被广东省人民政府定为贫困村予以扶持。市委、市政府坚持以人民为中心，以建设美丽宜居乡村为目标，按照"产业兴旺、生态宜居、乡风文明、治理有效、生活富裕"的总要求，推进新农村示范片和 44 个省定贫困村的建设。建设新农村示范村采取的第一项措施就是组织有关村庄的"第一书记"进行业务培训，使他们熟悉相关业务和政策法规，增强他们抓扶贫攻坚工作的责任意识和工作能力，为扶贫攻坚和创建社会主义新农村示范村提供组织保证。

示范村的建设采取试点先行的方式。试点村有镇隆镇八坊村，东镇街道旺同、礼垌、英地坡村，池洞镇蒲垌、旺沙堡村，洪冠镇云丽、垌头村，北界镇石订、高坡、北洒村，合水镇新云、杨梅村，朱砂镇文料村，茶山镇丰垌村，怀乡镇大威村，金垌镇上磨村，钱排镇钱上村，平塘镇湾龙村，思贺镇桑垌村20个革命老区村。通过整治村道、处理污水，雨污分流，搞好"三清三拆三整治"，以及加强公共卫生、公共文化设施建设等一系列行动，20个革命老区村都现出美丽宜居社会主义新农村的动人英姿。

20个革命老区新农村建设示范点各自从本身实际出发，扬长避短，改革创新，都创造了经济社会发展的不凡业绩。例如镇隆八坊村，发挥其文化底蕴深厚的优势，做大文化旅游业；洪冠云丽村做强南药生产、中成药制造等传统产业，促进经济上新阶；东镇旺同村狠抓环境治理，依托竹林资源，兴旺了绿色旅游业。3个老区村发挥社会主义新农村建设的模范带头作用，带动全市农村在乡村振兴的征途上阔步迈进。

文化底蕴深厚的示范村　镇隆镇八坊村，位于镇隆镇中心区旁，为信宜古城所在地，辖13个自然村，总人口3 286人。

抗日战争、解放战争时期，该村人民群众同情革命、支持革命，积极投身革命武装斗争，有陈有臣、王国强、陈志辉、林俊佳、赖树玉、彭之柱等一批共产党员在该村从事地下革命斗争。该村被评为抗日战争时期革命老区村庄。

八坊村为信宜古城，唐武德四年（621年）置信义县，县治即设于此；至1951年信宜县治迁址东镇，八坊村作为信宜县治历时1 330年。该村历史文化底蕴深厚，有由藜照书院、陆大夫祠、岳耀书院等13所书院组成的"岭南古书院群"；有省级文物保护单位大洪国王府（学宫）；有茂名市文物保护单位文明门（红楼）；有信宜市文物保护单位蔡照书院、陆大夫祠、岳耀书院；有门额上悬挂乾隆皇御赐的"兄弟进士第"牌匾的府第。兄弟进士第大门两边挂着礼部尚书纪晓岚题的楹联："至性传弱龄孝子之门生孝子，完贞在壮岁忠臣有后出忠臣"。该村先后涌现了李季濂、李东绍、李怀霜、李宜相、李宜昌、李再荣、李孝式、李剑桥、李汝匡、李以辉、李汝陶、李汝彬、李汝陔、彭建瑜、巫帆影等一批杰出人物。

改革开放后，该村依托深厚的历史文化资源，将现代农业与观光旅游融合起来，走特色旅游发展之路，大力开展新农村建设，基础设施日臻完善，村容村貌日新月异。该村先后获得"全国传统村落""广东省岭南古村""广东省历史文化名村""广东省古村落"等称号。2014年，八坊村被评为广东省首批省级新农村示范片建设试点单位；2015年，成功入选广东省新型城镇化"岭南记忆"专项试点乡村；2016年，入选茂名市十大美丽旅游乡村。

产业兴旺的示范村　洪冠镇云丽村，位于洪冠镇西北部，2017年有848户4 141人，为土地革命战争时期革命老区村庄。

1927年年初，怀乡、洪冠等地农民运动风起云涌，各地纷纷成立农民武装反抗国民党的统治。云丽农军由潘其凤、潘其耀、潘文耀、张振华、李绍、高文等17人组成，潘禄耀任队长，有长枪7支，子弹90多发，大刀、长矛10把。12月，该村高次恭、潘陆、潘禄耀等人追随罗克明、潘成耀参加怀乡起义。怀乡苏维埃政府机关撤进山区后，云丽村民继续在行动上、经济上支持革命。抗日战争时期，云丽村民为革命献粮献款，作出了贡献和牺牲。

改革开放后，该村艰苦奋斗，推进新农村建设，经济迅速发展，村容村貌发生了翻天覆地的变化。20世纪90年代，投资600

万元修建了装机容量 6 000 千瓦的云丽电站，解决了村民用电问题。2008 年 10 月，由洪冠镇政府与信宜市云丽旅游发展有限公司携手合作修建的水上游乐园——龙玄峡漂流正式营业。2015 年，引进茂名市冠源药业发展有限公司，联合广州中医药大学和国家中医药动态监测站，建立了中药种植示范基地，采取"公司＋基地＋农户＋合作社＋电商"模式，推广标准化南药开发种植。2016 年 11 月，康美药业股份有限公司在该村建成 66.67 公顷的益智生产基地，辐射带动农民种植南药，农民收入持续稳定增长。是年，云丽村投资 200 万元在云丽河畔打造 20 公顷"南药谷"，谷中大量种植益智、肉桂、金银花、黄栀子等南药，形成一条既有经济效益，又具观赏价值的"南药绿色长廊"。2017 年，安徽乐泽集团的康养小镇发展项目落户云丽村。该村环境得到有效改善，村级文化广场粗具规模，自然村道路实现硬底化、完成村道亮化工程建设。2017 年，该村各项事业共投入 900 多万元，扶持贫困户投入 252 万元，其中农户危房改造 48 户投入 180.6 万元。村里每户都已住上新楼房，村民人均年收入 9 120 元。

生态环境良好的示范村　东镇街道旺同村，位于市区东郊，距离市区 4 千米，辖 16 个自然村，总人口 7 438 人。省道 S370 线与该村口相接，信宜火车站与该村毗邻，交通十分便利。

信宜解放前，旺同村属小水乡辖。1947 年起，中共信宜地下党组织在该村及其周边村落开辟游击区。1958 年至 1983 年，属东镇公社、竹山公社。1986 年起属东镇镇（街）。1993 年 5 月，旺同村被评划定为解放战争时期游击根据地村庄。

改革开放后，特别是党的十八大后，旺同村依托市郊优美环境真抓实干，加快推进新农村建设。2002 年，完成旺同路口至横垌、高价冲至平寨村道扩改工程；在乡贤尹庆芬支持下，先后建起文化广场、小学教学楼、村委会办公楼。2014 年，由旺同绿色有机蔬菜基地、合丫河百香果基地、英地坡青梅基地、大仁山发财树基地、白坡土豆种植基地等 18 个经济作物基地组成爱农经济合作社，以"公司＋农户＋基地"的模式运作，参与合作社的农民 8 000 多户，每户年收入 5 000 多元。2015 年，依托十里竹道，成功开辟集休闲、娱乐、教育、饮食于一体的旺同公园，打造粤西地区知名旅游景点。经过多年建设，旺同村成为广东省确定的新农村建设示范点，得到上级肯定。该村先后获得"全国妇联基层组织建设示范村""全国无邪教创建示范村""全国社区侨务工作示范单位""全国文明村""广东省文明村"等称号。

附　录

附录一 重要革命人物和部分先烈事迹

重要革命人物

朱也赤（1899—1928），中共南路特委委员，原名朝柱，又名克哲，1899年6月生于茂南白土村（现属茂名市）一个贫民家庭。1918年广东省立第九中学（后称高州中学）毕业，1919年秋考入广东高等师范学校，1920年秋转读广东公立医药专门学校。求学期间，受俄国十月革命和五四运动的影响，积极参加学生爱国运动。1922年夏，参加中国社会主义青年团。1925年冬，加入中国共产党，改名也赤。

1925年12月，中共广东区委派朱也赤回高州，在国民党茂名县党部筹备处工作。1926年1月，国民党茂名县党部成立，当选执行委员。同年3月，任省农协南路办事处干事，兼茂名县农民运动指导员。同年5月，任中共茂名县党支部书记；同年6月，兼任茂名县农协筹备处主任、国民党茂名县执委会常务委员等职。第一次国共合作期间，他以中共、农协、国民党三重身份，领导茂名全县革命工作，并指导信宜县的农民运动。

在中共南路特派员领导下，朱也赤在高州县建立了中共党组织和共青团组织。至1926年年底，高州县有共产党员40多人，团员100多人。

1927年5月下旬，朱也赤到怀乡与中共信宜县党组织的主要领导人罗克明一起召开信宜县党团骨干会议，并成立中共信宜县委员会，罗克明任县委书记，他和陈业之为委员。会上，朱也赤号召大家千方百计筹粮筹枪，准备建立农民武装。1927 年 8 月，中共南路特委成立，朱也赤任委员。

1927 年 12 月初，中共信宜县委在怀乡奎光小学召开党团骨干会议，由朱也赤、罗克明主持。会议部署起义计划。1927 年 12 月 15 日晚上，朱也赤、罗克明领导举行了怀乡暴动。当天傍晚，朱也赤调集 25 名农民自卫军骨干分子组成突击队，亲自带领分散潜入怀乡圩内，同时又调集农民武装 100 多人，在天黑后，秘密集中到怀乡圩背的大营地。午夜 1 点，朱也赤率领突击队，利用黑夜掩护，突袭七区团局，击毙团丁 2 人，生俘正在团局打麻将的国民党怀乡区区长周植盛，随即押解周植盛前往区署叫开大门，顺利地攻陷了区署，缴获长短枪 20 多支。起义队伍在区署的大门前树起"司令朱""县长罗"两面大红旗，挂出"怀乡区苏维埃政府"的牌子。

怀乡暴动胜利后，国民党信宜县县长杨伟绩调集县警和民团 1 200 多人前来镇压。鉴于敌我力量悬殊，朱也赤于 12 月 19 日晚率领骨干武装队伍 50 多人撤退到扶龙白泥埇，其余人员分散回家。第二天，部队被敌人包围，朱也赤率领部队坚守了四昼夜，打退敌军多次进攻，后分路突围。队伍到达洪冠后即分散隐蔽活动。虽然怀乡区苏维埃政权仅存在几天，但这一革命壮举，像一声春雷，震动了南路，唤醒了人民，锻炼了干部，动摇了敌人的统治基础。

怀乡起义失败后，朱也赤继续留在信宜坚持工作，奔走于信宜、茂名两县。1928 年春，朱也赤调到广州湾（赤坎）南路特委机关工作。1928 年 12 月 7 日，由于叛徒出卖，特委机关被破坏，朱也赤在赤坎鹅胫桥头的住处被捕，后被押解回高州。他在狱中经受严刑拷打，但始终坚贞不屈。同年 12 月 23 日，在高州东门岭从容就义。

罗克明（1902—1932），信宜县池洞镇扶参村人，中国共产党信宜县委员会第一任书记，怀乡起义的主要领导者之一。

罗克明出生于扶参村，幼年时随祖父迁居怀乡镇百片坑村。1922 年秋，从广东省立第九中学毕业后，任怀新小学语文教员。1925 年秋考进广东国民大学，积极投身学生运动，后参加中国共产党。

1925 年 12 月，罗克明受中共广东区委委派，回信宜建党和开展农民运动。1926 年 1 月，吸收青年学生陈维世、潘定耀、雷永安等加入共青团，建立起信宜县第一个共青团支部。7 月，正式成立怀乡区农民协会。

1927 年 5 月，中国共产党信宜县委员会成立，罗克明和朱也赤（中共南路特委委员）、陈业之 3 人为县委会成员，罗克明任书记。中共信宜县委根据中共广东省委和中共南路特委关于组织武装起义的指示，在怀乡地区组织武装队伍，12 月 15 日，发动了震动粤西的怀乡起义。起义部队成功地攻下了七区团局和二区区署，夺取怀乡印金仓库的存粮数百担。16 日，在怀乡圩背大营地召开群众大会，宣布成立了怀乡区苏维埃政府。国民党反动派集中县兵、民团 1 000 多人到怀乡"围剿"。由于敌强我弱，力量悬殊，罗克明决定撤离怀乡，亲自率领武装部队数十人，转移到白石扶龙白泥埇，与敌激战四昼夜后，率领部队突围转移到洪冠。

随后，罗克明带着潘定耀、张敏豪等人转移到钱排、达垌，重新组织起武装队伍 70 多人，发展共产党员 30 多人，继续坚持武装斗争。1928 年秋，信宜县长杨伟绩请调正规军一个营，到达垌"清乡扫荡"，形势严重恶化。罗克明被迫离开信宜，前往香港。

1928 年秋，罗克明在香港找到中共广东省委机关，省委安排他在香港、澳门工作。1929 年秋，罗克明转移到马来亚，同潘定耀、张信豪、杨万禄会合，筹集资金，创办《星洲旬刊》（后改为《星洲周刊》）。他担任主编，宣传马克思主义，倡导革命，深受侨胞的欢迎，却不为当地政府所容许。1930 年 2 月间，《星洲周刊》被查封，他和潘定耀等人被驱逐出境。上级党组织调他到广西桂林大学任助教，秘密从事革命活动。1931 年春，他奉命调回广东中山泥湾育英小学当校长，继续秘密进行革命活动。

1932 年春，罗克明又被调到香港工作。此时，他的肺病严重，中共香港组织的领导人安排他入住医院，他婉言辞谢，默默忍受着疾病的折磨，继续坚持工作，直到病危才入医院治疗。1932 年秋末，罗克明病逝于香港九龙广华医院，终年 30 岁。

陈业之（1899—1928），原名陈勋远，信宜县怀乡镇大路底村人。中共信宜县委首届委员之一。

陈业之出身于较富裕的家庭，父亲是个医生，兼营商业，热心慈善事业。陈业之从小受到父亲的影响，热心助人。1922 年夏，从广东省立第九中学毕业，回到怀新小学任教员。1923 年春，考入广州警官学校，并加入中国共产党。

1926 年秋，中共广东区委派陈业之回到怀乡，协助发展中共党员和共青团员，开展农民运动，发动群众，组织农会。他介绍张少初等人加入中国共产党。张少初曾参加过帮会，陈业之通过张少初对帮会首领进行教育，把牛润四、丘华标等人争取过来。1927 年 5 月，中共信宜县委成立，陈业之为县委委员。信宜县委的重要会议曾多次在他家召开。

1927年，"四一二"反革命政变后，陈业之根据上级党委的指示和信宜县委的决定，组织地下武装，积极为武装起义筹备武器弹药。1927年12月15日夜，他参加领导怀乡起义，负责财粮组工作。起义失败后，国民党反动派疯狂进行"清乡扫荡"，他被封屋抄家，家人被勒令缴交通缉陈业之的"花红"银元1 000元，封屋费白银600元。他家被迫卖掉全部田产。陈业之则流离转徙，于1928年3月到达南洋当割胶工人，继续从事革命活动。后因患急性痢疾，医治无效，1928年5月病逝于马来亚，终年29岁。

王国强（1919—2011），1919年11月25日出生，广东省遂溪县黄略镇人。1935年，在广东省立江村师范读书，受进步思想影响，参加"中国青年同盟"（秘密读书会），开始从事革命工作。1938年加入中国共产党。中华人民共和国成立前，他先后三次调到信宜县担任中共信宜县地方党组织的领导工作。在信宜县党组织的重建和发展，建立游击根据地，开展武装斗争，解放信宜等艰苦卓绝的革命斗争中作出了重大贡献。

1940年7月，王国强任中共信宜特支副书记；同年12月，任中共信宜特支书记；1941年1月，南路特委把党委制改为特派员制，王国强任信宜特派员；1943年6月，王国强调吴川县工作；1945年10月，王国强又调回信宜任特派员；1946年8月，任茂电信军事特派员；1947年6月，任茂名中心县委书记。他主要在信宜地区活动，利用山区的地理形势和群众基础，广泛组织武工队，建立农村游击区和根据地，为创建主力部队准备条件。1948

年 8 月，王国强在中垌召开武装骨干会议，他作了形势分析并传达中共广南分委关于"放手发动群众，扩大游击根据地，组建主力部队"的指示，总结反"扫荡"斗争的经验教训，作出"加强领导，发动群众，筹粮筹枪，组建主力部队，全面开展武装斗争"的决定。11 月间，王国强在罗罅召开会议，决定建立主力部队。

1949 年 3 月，粤桂边区党委书记梁广宣布高州地区组建中国人民解放军粤桂边纵队第五支队，任命王国强为第五支队司令员兼政委。1949 年 5 月，五支十五团正式宣布成立。

1949 年 9 月，国民党信宜县自卫队集中兵力"围剿"粤桂边纵队五支十五团。王国强在中垌主持召开中共信宜县委和第十五团党委联席会议，确定第十五团"分兵出击，诱敌分散，各个击破"的作战方针。第十五团和各区中队战士英勇善战，多处出击，迫使敌人把兵力缩回县城保老巢。

1949 年 10 月 22 日，王国强命令高州地委委员车振伦率领陈赓桃起义部队从东面逼近县城并发炮警告，第十五团从北面直迫县城。在大兵压境之下，信宜自卫总队第二保安营长麦国焜不得不宣布投诚起义，国民党县长出逃，信宜县解放。

中华人民共和国成立后，1950 年，王国强任南路地委书记兼海康县第二书记，粤西区团委书记；1953 年 12 月，任广东省湛江市人民政府第一副市长；1959 年，任湛江市委书记、市长，兼湛江市郊委第一书记；1964 年，任中共湛江市委代理第一书记；1973 年，任湛江市委常委，湛江市革委会主任；1976 年，任中共韶关市委常委、革委会副主任；1978 年，任中国科学院广州分院副秘书长、分院党组成员；1980 年，任中共湛江市委副书记、湛江市市长；1984 年 9 月，任湛江市顾问；1986 年离休。离休后，他被推选为广东省革命老区建设促进会常务副理事长，为信宜老区修路、建桥、建学校以及发展生产作出积极的贡献。

全国明（1921—2001），广东省遂溪县麻章人。1921年农历十月十四日出生，1938年3月加入中国共产党，1939年10月参加工作，曾任粤桂边纵队五支十五团团长兼政委。在革命战争时期，全国明曾三到信宜工作，为信宜的解放事业作出了积极的贡献。

1939年10月，全国明第一次到信宜，当时全国明是南路特委陈有臣随身联络员。陈有臣被派到信宜任特派员工作，全国明亦被派到信宜与陈有臣联系，负责转达特委的工作指示。

1942年9月，全国明第二次到信宜。信宜特派员陈志辉安排他进入岭东中学，以读书为名搞学生运动。全国明在岭东中学、安莪、金垌、怀乡、古丁、马贵等地秘密发展武装力量，吸收50多人组建起游击小组。1945年2月初，全国明在金垌被国民党逮捕，囚禁于信宜城，后被转押到高州集中营囚禁。他在狱中始终坚持斗争，不承认政治身份。直到日本投降后获释。

1949年2月，全国明第三次到信宜。上级党组织安排他指导信宜党组织开展武装斗争。粤桂边纵队五支十五团成立时，全国明被任命为第十五团的团长兼政委，他指挥第十五团在中伙、加益等地与敌展开了几次战斗。第十五团在加益进行建军教育和罗镜橼子山整军之后，遵照茂电信地工委的指示，召开誓师大会，收复云开，进而解放信宜。

1949年8—9月，敌人兵分三路对第十五团实行包围，全国明决定"集中优势兵力，打击敌人薄弱环节，实现各个击破"。第十五团首先收复云开根据地，然后组织一个连围攻渤垌杨家祠敌人，使敌不能出来加强怀乡一路兵力。9月7日，第十五团与敌人在锦衣河畔遭遇，第十五团以闪电战术，毙敌7人，俘敌40余人，缴获各种武器弹药一大批。9月8日，第十五团在茶垌岭成功地阻击敌人，实现了部队的安全转移。

1949年10月22日，王国强和全国明率第十五团从信城北面向信城直逼；车振伦率陈赓桃起义部队从东面的柴口直攻信宜城；陈达增在敌人内部做策反工作，形成内外夹攻的形势。国民党信宜自卫总队慑于第十五团强大的压力，宣告起义，信宜县城和平解放。信宜县城解放后，全国明即率第十五团向全县各区乡进军并接收区乡政权。10月28日，全县各区及36个乡均宣告解放。

1950年4月，信宜主力部队第十五团改编入高雷军区二十三团。不久，全国明调往湛江高雷军分区工作。1963年冬，全国明离职休息。1981年离休。离休后，全国明多次到及宜了解情况，指导工作，为信宜老区村庄的评划，桥梁、学校的建设作出过较大的贡献。

张昌仁（1921—2017），信宜县北界镇金渠村人，1921年12月出生。1936年入读信宜中学，1939年夏初中毕业。适值上海"一·二八"抗日名将张炎任广东七区行政专员，在南路各县市招收初中毕业的青年，进行政治及军事训练，作为抗日力量的骨干，称为"学生队"，张昌仁报名考入"学生队"。1939年9月，张昌仁加入中国共产党。1939年冬，地下党组织派他回信宜建党。张昌仁借居在信宜中学附近的姨妈家里，白天为两个外甥补习，晚上则到信宜中学向进步青年学生宣传党的政策，后培养吸收了梁永曦入党，再由梁介绍李湘、林芳入党，

建立了抗日战争时期中共信宜党组织重建的第一个党小组。1940
年6月，张昌仁考入广雅中学（时称南路临时中学）高中，以读
书为掩护，从事党的地下工作。梁光煊任中共南路临时中学党支
部书记，张昌仁任支委。1941年1月，中共信宜县特别支部成
立，陈有臣任特支书记，张昌仁任宣传委员。

1942年，国民党加紧搜捕地下共产党员，张昌仁被国民党列
入黑名单，于是转入梅菉中学读书，继续从事党的地下活动。
1943年，张昌仁高中毕业后，考上中山大学先修班。为了团结教
育同学和扩大党的影响，党组织决定由张昌仁出面和国民党三青
团争夺学院膳委的领导权。广州"五卅一"学生运动后，张昌仁
又被国民党列入黑名单。1948年，党组织决定将他撤往香港；
1949年，在香港煤气工会工作；1953年，调往港九劳工子弟学校
工作，曾任香港筲箕湾工人夜校及旺角工人夜校校长；1981年，
转当意诚药业总工会书记；1983年，转入香港工会联合会工人医
疗所当中医师；2002年，成为香港特区政府注册中医师；2005
年，应邀赴京参加抗战胜利60周年纪念活动。

陈达增（1913—2002），信宜县水口镇双狮陈圫村人，中共党
员。曾任解放军副团长、团副政委。

陈达增青少年期间，在家乡读书、耕田。1930年3月，考进
在广州的燕塘军校教导队当学员；1932年5月至1933年10月，
先后担任福建十九路军补充团一营排长、连长。1934年后，任广
州宪兵队排长、副队长。1937年12月，任国民党一八七师连长。
1938年6月后，随张炎回南路，历任"广东省民众抗日自卫统率
委员会第十六教导队"区队长、中队长，广东省第七行政区专署
参谋主任，广东省南路抗日学生队军事组长等职。1936年至1937
年11月，在国民党中央军校第四分校当学员。1939年12月，张

炎被迫辞职，陈达增随张炎撤至湛江，在湛江由中共党员黄景文介绍加入中国共产党。此后，服从党组织的安排从事地下革命活动。

1940年3月，陈达增受党组织安排潜伏入国民党广东省第七行政区专署保安司令部任参谋主任。1948年8月，又受党组织的安排回信宜，任信宜县师范学校军训教官，不久任国民党信宜县自卫总队副总队长。他利用副总队长身份，把信宜县自卫总队的兵力情况、武器装备、驻防地点、军事计划、活动情况等向党组织报告，特别是把国民党每次"扫荡"共产党游击队的行动计划及时准确地报告给党组织，使我军在遭受敌人"围剿扫荡"时能提前转移，避免损失；或者在敌军出击时，使我军提前获得情报，作好迎击准备，有效地歼灭敌人。1949年10月22日，我军围困信宜城，陈达增依计行事，策反成功，信宜县国民党自卫大队全体官兵起义投诚，信宜城和平解放。

1949年10月至1956年，陈达增历任人民解放军粤桂边纵队五支十五团副团长兼营长，广东省军区南路军分区信宜县大队副政委，华南军区高雷军分区司令部副科长，粤西军区司令部民兵工作队队长，茂名县兵役局科长。1957年至1959年，由部队转业到轻工业部广州供销办事处任秘书科科长、广东省轻工业厅秘书科科长；1959年至1960年，在广州轻工业学校任办公室主任；1961年至1969年，任轻工业部广州设计院行政科科长兼办公室副主任；1969年至1972年，到"五七干校"学习、劳动；1972年，调回广州轻工业设计院工作，直到离休。2002年10月，因病在广州逝世。

郑光民（1923—2008），广东省廉江市龙湾镇圩泥塘村人。1936 年 6 月加入中国共产党领导下的孩子剧团（进步文艺团体）。1937 年至 1938 年，参加廉江抗日救亡自卫队、宣传队、乡村工作队，任廉江青年抗敌同志会兼龙湾分会负责人，组织廉江龙湾抗日流动图书社（读书会）。1939 年年初，参加广州湾抗日救亡吼声剧团、广州湾报社记者。是年，考入省立琼崖联合中学就学，负责秘密发行党报党刊，开展宣传工作。1941 年春至 1942 年，任湛江市郊东海西坑中心小学教务主任，参加中国共产党领导的东海革命老根据地建设。1943 年，于茂名师范高中肄业，负责组织、发展地下游击小组，准备人民武装起义。1944 年 8 月，在高州加入中共党组织，广泛深入开拓地下学运、青运、剧运，发展地下军，介绍、吸收、发展地下党员，发动武装起义。

1944 年冬至 1946 年，任高州云潭、电白那霍镇等地区革命军事行动委员会政委，茂东游击大队长、政委，中共茂名东区特派员。1946 年 1 月，任茂电信特派员政治联络员。1946 年 7 月，任中共信宜县特派员，在大成圩以开杂货店作掩护，领导全县的党组织工作。1947 年至 1948 年，任中共茂电信中心县委、地工委、高州地委委员，粤桂边纵队第五支队民运部部长兼团地委书记。1948 年，任中共信宜县委书记。

中华人民共和国成立后，历任信宜县委书记、军政委员会（军管）主任，中共茂电信支前司令部参谋长，粤西区党委肃反办公室主任，湛江地委宣传部副部长，湛江堵海工程总指挥部党委书记、副总指挥，湛江市计委第一副主任，市委副秘书长兼"四清"办公室主任。"文化大革命"期间，在"五七干校"劳动，后任湛江市海洋渔业公司党委书记兼革委会主任。1973 年，调任湛江市委宣传部部长。1980 年，调任省科学技术协会党组成员、书记处书记。1985 年春离休（享受厅级待遇）。

陈志辉（生卒年不详），原名伍学海，香港人。1943 年 6 月，陈志辉受中共南路特委派遣到信宜，接任王国强信宜特派员工作。

1943 年 9 月，陈志辉被党组织安排到信宜师范，以教师职业作掩护开展地下工作。他到校后主动加入文苑社，并被选为副社长，直接领导文苑社的活动。

1945 年 1 月中旬，中共茂电信特派员陈华在茂北向陈志辉传达中共南路特委关于举行武装起义的决定，并布置陈志辉回信宜大垌塘村（桄榔乡）组织武装起义。陈志辉到信宜后即召集全国明、钟江等人开会研究，决定广泛发动群众，迅速发展游击队员，并通过各种渠道筹集枪支弹药，准备在短期内举行武装起义。1945 年 1 月 30 日，陈志辉到林俊佳家召开骨干会议，讨论武装起义计划。会议决定同时攻打桄榔东、西两个乡公所，以扩大声势，震慑敌人。

1945 年 2 月 2 日晚，陈志辉集结队伍到甘耀楷家里部署起义。攻打桄榔东乡的队伍由林骥、练松林率领；攻打桄榔西乡的队伍由甘耀楷、林寿祥率领。当晚 10 时许，由林骥向内应发出暗号，内应林仲豪对上暗号后即打开乡公所横门，起义队伍一拥而入，干脆利落地俘虏该乡职员和乡兵 10 多人。另一队人马负责攻打桄榔西乡，也于当晚 8 时许，由甘耀楷率队从大垌塘村出发。出发前，陈志辉已布置林俊耀、林俊昌 2 人以向同学梁耀间副乡长借宿为名，进入桄榔西乡公所作内应，但引起敌人的怀疑，被暗中监视。林俊耀 2 人开门接应起义队伍时被捕，攻打桄榔西乡的计划失败。

桄榔起义失败后，陈志辉被国民党通缉，被迫撤到电白县工作，后转到香港。

部分先烈事迹

梁本荣（1899—1928），信宜县思贺镇寨岗村人，是信宜最早的中国共产党党员和信宜农民运动的主要领导人之一，著名革命烈士。

梁本荣青少年时期曾在思贺兴华小学和罗定县罗定中学读书，初中毕业后考入肇庆甲种农业学校。在校期间，他受到革命宣传教育。1925 年秋，他毅然放弃甲种农校学籍，前往报考广州农民运动讲习所，被录取为第五期乙班学员，并在学习期间参加了中国共产党。

1925 年 12 月 8 日毕业后，梁本荣被国民革命政府中央农民部任命为特派员，回信宜县组织农民协会，开展农民运动。梁本荣利用圩日以数白榄、唱山歌和演说等形式，进行革命宣传，发动农民参加农民协会。

1926 年 3 月 7 日，梁本荣被任命为广东省南路农民协会办事处农协委员。他明确提出实行减租减息，实行"耕者有其田"，得到了广大农民的拥护。到 1926 年初夏，思贺地区有 10 多个乡成立了农民协会，农会会员迅速发展到 1 000 多人，并成立了"信宜县思贺特别区农民协会筹备处"，组建了一支农民自卫军。

1926 年 7 月，梁本荣奉命调往茂名县（今高州县）从事农民运动。有一次，梁本荣和黄学增到高州附近农村进行考察，了解到有一个外号"活老虎"的恶霸杨老二经营大利公司，垄断县城的全部大粪，从中渔利，群众敢怒而不敢言。梁本荣编了一首辛辣的顺口溜："广潭杨老二，屎桶写大字，老虎变成狗，吃屎！"教群众到处传唱，这个地头蛇搞得臭名远扬，最后不得不把大利公司关闭。

1927 年 4 月上旬，梁本荣代表广东国民革命政府南路特别委员会、广东省南路农民协会办事处主任和中国共产党南路特派员黄学增前往阳江检查党务工作。"四一二"反革命政变后，阳江县的反动派大肆搜捕共产党人。4 月 15 日凌晨 2 时许，梁本荣和其他 15 位农运干部，在国民党阳江县党部被敌人逮捕，于 5 月 3 日押解至广州集中营。被囚期间，梁本荣不为利诱，不怕威迫，不动亲情，宁死不屈，表现了共产党员的崇高气节和革命英雄气概，他说："我是共产党员，你们害怕，就立即杀我。但是，你们杀死一个梁本荣，还有千万个梁本荣活着！"其堂兄梁某到监狱劝降，被梁本荣严词拒绝；其亲叔去监狱探望，见到梁本荣遍体鳞伤，不禁号啕大哭，梁本荣批评其叔说："男儿流血不流泪，你怎么变成了柔弱的女人，你真是没有出息！"敌人把梁本荣折磨了一年多，仍然一无所得，于 1928 年 9 月 5 日，把他押赴黄花岗刑场杀害。

梁本荣壮烈牺牲后，旅居广州的乡亲和同志们都非常悲痛，自动捐资购买棺木，把他的遗体埋葬在三元里的山坡上，碑上刻着"信邑梁本荣之墓"。此墓至今犹存。

闵靖平（1893—1928），别号健英，1893 年出生在信宜县龙水乡荔枝寨（现属水口镇大甲村委会荔枝寨村）的一个半自耕农的家庭。他幼年父母双亡，由兄嫂抚养，只读了几年私塾。年纪稍长，即外出谋生，困难的生活环境使他养成了一种敢想敢干、见义勇为的刚毅性格，因为他排行第八，村

里的人都叫他做"大胆八"。

1926年，南路各县掀起农民运动。是年秋，闵靖平结识了中共党员梁泽增，由梁泽增介绍与中共南路特派员黄学增相识，黄学增即任命他为龙水乡农运负责人。他接受任务后，即回龙水乡广泛开展宣传发动工作，号召农民团结起来，打倒土豪劣绅。1926年年底，闵靖平在大甲村闵家祠堂召开了近2000人参加的农民大会，正式成立龙水乡农民协会。会上，闵靖平被选为乡农会主席。此后，该乡的农运更进一步深入开展。并向龙水乡周围的都龙、飞马、简坡和高州的东岸、良德、均圩等地区扩展，这些地区先后建立起农民协会。

是年秋，龙水乡遭受旱灾，稻谷减收，农民生活困难，双山村的地主恶霸甘雅轩、甘景周等却趁灾打劫，先是囤谷不卖，接着抬高谷价卖给农民，从中图利。闵靖平知道后，即率领农会骨干分子，前往甘景周等地主家进行干涉，不准他们抬高粮价，迫使他们将几千石（担）稻谷按市价卖给农民。

1927年年初，信宜各地的农民运动进一步开展后，闵靖平领导农民代表多次前往龙水乡团练分局所在地（现双山小学）清算地主恶霸甘雅轩、甘景周的账目和他们平日贪污勒索的罪证，并公之于众，把这两个地主恶霸搞得威风扫地。农民兴高采烈，说闵靖平是农民兄弟的"好带头"。

1927年"四一二"反革命政变发生后，龙水农会被信宜县政府下令解散。闵靖平并没有被敌人的嚣张气焰所吓倒，而是继续暗中进行革命活动。同年12月中旬，他参加由中共信宜县委主要负责人罗克明领导的怀乡起义。后来按照县委的指示，回到家乡龙水地区秘密进行革命活动。不久，他的行踪被地主恶霸甘景周侦悉，并转报给反动县长杨伟绩。1928年年初，闵靖平不幸落入敌手。地主恶霸甘景周得意洋洋、凶相毕露，亲自动手去压低闵靖平的头。闵靖平趁机用头猛力撞去，把甘景周撞得眼冒金星，嗷嗷直叫。闵靖平被捕后，一些进步人士曾设法营救。敌人唯恐不把共产党人杀绝，第三天就把闵靖平押解到镇隆圩尾的刑场杀害了。闵靖平在就义前，昂首挺胸，面无惧色，高呼"中国共产党万岁！""打倒贪官污吏！"等口号，充分表现了共产党人正气凛然、视死如归的英雄气概。

梁尚文（1916—1945），信宜县里村乡（现东镇街道尚文村）人，中国共产党党员，革命烈士。

1916 年 12 月，梁尚文出生于信宜县里村乡（现尚文村），1933 年，从信宜中学初中毕业，先后到县内丰垌、扶参等地当私塾教师，常以其特长替人写字绘画。

1937 年"七七事变"后，梁尚文深感国难深重，热血沸腾，决心为抗日救国效劳。1939 年，由他的胞兄梁尚仁介绍，往高州考入抗日爱国将领七区专员张炎组建的抗日救国队伍——学生队。梁尚文受香港学赈会青年回国服务团的共产党组织的教育，政治思想进步较快，经常到高州城及其附近农村，与工农群众打成一片，运用口头演讲、唱抗日歌曲、刷写抗日标语、画抗日漫画等形式，积极向工农群众宣传抗日救国的道理。1940 年 6 月，张炎辞职，学生队被迫解散。1940 年秋，信宜县立农业职业学校创建，梁尚文考入该校就读，兼任东江小学（小学与农校合址）教师，继续从事抗日救国的宣传活动。农校开学不久，该校共产党员倡议召开全校学生联欢会。梁尚文被推荐主持这次会议，并在会上发表长篇抗日救国演讲，控诉日寇侵略我国的滔天罪行，歌颂抗日将士浴血苦战的动人事迹，揭露国民党投降派制造摩擦、掀起反共高潮的汉奸面目。梁尚文这番慷慨陈词，使同学们大开眼界，更刺痛了国民党投降派。会后，国民党信宜县党部命令农校立即开除梁尚文的学籍。梁尚文并不因此而气馁，反而斗志弥坚，继续开展抗日宣传工作。为避开特务监视，每当夜深人静的时候，他就缩在床上，放下蚊帐，点着油灯秘密刻印抗日宣传资料。梁尚文工作积极，立场坚定，1941 年 8 月，由农校党支部书记朱作彦介绍加入中国共产党。

1943 年秋，梁尚文奉命转移到吴川县文林小学以教师身份作掩护，进行革命活动，秘密传播革命真理。期间他培养并吸收了一批先进的师生参加游击队，壮大革命队伍。他亲手在该校的杨桃树下用火砖砌成一个五角星形的大花池，用它象征革命的希望。直至现在该校还把它保留着，以作纪念。

1944 年冬，梁尚文积极响应南路特委关于在 1945 年春节前后举行武装起义的号召，迅速组织起义队伍，在吴川县参加南路人民游击队陈以铁大队，任政工队指导员。1945 年 1 月上旬，参加吴川县武装起义。1945 年 3 月 4 日，起义队伍转移到茂西（今高州）木坑塘村时被国民党军队袭击，梁尚文率队奋勇反击，最后为掩护同志撤退而不幸被捕，解往高州城监狱。国民党顽固派以为从他身上可能取得共产党的重要线索，遂软硬兼施，对他诱降和逼供。当时广东省第七行政区专员公署的秘书梁某某亲自到监狱，扯着同姓同乡的关系假施仁慈，说："你做错了，就应承认错误，只要好好认错，就可以获得释放，想读大学或做官，我都可以尽力帮助……"梁尚文对反动派的无耻引诱不屑一顾。国民党顽固派眼看软的手段无效，又改用硬的一套，对梁尚文轮番施以酷刑，使梁尚文受尽折磨和痛苦，但他始终坚贞不屈，充分表现出共产党员的高贵品质。反动派一无所获，又无计可施，遂起杀机。1945 年 4 月 19 日，梁尚文被杀害于高州城。

朱作彦（1918—1949），又名朱骥，信宜县东镇人，1918 年

11 月 12 日出生在一个亦商亦农的家庭，少
年时期父母先后病故，靠长兄朱作宾抚养长
大。先后在东镇乐群小学、西江中学、信宜
县农校就读。

　　1940 年秋，朱作彦就读于信宜县农校。
学习期间，他写作、演讲、书画、歌舞，都
是一把好手。在共产党的领导下，他组织同
学开办"兄弟图书室"，并带头献出一批进步书刊。同时，利用
刘家祠的"天禄阁"作为团结教育青年的活动场所，积极宣传抗
日救亡。1940 年 11 月，朱作彦加入中国共产党。他先后培养和
介绍该校青年梁尚文、梁尚唐（梁琦）、吴承燊、陆仁英加入中
国共产党，加上从外地调进的一批党员，成立了中共信宜县农校
支部，他任支部书记。

　　1941 年 1 月，国民党反动派制造了震惊中外的皖南事变。朱
作彦义愤填膺，于一个晚上独自在东镇圩尾写出巨幅标语："坚
持抗战，反对投降；坚持团结，反对分裂；坚持进步，反对倒
退。"国民党反动派害怕人民了解中国共产党领导抗战的真实情
况，严密封锁消息，实行邮电检查，限制新闻自由。为打破封锁，
朱作彦奉命在东镇圩办起中共报刊秘密发行站，从事《新华日
报》《群众》等报刊的发行工作。经过朱作彦的努力，1941 年夏，
信宜县农校学生会和各班班会的领导权均为中共党员所掌握。他
以学生会名义，组织业余戏剧团和业余歌咏队，利用各种节日、
圩日、周末，在校外、街头演出短戏，控诉日本侵华罪行，激发
民众抗日救亡热情。

　　1941 年秋，国民党信宜县当局派来训育主任胡学成，监视进
步学生，强迫学生填写信奉三民主义、反对共产党的保证书，遭
到朱作彦等进步学生拒绝。当局就突然搜查学生宿舍，无故传讯

学生。朱作彦经过调查，发现胡学成有调戏女学生的丑恶行为，遂把他的劣迹公之于众，大造舆论，组织学生集体向校长控告训育主任的丑行，终于把他赶出校门。

1943年秋，朱作彦考进迁到桂林的香港华侨工商学院，后奉党组织命令，于1944年春，到信宜县西江中学任教。10月19日，朱作彦组织学生进行纪念鲁迅逝世8周年活动，号召同学们"学习鲁迅，努力读书，坚持抗战，为打倒日本帝国主义作出自己的贡献"。

1945年后，朱作彦按照中共信宜特派员的部署，先后到信宜县白石尚志中学、茶山榕秀中学、乐昌中学、和平中学、东莞清溪中学、南海师范和香港南光中学任教，以教师身份作掩护，坚持从事革命活动。

1949年2月，中共中央香港分局调朱作彦回信宜县工作，途经电白水东镇时，中共高州地委副书记林其材决定留他在水东搞印刷、宣传工作，住在水东中共秘密联络站（邓文威租的屋）。中共电白县委委员、宣传部长邵福祥在工作中不慎暴露了联络站地址。1949年4月17日凌晨，水东秘密联络站被敌人层层包围。朱作彦主动要求留下销毁文件和掩护，邵福祥突围。邵福祥脱险了，朱作彦和几位进步学生不幸落入敌手。国民党水东五乡联防主任朱生龙亲自审讯，用尽威迫利诱手段，却一无所得。18日，朱作彦被解往电白县城，遭轮番审讯，酷刑逼供。但朱作彦不暴露半点机密，历数国民党反动派的滔天罪行，声言：中国共产党一定要在全中国获得胜利，共产主义一定会实现！牺牲前夕，朱作彦仍念念不忘家乡人民的解放事业，他对同窗难友黄温英说："请你设法告诉党组织，我从香港带回的那套印刷工具，一定要千方百计交给信宜县委！"1949年4月22日晚上，朱作彦被秘密杀害于电白县城。

林俊昌（1917—1945）、**林俊耀**
（1924—1945），信宜县镇隆镇俊耀
村人，革命烈士。

林俊昌出生于贫苦农民家庭，
父亲林维庆是个佃农兼泥水工人。
1936年至1945年，林俊昌先后就读于信宜西江小学、信宜中学。
由于家境贫寒，他只好学学停停，经常跟随父亲外出做泥水工，
挣钱来维持家庭生活。

林俊耀出生于佃农家庭。1936年9月至1938年7月，就读于
信宜县西江小学高年级；1938年9月至1939年7月，在镇隆六双
村私塾读书；1939年，考进信宜中学。

在信宜中学读书期间，林俊昌和林俊耀先后加入了中共党
员林芳组织的读书会，认真阅读《新华日报》《大众哲学》等
进步书报，思想进步很快。他们利用课余时间，走家串户，向
农民讲革命道理，发动农民团结起来，反对国民党的拉丁勒索。
为了解决农民生活和生产上的困难，林俊昌和林俊耀一起，用
10多天时间秘密地组建起一个有100多户人家参加的"生产互
助合作社"，筹集到基金稻谷50多担。他们以部分资金购买树
苗，种下280多亩树林，绿化荒山；以部分资金帮助缺粮的农
民度过荒年。

林俊耀善于抓住农民切身利益，以现实的典型来教育农民，
提高他们的阶级觉悟。他家乡有个佃农梁子芳，因歉收交不起租
谷，地主梁扬天要夺佃另租给农民林黑佬耕种。林俊耀即对林黑
佬进行教育，讲明贫苦农民都是受地主老财压迫剥削的穷兄弟，
是长在一条苦藤上的苦瓜；农民兄弟要互相关心，互相支持，要
团结起来，共同对付地主老财的追租夺佃。林黑佬提高了认识，
拒绝承耕这份田。结果，地主夺不了佃，农民梁子芳照旧有田耕。

1941 年 7 月，经中共党员林芳介绍，林俊耀加入中国共产党。

1942 年中秋节后一天，水口镇高岭地主剃刀六派几个"大烟鬼"（吸鸦片烟者）来到大塘村向佃户黄超盛、林昌盛追收田租，他们声称奉"六老爷"之命，若不交清租谷，则长期住下来，伙食费、行脚费（路费）、鸦片烟钱，均要黄、林负责。黄、林二户农民向中共党员林植民诉说此事，林俊昌恰好回乡度假，便与林植民一起警告"大烟鬼"："不要在青黄不接时来催租逼债，所欠田租等以后缴交。伙食费、行脚费、鸦片烟钱，只能向你们的'六老爷'要，因为你们是他派来的。你们要立即离开这里。否则，我们把你们扛出去。""大烟鬼"只得卷起行李、烟枪溜走。这次驱逐"催租佬"事件被农民传为佳话。

1944 年 10 月，林俊耀奉命回大垅塘村组织秘密游击小组。他深入地下艰苦工作了一个多月，挑选、培养、教育了一批青年积极分子，经过林植民的审查，组成了 6 个游击小组（每组 3 人）共 18 人，并开展活动。

1945 年 1 月底，中共信宜特派员根据上级指示，鉴于国民党极力反对中国共产党的反动行径，决定同年 2 月 2 日举行桄榔东、桄榔西两乡武装起义，并决定桄榔西乡内应由林俊超和林俊佳负责。林俊昌知道这个决定后，立即找林俊耀说："林俊佳与桄榔西乡副乡长梁耀间是同学，关系密切，做内应工作有利。但梁耀间是我的堂内兄，不是更有利吗？我要求让我和你一起去担负此项重任，把林俊佳换下来干别的。"林俊耀把他的请求和建议转报上级，很快得到中共信宜特派员的批准。

由于领导上缺乏军事斗争经验，桄榔起义失败了。林俊昌、林俊耀不幸被捕。2 月 3 日，他们被押解到信宜县城"特别审讯"。国民党对他俩施以严刑拷打，威迫利诱，软硬兼施，无所不用其极，把他俩打得皮开肉绽，鲜血直流。但他们始终坚贞不屈，大义凛然，充分表现了革命者的英雄气概；他们还利用敌人审讯之机，历数国民党反动派消极抗日、积极反共的罪行，痛斥国民党反动派是"中国法西斯"，是剥削农民的"剥民党"。1945年2月10日，林俊昌和林俊耀在镇隆镇英勇就义。

中华人民共和国成立后，为纪念革命烈士，人民政府把桄榔西乡改名为俊昌乡，把桄榔东乡改名为俊耀乡（现分别为俊昌村、俊耀村）。

林芳（1923—1945），又名林国兴，信宜县桄榔东乡（今镇隆镇俊耀村）人。中共钦州特别支部书记、钦县人民抗日解放军政治处主任，革命烈士。

林芳自幼失母，由叔祖母抚养长大。1937年秋，考进信宜中学。他勤奋好学，成绩优良，如饥似渴地阅读进步书刊和共产党的书报，思想进步很快。

1940年3月，林芳加入中国共产党。同年秋，他初中毕业，遵照党组织的安排，与10名党员考进广东省立广雅中学，成立了广雅中学西迁后的第一个共产党支部。林芳是高一班"十月社"和"真社"干事会的主要成员，为这两个团体编墙报，并积极撰稿，写了不少杂文、短评、诗歌、散文以及短篇小说，宣传革命道理。他还将同学组织起来，成立读书会，传阅和研讨进步书报，及时组织同学讨论学习心得，以提高他们的觉悟。假期回乡，看到农民生活困难，有的家庭遇到婚丧、疾病时，往往借贷无门，他就串连农民组织"生产互助合作社"，以帮助困难家庭渡过难关。他通过各种方式教育本乡青年，在提高阶级觉悟的基础上，进行共产党的知识教育，先后吸收一名农民、两名学生加入共产党，建立一个党小组。

1941年12月，中共南路特委从广雅中学抽调林芳等两人到钦州开辟新区，并决定成立中共钦州特别支部，林芳（从这时起改名林国兴）任特别支部书记。1942 年，林芳在黄屋屯中心小学任教，这期间，他培养了两名青年加入中国共产党，其中一名是女青年苏萍，后与林芳结为夫妻。他们结婚时，一切从简，将钱节省下来作为革命活动的经费。为不影响工作，他们相约婚后不生育。1943 年，林芳任钦州镇第八保校（地藏庙小学）校长。1944 年调到钦州小董镇，负责小董区的工作。夏秋间，日寇为缩短战线准备从南洋退却，妄图打通邕钦线，从钦州登陆。此时，钦州大部分地区已处于敌后状态。为开展敌后武装斗争，林芳与国民党小董区公所自卫队中为首的几个人结为拜把兄弟。1945 年 2 月 17 日，中共领导的钦州小董武装起义爆发，林芳任钦县人民抗日解放军政治处主任。由于敌众我寡，起义受挫。分散转移时，林芳和一些战友在久隆附近被国民党反动派认出，于 2 月 26 日不幸被捕。反动派专门组织了所谓"特别法庭"，对他进行多次审讯。林芳虽经受严刑拷打，威迫利诱，但始终坚贞不屈，大义凛然，充分表现出共产党人的革命气概。1945 年 3 月 10 日，林芳和一起被捕的 8 位战友在钦州城郊牛圩陂英勇就义。

梁宜盛（1912—1949），又名梁九。信宜县钱排镇田寮村人，是革命地下交通站交通员，解放战争时期革命烈士。

1948 年 5 月，东征部队在白鸡岭与国民党自卫总队打了一仗后，经合水向"两阳"挺进。敌人沿着东征部队经过的地方进行了为期四个多月地毯式的轮番"扫荡"，人民群众家无宁日，武工队吃住都在深山密林中。

1949 年 4 月 22 日晚，梁九送情报回到白鸡岭门坳，看见国民党县大队一个排的人马已经窜到自家的村口，他考虑到村里的武工队有被敌人包围的危险，即开枪示警，同时把敌人引向村外，因寡不敌众，落入敌手。敌人随即把村子包围得水泄不通。梁九的妻子刘传英刚把无法突围出去的梁枫同志隐蔽好，敌人便押着梁九破门而入，翻箱倒柜，喝令要交出武工队员，刘传英怕敌人搜查的时间长会发现破绽，即大声骂起来："我不识什么芋公队、猪公队，只见你们这班牛公队到处糟蹋人民、坑害人民，你们是土匪、是强盗！……"刘传英还未骂完，就被敌人打得满嘴流血。敌人把梁九夫妇押回马贵西乡公所（今钱排镇），分别关进牢房里。

敌人认为刘传英是一个妇道人家，想从她身上突破。他们甜言蜜语，威迫恐吓，但得到的回答是"不知道"。后来又叫她规劝丈夫自首，见面时，梁九第一句话是："为革命宁可粉身碎骨，也不能出卖自己的良知。"

敌人一招失败，又使出酷刑这毒辣的一招，要刘传英眼睁睁地看着丈夫惨遭酷刑。刘传英一进刑房，见到的是遍体鳞伤的丈夫，豆大的汗珠夹着鲜血从他的前额往下流。凶残的敌人还不罢休，把悬空的梁九向两边墙壁碰撞，直到昏死为止。当梁九慢慢苏醒，见到妻子刘传英已哭成泪人，他却宽慰她说："革命人不应该流眼泪，就让敌人试试我的皮肉功夫吧！"

敌人什么也没捞到，5月2日把梁九杀害于白鸡岭坳。

陈文炎（1907—1928），又名陈淑召，信宜县怀乡镇平梅大坑村人，革命烈士。

陈文炎在怀新小学读书至毕业。1924年，考入信宜中学癸班；1925年，参加革命活动，后到省立第九中学（高州中学）学习；1926年，参加中国共产主义青年团。1927年"四一二"反革命政变后，他被学校开除学籍，回到怀乡地区继续进行革命活动。同年5月下旬，中共信宜县委员会宣布成立，接着成立信宜革命的统一指挥机构——信宜县革命委员会，陈文炎是委员兼宣传股的负责人，经常组织群众在他家开会，宣传革命道理，组织话剧演出，揭露地主剥削农民的罪恶，提高农民觉悟。11月中旬，中共广东省委通知信宜县委派两名干部到广州参加武装起义，陈文炎奉命与张树年一起前往。起义失败后，他转到香港，后回广州联络工作，由于反动地主高建侯告密而不幸被捕。在狱中，国民党反动派以种种毒辣手段对他进行审讯，施以酷刑，而陈文炎视死如归，严守机密，以大无畏的革命精神痛斥国民党反动派。不久，陈文炎被杀害于广州。

丘壁坚（1918—1948），原名丘玉莲，女，信宜县怀乡镇中堂村竹头窝人，中国共产党优秀党员，革命烈士。

丘壁坚于1918年10月14日出生不久，父亲便病故，她与母亲、姑母一起生活。1938年，福岗小学五年级肄业。她为反对封建包办婚姻，取"坚如铜墙铁壁"之意，改名丘壁坚。1939年1月，与姑母丘惠文一起，考上广东南路抗日自卫工作队，学习、训练了3个月，被派回参加信宜抗日救国乡村工作团，下农村宣传抗日救国，揭露国民党反动派和汉奸卖国贼的罪行。

1940年，国民党反动派声称信宜抗日救国乡村工作团有"异党"活动，搜查、驱逐香港学赈会青年回国服务团的人员，逮捕工作团团员。丘壁坚按照中共信宜地方党组织的指示，组织示威请愿，以利害关系游说工作团长林树辉（国民党人）出面干预，迫使信宜县政府释放被捕的4名团员。后来，中共信宜县地方组织负责人通知丘壁坚等人借机离开工作团，回到家里，继续从事抗日宣传活动。是年11月，经丘惠文介绍参加中国共产党。接着，中共信宜党组织在她家里举办信宜县第一期共产党员训练班。她每日往返10多里路到怀乡圩侦察敌情、买菜；回到家里便担负起警卫任务，又做好炊事员工作。她一家全年收入稻谷12担，还动员母亲拿出6担支持革命活动。从此，她家成了信宜县革命活动的交通站、中共信宜县党组织负责人的大本营。

1941年9月，丘壁坚进入信宜怀新中学读书。1942年"三八"国际妇女节，她布置丘虹出面工作，由怀新中学三年级女同学发出通知，召集怀乡圩附近的中小学女同学、女教师、女职工等600多人开纪念"三八"节大会，号召女同胞行动起来，坚持抗日，争取解放。

丘壁坚和丘虹的一系列革命活动，引起学校训育主任刘某的注意，刘某通知丘虹去问话。丘虹按照丘壁坚的布置和要求一一回敬，使训育主任一无所得。刘某不死心，派他的老婆"管理"女学生宿舍。丘壁坚迅速做好应急工作，通知凡阅读过进步书报的同学要严守秘密，把所有进步书报转移、收藏好。训育主任老婆在学生上课时偷偷地搜查女学生宿舍，什么东西也查不出来。刘某再次变换手法，突然在学校图书馆阅览室公开摆出《新华日报》《新民主主义论》《共产党宣言》等进步书报。丘壁坚告诉大家这是一个圈套，千万不要上当，绝不要到图书馆阅览室去。结果，刘某还是一无所得。刘某气急败坏，决定不让丘虹参加毕业考试。丘壁坚让丘虹把这件事向同学公开，激起公愤，全班同学向学校当局提出抗议，要求取消错误决定，否则全班罢考。学校只得准许丘虹参加毕业考试。丘壁坚通过学生运动，在怀新中学培养了一批入党对象，并介绍罗素秋、罗琼加入中国共产党。

1942年秋，丘壁坚考进广雅中学（当时该校迁至信宜县水口村）读书。1945年1月，奉命到朱砂棣棠小学任教。是年5月，她把朱砂、旺沙、贵子等地的几名共产党员组成党小组，她担任组长，并在朱砂、旺沙建立起交通站，既保证中共信宜县负责人来往安全，又为领导机关提供可靠情报。

1946 年 2 月，共产党员王素徽、梁景燊因工作转移，在丘壁坚住处落脚。他们在朱砂圩投寄党的宣传品时，不慎被敌人发现，第二天早上被捕。丘壁坚的处境也十分危险。但她临危不惧，立即把情况向党组织汇报，并设法营救。她和房东、邮政所工作人员串供，使敌人找不到证据。王、梁二人终于获释。

1947 年 1 月，丘壁坚转移到肇庆地区新兴县，协助她的爱人、共产党员梁特立开展革命活动。是年底，她生下了一个男孩；但她顾不上休息，照样工作。1948 年 1 月，梁特立到新兴车江延平中学任生理卫生和音乐课教师，她协助梁特立在音乐课中教唱思想性强的歌曲，激发学生的爱国主义热情。为启发学生和中学附近农民的阶级觉悟，丘壁坚同梁特立编排公演话剧《农民》，其中有一段白榄："我名叫李大叔，耕田越耕越缩，餐餐食两碗稀粥，饿得肚子叽里咕噜……"深受农民群众欢迎。

新兴县延平中学的革命活动引起国民党特务的注意，上级党组织决定让一批党员转移。1948 年 7 月中旬，丘壁坚和梁特立一起，随同共产党员严千年到云浮县腰古区思劳村开辟新的革命据点。丘壁坚深入农民群众中访贫问苦，发展了 3 名共产党员，还发展了一批积极分子参加游击小组，并于同年 9 月间送一批组员到新兴参加武装部队。

思劳村有个农民自发组织"老更队"（农民自卫武装队伍）。该队有几十个青年农民，长短枪 10 多支（均用祖尝租购买）。丘壁坚、严千年经过 3 个多月工作，准备发动武装起义。在关键时刻，敌人发觉了。1948 年 11 月 18 日晨，高云新联防队和云浮县保警二中队共 200 多人把思劳村包围，丘壁坚和梁特立不幸被捕，严千年也于同一天上午在腰鼓容华中学被捕。国民党反动派将他们解往云浮县腰鼓区牢房囚了 7 天。敌人严刑逼讯，残酷拷打，而他们铁骨铮铮，忠贞不屈，坚决不泄露共产党的秘密。

1948年11月25日，丘壁坚等3名共产党员被押解到高要县水口圩的国民党广东省第三"清剿"区司令部一个据点。翌日下午，丘壁坚背着不满周岁的孩子，同爱人梁特立双双走向刑场，她昂首阔步，神态自若，一路高呼"打倒国民党反动派！""中国共产党万岁！"

中华人民共和国成立后，当地人民政府把她和梁特立、严千年的遗骨迁葬于云浮县思劳村对面山坡上。

罗汉（1919—1949），原名罗宗惠，信宜县六问南乡六训村（今为北界镇罗汉村）人，革命烈士。罗汉出生于贫农家庭。童年在家乡私塾读书，后在龙文小学（今北界镇石砚小学）肄业。1942年，考入仿林中学。1946年，考入广东国民大学政治经济系。不久，因家庭经济困难而停学。后考入广州师资训练班，秘密参加革命工作。1947年夏，师资训练班结业，到南海县豹夏小学任教，以教师身份作掩护，负责中共交通站工作。

1949年春，罗汉奉命回到信宜县，参加中共领导的革命武装斗争。不久，加入中国共产党。根据中共信宜县西区区委决定，他和李雄等人组建起一支15人的短枪队，罗汉任代理指导员。1949年7月24日晚，在区委书记张虎的领导下，通过做好国民党信宜县万安乡乡长张典裕和县参议、万安小学校长黄家燊等人的统战工作，罗汉等率领信宜西区短枪队，与中区区队一起，采取里应外合的方法，智取了万安乡乡公所，缴获长枪25支、短枪2支及子弹147发。同年8月5日，罗汉与中共西区区委副书记简常、短枪队队长李雄等在东镇镇木洞口伏击里村乡（今尚文村）自卫队一个班，俘该乡保警干事及乡兵11人，缴获步枪6支，子弹300余发，并当场处决了一贯反动的十七保保长。

1949年10月5日，罗汉率领短枪队参加了由中国人民解放军粤桂边纵队五支十五团副团长刘绍兰指挥的龙湾头（今北界镇罗汉村与良洞村之间的地带）伏击战。这天早上，天还未亮，国民党信宜县警察一个中队和六问南乡自卫队，由中队长刘忻守率领开到龙湾头，进入了伏击圈。短枪队和第十五团的战士一齐开火，打伤刘忻守，俘敌12人，缴枪10多支。罗汉与队员曾培棠一同追击残敌，正当抢夺1挺轻机枪之际，敌人突然反扑过来，以密集的子弹向他们射击。队员曾培棠首先中弹倒下，罗汉也不幸中弹牺牲，血染龙湾头。

中华人民共和国成立后，信宜县人民政府为纪念罗汉烈士，将罗汉的家乡六问南乡命名为罗汉乡，现为北界镇罗汉村委会，罗汉小学也因而得名。

黄国柄（1927—1949），信宜县钱排镇云开背夫龙村人，革命烈士。

1927年11月2日，黄国柄出生于贫苦家庭，幼年丧父，家境贫寒，靠母亲和哥哥挑担、做苦工维持生计，家里节衣缩食，支持他读完小学。1941年秋考上茶山榕秀中学读书。毕业后，1944年年底，被委任为国民党林垌乡十八保保队副；1945年年初，又被加委为信宜抗日自卫大队云开分队队长。早在榕秀中学，黄国柄就接受了中共地方组织的教育，思想逐渐进步，1946年9月，他毅然参加革命，利用保队副等身份掩护，串连组织发动群众，包括一批抗日自卫大队的骨干，参加中共领导的游击活动。他发动的几十人，大部分成为武装斗争的骨干。

1948 年 4 月中旬，南路人民武装部队东征支队挺进云开。先头部队政工干部瘦黄等 2 人进入云开时，被保长黄文昭逮捕。当晚，黄国柄带 10 多名游击队员，在保公所正门打几枪，又在屋后放几响狐狸炮，即时放出瘦黄；接着，向保长报告瘦黄逃跑了。保长也略知内情，却又奈何不得。

1948 年冬，黄国柄参与云开地区组建武装部队工作。经 3 个月的努力，于 1949 年 2 月组织起 70 多人，成立"博古"中队（代号），黄国柄被任命为中队（后为第十五团一个连）长。不到 1 个月，黄国柄领导的中队先后收缴了地主富户的长短枪 30 多支，进一步充实了部队的武器装备。接着，他率领连队转战于信宜、罗定、广西边沿，顽强地同敌人周旋，坚持革命游击战争。他指挥连队，先后参加了罗镜、水摆、分界、中伙、林垌、沙子、加益、云开、茶山、钱排、白石、洪冠锦衣、洪冠茶垌岭等 20 多次战斗。

1949 年 9 月 7 日拂晓前，黄国柄率"博古"连挺进洪冠锦衣。在锦衣桥头，与敌尖兵相遇，一场遭遇战打响。黄国柄当机立断，一声令下："冲过桥去！"全连战士以压倒敌人的英雄气概，冲到对岸桥头，敌人阵脚大乱，纷纷弃枪逃命，来不及逃走的当即成了俘虏。前后仅用 10 分钟，俘敌 23 人，缴枪 30 多支，弹药一批。9 月 8 日，第十五团在茶垌岭上与信宜自卫总队、县警、乡兵、保丁近千人进行激战，击退敌人多次进攻，毙、伤敌军 40 多人。黄国柄在夺取敌人的轻机枪、消灭敌人火力点的激战中不幸中弹负伤。

部队同敌人鏖战数天，弹药消耗很大，决定转移，黄国柄被留在池洞岭砥治伤。因药物奇缺，加上流血过多，经多方抢救无效，黄国柄于 1949 年 9 月 19 日牺牲，年仅 22 岁。

黄国柄牺牲后，初葬岭砥山冈，1950 年迁葬云开会众坪。烈士遗骸回归故里时，人民政府在云开召开隆重的追悼大会，并先后将林垌乡和钱排竹垌小学命名为"国柄乡""国柄小学"。

周月颜（1923—1950），女，信宜县怀乡镇永隆村人，革命烈士。

周月颜出生于1923年4月9日，小时在家乡读私塾，1935年在怀溪小学读书至毕业。1942年考入怀新中学肄业，与中共地下党员丘壁坚认识，开始阅读进步书报，接受进步思想，曾领导全班同学罢课抗议学校当局限制学生宣传抗日。

1943年9月，周月颜考上信宜县师范学校师资训练班。1944年，到贵子乡第一保校（今朱砂镇旺沙新圩村）任教。1945年春，进步学生丘虹到该校建立中共信宜县地下革命活动的交通站，负责传送情报、文件以及掩护从事地下革命工作的共产党员干部。周月颜积极协助丘虹开展工作。1946年秋，周月颜到茶山小学任教。1947年秋，回怀乡凤山小学任教，积极活动于凤山小学与怀新中学的学生之中。

1948年夏，她奉命到中国人民解放军粤中纵队工作。活动于鹤山、开平、新会一带。其间，她与彭传祺结婚，于1949年6月生一孩子。她不辞艰危，背着孩子行军、作战、做群众工作。1949年10月，信宜县解放，周月颜调回信宜怀乡区工作，同年年底任东区工作队长，带领60多人开赴合水，到东区后分工到马贵东乡（今属高州县）工作。

1950年2月12日，马贵东乡的反动地主勾结阳春土匪进行暴乱，围攻马贵东乡人民政府。周月颜与乡干部一起向土匪还击，日夜坚持战斗。到2月13日，土匪见硬攻不下，便变换手法，放火烧屋。周月颜带领工作队把屋顶的瓦片敲掉，泼水把火熄灭。土匪又变换手法，爬上高处向下开枪、投弹，周月颜同战友一起，从下向上还击，又把土匪打退。土匪再变换手法，进行挖墙脚，周月颜同几个乡队队员在土匪挖墙脚的地方守住，等土匪一挖穿墙脚，就迅速朝洞口打枪，使土匪无法进攻。2 月 15 日，土匪从乡政府外面挖地道，直通炮楼底下，用炸药把炮楼炸塌，周月颜被压致重伤。接着，土匪以极其残暴的手段杀害了她。周月颜牺牲后，中共信宜县怀乡区委根据她生前的请求，追认她为中国共产党党员。

附录二 革命旧址和文物

革命旧址

2008 年，中共信宜市委党史研究室和信宜市老促会对信宜市境内在中国共产党领导下开展过重要革命活动及发生过战斗的地方，以信宜市人民政府的名义立碑纪念。全市共设立 39 处革命史迹碑志，其中有旧址的 26 处。分别为：怀乡起义指挥部旧址（怀乡镇怀乡小学内）、洪冠"协昌店"旧址（洪冠圩彭会东店铺）、桃榔起义旧址（原桃榔东、西乡公所，现俊昌、俊耀村）、广雅中学中共党支部旧址（水口镇水口村陆氏宗祠）、大甲农民协会旧址（水口镇大甲荔枝寨村）、思贺农民协会旧址（思贺镇寨岗村）、信宜农校革命旧址（信宜市第一中学）、十二团成立旧址（平塘镇罗镈锡平）、"中伙中队"成立旧址（贵子镇中伙曹氏秋元公祠）、交通情报总站"天站"旧址（东镇街道陂底铺李大荣故居）、交通情报站"地站"旧址（东镇街道林埇马坑）、交通情报站"日站"旧址（池洞镇岭砥）、交通情报站"月站"旧址（池洞镇双埇村）、交通情报站"星站"旧址（安莪镇，今属朱砂镇）、交通情报站"辰站"旧址（北界镇石订罗鸦埇黄裕民故居）、家山顶战斗旧址（钱排镇云开村家山顶）、中国人民解放军粤桂边纵队第五支队司令部旧址（怀乡镇中埇廖育万故居）、茶埇岭战斗旧址（白石镇扶龙村茶埇岭）、锦衣桥头战斗旧址（洪冠镇锦衣桥）、龙湾头战斗旧址（北界镇罗汉村龙湾头）、小水战斗旧址（东镇街道旺同村）、榕垌小学革命活动旧址（茶山镇榕垌小学）、茶山小学革命活动旧址（茶山镇茶山小学）、白鸡岭战斗旧址（白石镇白鸡岭）、沙子开仓战斗旧址（平塘镇沙子村）、古令黎竹岗战斗旧址（朱砂镇安莪古令村黎竹岗）。

以上革命旧址，除古令黎竹岗战斗旧址外，其余均立有史迹碑志，作为当地中小学生及党员群众了解革命历史，进行爱国主义传统教育的基地。其中怀乡起义指挥部旧址保护得较好，是信宜市青少年及党员干部爱国主义教育基地，也是信宜市红色旅游景点。

革命历史文物

由于年代久远，管理收集困难，信宜市革命历史文物保存下来的不多。

怀乡起义指挥部旧址　1927 年 12 月，中共信宜县委按照中共广东省委指示，在中共南路特委朱也赤和中共信宜县委书记罗克明的领导下，举行震撼粤西地区的怀乡起义。指挥部旧址位于怀乡镇怀乡小学内，二层砖木结构楼房，总建筑面积为 257 平方米。1998 年定为茂名市文物保护单位。

怀乡起义指挥部旧址外景（信宜市地方志编纂委员会办公室 提供）

信宜县农民协会会员证章和会旗　1926年，梁本荣在思贺成立农民协会10多个，铸造了300多个铜质的农民协会会员证章。证章圆形，直径3.3厘米，厚0.1厘米，刻有"信宜县农民协会会员证章"字样。

信宜县农民协会会员证章（沈杰　2009年摄）

信宜县农民协会会旗以犁头作会旗图案，因犁头与农民关系密切，有代表农民的意义。

罗克明扶手椅及墨盒　罗克明曾在怀新小学任教，并以该校为据点，从事革命活动和领导怀乡起义，扶手椅是他用过的遗物。

罗克明使用的扶手椅（沈杰　2009年摄）

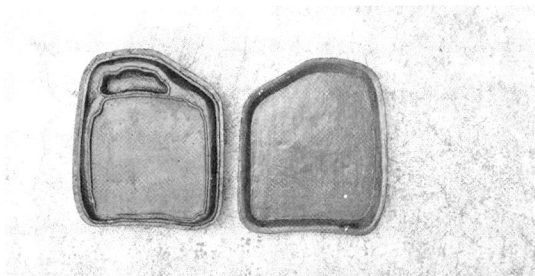

罗克明使用的墨盒（仿制品）（曹金华　2018 年摄）

县委出版处代号"黄河"印刷工具　此物是 1949 年 4 月朱作彦牺牲前，委托难友交给信宜县委的印刷工具之一。

1949 年 4 月，朱作彦牺牲前夕委托难友转交信宜县委出版处使用的印刷工具之一（2019 年摄 信宜市地方志编纂委员会办公室 提供）

杨立展茶瓯 杨立展，信宜县茶山乡榕垌龙眼底村人。1938年7月，赴延安参加革命，同年加入中国共产党。1939年7月，在陕北公学学习，结业后被分配到部队工作，后在晋东南战斗中牺牲。牺牲前是一二九师新一旅十二团连指导员。

茶瓯是他的遗物，瓷瓯铜垫，直径10.3厘米，通高6厘米。

杨品琛墨盒 杨品琛，信宜县茶山乡周冲村人。1944年年底，在中共茶山地区地下党组织领导下组织一个游击小组，任组长。1946年加入中国共产党。1948年6月因叛徒出卖被捕，7月1日被杀害。他用过的墨盒，直径6.9厘米，高3厘米。

革命纪念场馆（故居）

　　怀乡起义纪念室　坐落于怀乡小学内，位于怀乡起义指挥部旧址前面，建筑面积 224 平方米。纪念室内设朱也赤和罗克明铜像，以连环画的形式展示怀乡起义的起因、经过和结果。图文并茂，形象生动。2007 年年底建成投入使用后，全市不少单位党员干部前往参观学习，有些单位到纪念室举行新党员入党宣誓仪式。2010 年，该纪念室被定为茂名市爱国主义教育基地，同时也是信宜市红色旅游重要景点。

　　"中伙中队"纪念室　位于贵子镇中伙村委会曹氏秋元公祠内，面积约 50 平方米。纪念室布展着反映"中伙中队"游击队在解放战争时期的革命斗争史实的水彩画，图画精美，生动感人，深受群众喜爱。2017 年 6 月建成投入使用后，常有镇内学校组织师生前往参观学习，已成为该镇青少年爱国主义教育基地。

　　老红军罗荣华纪念馆　位于新宝镇白龙村委会，始建于 2009 年。纪念馆为一层楼房，建筑面积约为 50 平方米。馆内布展有老红军罗荣华的生平事迹简介及画像，有罗荣华随红军二万五千里长征爬雪山、过草地的油画等图片。

　　中垌革命纪念室　设在怀乡镇中垌小学教学楼二楼的办公室内，面积约 50 平方米。2006 年布展，纪念室墙上贴有中垌革命史迹简介，挂有大力支持革命的进步人士廖育万、中共地下党组织中垌交通站负责人李瑞华等人的画像。

罗汉革命烈士故居　坐落于北界镇罗汉村委会东岸村，2015年定为信宜市文物保护单位。该故居为砖木结构瓦房，占地面积约400平方米。室内摆设有罗汉革命烈士的画像、罗汉烈士事迹简介，以及他生前使用过的家具和生活用品等遗物。

革命烈士纪念碑（墓）

　　信宜市革命烈士纪念碑　始建于 1981 年，位于县城锦江河畔，为纪念在历次革命战争中牺牲的信宜县革命烈士而建。20 世纪 90 年代末，因城市扩建需要，迁至东镇街道塘面村长山头岭顶。后因建信宜教育城，2011 年再迁至市区梅江公园。纪念碑背靠五楞岭，面朝锦江河。纪念碑周围占地约 1 000 平方米，碑体高 19.8 米。纪念碑正面刻着"革命烈士永垂不朽"8 个大字。纪念碑底座正面刻着碑文，背面刻革命烈士名录。烈士名录包括信宜籍烈士 314 人，在信宜境内牺牲的外县户籍烈士 55 人。

　　云开革命烈士纪念碑　始建于 1987 年，位于云开米研坳。1988 年，迁至云开村委会附近的一座小山坡上。2013 年重修，占地面积约 200 平方米，纪念碑座刻有在解放战争时期为革命牺牲的 15 位烈士名字。

　　枫木村革命烈士纪念碑　位于新宝镇枫木村肖村马古地。始建于 1977 年，纪念碑占地 270 平方米。碑座刻有 23 位在解放战争时期及在中华人民共和国成立初期参加剿匪牺牲的烈士的名字。

　　罗汉烈士纪念亭　位于北界镇罗汉村委会内，始建于 2012 年，占地面积约 50 平方米，纪念亭前立有一尊罗汉烈士雕像，亭围墙镶有罗汉烈士简介及革命事迹碑刻。

　　梁尚文烈士墓　位于东镇街道尚文居委会山坡村的山坡上，占地面积约 100 平方米。2008 年，信宜市人民政府在墓前立有一块石刻碑志，介绍梁尚文烈士的革命事迹。

熊飞、亚黎烈士墓　位于茶山镇平田村芋荚塘路口旧公路旁，1984年，该墓为茶山镇平田村群众为解放战争时期在平田村英勇献身的熊飞（熊宜武）、阿黎烈士而建。每年清明节，当地中小学均组织师生前往扫墓。

古令黎竹岗烈士墓　位于朱砂镇古令村委会。据《信宜县志》记载：1949年11月26日，国民党鲁道源兵团五十八军二二六师窜抵安莪桥头铺附近，二六五师窜至黎竹岗、径口、金垌、米场一带。中国人民解放军第四野战军十五兵团四十三军一二七、一二八、一二九3个师，于同日挺进东镇、池洞、排田、朱砂一带，将国民党五十八军包围。27日拂晓，解放军一二七、一二九师分别向黎竹岗和桥头铺之敌二六五师和二二六师发起进攻，歼敌千余人，敌军分别向容县黎村和杨村溃逃。此次战斗，解放军也有伤亡，牺牲人员中包含一位姓冯的侦察连长。战后，当地的群众把他们的遗体安葬于古令心口径，并立碑纪念。2011年，古令村村民自发捐资翻修烈士墓，逢清明、重阳，群众自发前往烈士墓拜祭，缅怀他们的丰功伟绩。

大塘墩山顶无名革命烈士墓　位于白石镇大塘墩山顶。据《信宜县志》记载：1949年10月，中国人民解放军第二野战军第四兵团在信宜白石利试被敌机扫射，有九位战士不幸中弹牺牲（姓名不详，均为男性），后合葬于白石大塘墩山顶，成无名烈士墓。2016年，白石镇人民政府重修该烈士墓。

历史文献资料

信宜县委给省委报告
—— 暴动的紧急决议，暴动的策略，失败的各方面观
（一九二八年一月十七日）①

省委：

我们信宜的暴动在去年十二月十五开幕了，这次暴动当中，曾交南路交通局转去报告一件，想蒙阅悉了，现在暴动的策略已失败了，部队已退走了，中间经过原委，自应详细报告一下：1. 暴动的紧急决议。2. 暴动的策略发泄。3. 失败后的各方面观。

（一）暴动前的县委紧急决议 —— 去年十二月十五之前十余日，南路的风声鹤唳和信宜的惊魂动魄的表现，已发现许多事实了，一方面因防军太少并且游魂无主，一方面因广州大暴动后，全省人心恐怖，有这两种原因，一般土劣，大有"食不甘味，寝不安席"的状态，信宜反动县长杨伟绩，深恐我们马上暴动，便召集全县土劣开了数次秘密会议并催土劣筹军费五六千元，集合全县反动的民团和县兵二三百人来我们同志全归处的怀乡，搜检我们同志，和威吓民众。我们老早拟将这反动县长和他的走狗歼

---

① 本文选自《信宜党史资料·第一辑》，中共信宜县委党史办公室，1986 年。

灭，因离我们部队太近，准备不及，他竟硬头皮走了。反动县长走了之后，县委旋开紧急会议，决定日期暴动，但在未暴动之先，有最值考虑者有三：1. 全县无农会组织，暴动起后，缺乏农民拥护——在未清党前，本有农会三区，但仅成立三天，即被防军蹂躏，绝未经过训练和武装的准备；2. 被运动的土匪虽有七百余人，但要求开拔费一千元，无法筹借；3. 潜伏的力量甚大，往日有警，一声螺角，马上可召集千数百枪应战，有这三种困难，煞难定出精密的暴动计划了，农民基础既少，暴动需要较大的武装力量，才能应付防军和民团，但全数开拔七百余土匪暴动，我们又无千元的力量，最后才解决，未暴动之先，秘密领导反动军阀走狗梁达辉、杨芝芬——高雷警备司令的主任，用少数基本队先在一区——怀乡暴动，用护党军名义以欺骗土劣，避免民团的马上攻击，俟将在夺得的地方内筹得巨款后，即开大队直捣县城，以敏捷的手段，收缴反动防军县兵民团的枪械，屠杀土劣，然后才高举国际的旗帜，高呼 C. P. 万岁的口号，决议是这样的。

（二）暴动的秘密发泄，县委决议后，马上召集基本队廿五名藏短枪入第二区怀乡市内，于一二·一五黑夜一句钟袭击第七区区团局和第二区区署，敌不及防，不敢发枪，均自动的缴械，当场拘捕区长周植成一人，击毙反动团兵二名，旋又枪决区长，十六日即发粜公仓的谷，得数百元，迅即派人持款拔口运动的土匪，殊不知开队的专员刚去，而土劣已侦知我们挂动招牌的决议，马上召集全县民团千二百余人，进攻我军，并一面催防军救援，未两日防军和民团便把我军五十余人围得非常密合，我军高举红旗，坚守待援，防军民团猛攻数次，卒没法将我军击走，我军坚守十余日，而援军不至，并且粮食已绝，遂冲围退走，防军民团不敢追击，原有的枪支和同志，无丝毫损失，援军所以迟至，因土匪听见防军民团的声势浩大，作战全无决心，多方推诿，遂把一场大暴动的计划，变为小暴动，由小暴动而归于失败，殊为可惜。

（三）失败的各方面观：1. 反动防军方面，我军退走后，反动军队遂把负责同志的屋子，搜查钉封，并捕去罗□英同志亲属五人，均不敢危害性命，扣留数天放还；2. 民团方面，虽一时为土劣利用，但经我扩大宣传后，均不表示恶意且有因暴动后，而请愿加入本校者；3. 农民方面，经此次暴动后，大半认识 C. P. 的真面目，发展同志，比前速数倍，第二次暴动，也许不久又要发作了。

关于策略，请省委时时指示！许久不见有中大学的通知，为什么？

信宜县委　　罗克明　朱也赤　陈业之

附录六 红色歌谣、歌曲

革命歌谣

我哋工农兵，几万万兄弟，流落穷鬼县，一世复一世，工厂当牛马，田园当奴隶，战场当炮灰，打死无数计，怎样过一世？想下真蚀底……想出头无乜计，人多本应势力强，我哋唔通系衰仔？已经无路行，只有去奋斗。地主要杀清，一个无走漏，没收佢田地，大家分到够，工农一起来，城市归我有，士兵调转个枪头，军阀变成丧家狗，呢阵时，做一番好世界，组织苏维埃，肃清反动派，有福大家享，土地革命大成功，工农万岁万万岁！

编者注：此歌谣是广东省农民协会委员梁本荣创作编唱。他用此歌在家乡思贺寨岗村和思贺圩上，运用街头演讲和教唱白榄等形式，召集群众宣传革命道理，发动农民要组织起来谋求解放。这首歌谣曾流传全县。

农民苦

六月割禾真辛苦，点点汗滴禾下土，田主们快活收租，哎哟哎哟，田主们快活收租！无钱无米活家小，儿女无知偏号啕："亲爹娘，肚子饿了！"哎哟哎哟，"亲爹娘，我肚子饿了！"田主收租真太过，把我谷种拿走了，明年时不知怎样，哎哟哎哟，明年时不知怎样！

编者注：1926 年春，中国共产党党员罗克明回到怀乡地区，发展组织共青团员成立醒民剧社，运用办识字夜校、教唱革命歌曲、公演话剧和个别谈心等形式，开展农民运动。集体创作话剧《仇恨》《火烧屋》《盲婚之害》《教书先生》等和革命歌谣《农民苦》《国际歌》《犁头歌》等，在全县传播，其中《农民苦》流传最广。

民谣两首

呃呀噫，日子又长粥又稀，粒米落镬三缸水，揾得命生唔想肥。

荔枝农会真威风，勇斗劣绅李筱松，犁头红旗迎风展，一方恶霸变狗熊。

编者注：1926 年，在信宜农民运动迅速发展和革命歌谣迅速传播的情况下，民间又不断创作了较多的民谣，以上两首流传较广。

夜校自谣

神集聚。难料中年登学府。夜灯虽暗勤如故。
交流品质和文数，皆师傅。工农结合提新步。

编者注：1939 年 2 月，广雅中学迁到信宜县水口村，中共党组织通过学生团体在附近农村兴办农民夜校，由广雅同学捐赠款项供应纸笔、书籍与照明，当义务教师，入校者多为中青年农民，促进了学生与工农结合。

囚徒壮歌

为什么——春天里百花枯萎，我们见不到阳光，吸不到新鲜空气？

为什么——国家处在存亡关头，无数爱国健儿，被关进囚牢里？

国家兴亡，匹夫有责，救国有罪，谁是国贼？

威吓不惧，酷刑等闲，头颅可断，志壮河山！

难友们！——站起来吧！我们歌唱，我们欢笑！

让我们嘹亮的歌声，冲破那重重乌云。让我们胜利的欢笑，迎接大地的春光。

啊！到那春暖花开的时候，便是我们的幸福！

啊！我们永远幸福！

编者注：1945年春，全国明组织起义被捕。他在狱中英勇不屈，坚持与反动派斗争，直至抗战胜利时恢复自由，继续革命。1945年5月4日"国际青年节"，他在国民党信宜县府监狱中边写边唱这首《囚徒壮歌》，由狱友梁德仁打拍作曲。

大事记（1924 年 1 月—1949 年 10 月）

1924 年

1 月　马克思列宁主义开始在信宜传播。

8 月　信宜中学出现《新青年》《向导》《红旗》《少年先锋》《共产主义问答》等宣传马列主义的书刊。一批思想进步的青年学生积极传播马列主义和"三大政策"。

1925 年

12 月　中共广东区委派党员罗克明回怀乡，梁本荣回思贺开展工农运动，并建立中共党组织。

1926 年

1 月　罗克明在怀新小学吸收潘定耀（潘成耀）、陈维世、雷永安 3 人入团，建立起第一个共青团支部，并以团员为骨干办识字夜校和成立醒民剧社，向农民宣传革命道理，组织农会。

5 月　信宜县学生联合会、信宜县青年社成立，由中共党员潘汉文（信宜中学学生）任会长和社长。青年社和学联组织青年学生大力宣传"联俄、联共、扶助农工"三大政策，并培养和吸收党员、团员。

6 月　梁本荣在思贺地区建立起 10 多个乡农民协会，成立

"广东省思贺特别区农民协会筹备处"。罗克明在怀乡地区组织有扶龙、云龙、榕垌、怀乡、平梅、洪冠、木辂等 10 多个乡农民协会。到月底，全县农会会员共 10 093 人。

7 月 怀乡地区农民代表大会在怀新小学召开，到会代表及列席群众 300 多人。大会由罗克明主持，大会通过区农民协会章程及决议，选举产生区农民协会委员会。此时，中共广东区委把原在警官学校学习的党员陈业之派回怀乡，协助罗克明建党、建团。

7 月中旬 南路农协办事处派总干事朱也赤到东镇，同中共党员梁泽增一起，在刘家祠组织青年读书会，大力宣传十月革命和马克思列宁主义，宣传反封建、提倡自由平等新思想。

8 月 荔枝乡农会联合附近几个乡的农会 100 多人，斗争霸占农民水埗建屋、破坏农田水利的恶霸地主李筱松，押解游街示众，限令赔偿损失。

11 月 龙水乡 2 000 多人在大甲村闵家祠堂召开大会，成立龙水乡农民协会，闵靖平被选为主席。数天后，闵靖平组织 10 多名会员前往双山，限令恶霸地主甘雅轩和甘景周把囤积居奇的 1 000 多担稻谷以平价卖给农民。附城各乡亦分别清算斗争了梁伟文、李耀文、李丽江、陆肖汝四大恶霸。

1927 年

3 月中旬 南路农协办事处主任黄学增派梁承枢回信宜，加强对农会的领导，使农会组织迅猛发展。到 4 月中旬，会员达 4 万多人。

4 月 蒋介石在上海发动"四一二"反革命政变后，4 月 15 日凌晨两点，南路常务视察员梁本荣等 15 名同志在阳江县党部被

国民党反动派逮捕，数天后被押解至广州监禁。1928 年 9 月 5
日，梁本荣被杀害于黄花岗。

是月 信宜反动县长杨伟绩公开反共，派黄延桢部逮捕信宜
中学校长刘力臣，信宜小学教师谭昌智、吴培光和梁翠明 4 人，
并下令解散各地的农会，开除进步学生、共青团员杨万元、陈其
新、陈其昌、张凯如、叶大华、陈鸿耀等数十人学籍。

5 月下旬 朱也赤和罗克明在陈业之家里召开党团骨干会议，
传达南路革命委员会有关组织武装斗争的决定，会上朱也赤宣布
成立中共信宜县委会，由罗克明任书记，朱也赤、陈业之任委员。
县委下辖怀乡、东镇两个区委，潘定耀任怀乡区委负责人，邓世
丰任东镇区委负责人，县委机关干部有张树年、陈文炎、孔昭然、
叶乙帆（叶雪松）等。同时宣布成立共青团信宜县委，张敏豪任
书记，罗翘英负责组织，杨万元负责宣传，兼任信宜中学团委书
记。会议还决定成立信宜革命委员会，由罗克明任主任，陈业之、
张树年、高君策、张敏豪、陈文炎为委员。下设组织、武装、宣
传、粮食四个股。由罗克明、陈业之、张树年、陈文炎分别兼任
组织、武装、粮食、宣传各股的负责人。

10 月中旬 朱也赤和罗克明召集县区干部开会，传达中共
广东省委《最近工作纲领》，按照省委关于"现在的暴动不应停
止，而应努力扩大"的指示，决定发展同志筹集枪械，组建部
队，并派人联络县内绿林帮会武装，争取他们参加暴动。随即
由党团员组成 50 多人的骨干队伍，配备长短枪 30 多支，秘密
进行军训。

12 月上旬 中共信宜县委在怀乡大番洞的奎光小学召开县区
干部会议，传达省委"配合广州暴动"的指示，决定用"国民革
命军护党军"的名义举行武装暴动，先打怀乡国民党区署和区团

局夺取枪支和粮食后，再汇合帮会武装，直捣信宜县城，并成立了起义司令部，由朱也赤任司令，罗克明为副司令兼信宜县县长。司令部下设5个组，粮食组由潘定耀、罗翘英、赖松茂3人负责；枪械组由陈业之、叶大英、高海亮、高业精4人负责；宣传组由高业英、陈继、雷永安3人负责；文书组由张敏豪、张信豪、杨万元、杨叔庆4人负责；交通组由陈维世、杨万禄、李元英3人负责。另派梁泽增、邓世丰、赖伯全、刘克家留在县城和东镇，以便在进军县城时做内应。

12月15日　在中共南路特委和信宜县委的领导下，举行怀乡暴动。是日，朱也赤和罗克明率领25名精干武装人员，集中在大路底村陈业之的家里，天黑后即转到怀乡圩，另调集100多名农会积极分子集中到怀乡圩背隐伏。半夜1点，包围七区团局，打死卫兵2名，活捉区长周植盛和区兵10多人，缴枪和子弹一批。当晚在区署门口挂起"广东省信宜县国民革命军司令部"和"怀乡区苏维埃政府"的牌子。

12月16日　在怀乡圩背大营地召开群众大会，宣布暴动胜利和各项决定：一是立即开仓将谷平粜给贫苦农民；二是实行减租减息，废除苛捐杂税；三是解放奴婢、废除买卖婚姻；四是严惩贪官污吏。会上公审区长周植盛，随后执行处决。

12月下旬　朱也赤、罗克明率领党团骨干前往钱排、达峒、分界、罗境等地活动，联络帮会武装，准备再次举行暴动。

1928 年

1月17日　中共信宜县委罗克明、朱也赤、陈业之3人联名写了《信宜县委给省委报告——暴动的紧急决议，暴动的策略，失败的各方面观》，向省委汇报。

1 月 18 日　龙水乡农会主席闵靖平不幸被捕，20 日于镇隆英勇就义。

1 月 26 日　朱也赤奉命前往广州湾，调离信宜。

1 月 29 日　中共广东省委给信宜县委发出《信宜暴动中的严重错误——中共广东省委致信宜县委信》，指出怀乡民运失败的教训和今后的努力方向。

2 月　罗克明转移到洪冠发动群众，组织力量，坚持斗争。2 月 25 日，国民党重新起用杨伟绩任信宜县长。

3 月中旬　罗克明在洪冠地区接到敌军即将前来"清乡扫荡"的情报，即安排骨干分散活动。他和张敏豪、潘定耀转移到钱排达垌，发动群众，开辟根据地。

3 月　国民党信宜县县长杨伟绩亲自率领王干华基干大队"扫荡"怀乡、洪冠地区，拘捕共产党员家属，烧毁罗克明、潘定耀的房屋。

4 月至 6 月　罗克明等 3 人在钱排、达垌重新组建队伍，吸收刘冠周、凌肖和、张凯如等 30 多人加入中国共产党；在达垌、钱排、云开各建立 1 个党支部。

6 月下旬　信宜县国民党当局，侦知我党在钱排、达垌地区重新发展，调来国民党正规军陈铭枢部 3 个营，准备开往钱排地区"扫荡"。中共信宜县委获悉这一敌情，鉴于敌我力量悬殊，决定再次分散隐蔽。罗克明、张敏豪、潘定耀、刘冠周 4 人撤离达垌，前往香港向省委汇报。此后，在敌人的疯狂镇压下，信宜的党组织同上级组织失去联系，革命斗争转入低潮。

是年冬　中共南路特委被敌破坏，朱也赤等特委成员全部牺牲。中共广东省委亦遭破坏，信宜的党团组织失去上级党组织的领导，遂停止了活动。

1937 年

11 月 怀新中学进步师生组织宣传队到圩镇和附近农村开展抗日宣传；信宜中学进步师生亦在县城及附近农村开展抗日宣传活动；东镇在广州等地读书的进步青年回东镇以"太乙社"名义，在东镇圩书写抗日标语，出版墙报《大家看》周刊。随后到梅修书室读书的吴承燊等演出抗日救亡话剧《三江好》，散发《告群众书》，唤起民众共赴国难。

1938 年

3 月 南路"抗日妇女服务总队"成立。郑坤廉兼任总队长，信宜女青年李乃珠、李俊雄首先参加服务队。6 月，信宜籍女青年李晖雅、李宗瑛、李宗媛、李学英、梁惠玲、梁惠荃、陈奋馀等也相继参加服务队，后来她们多数先后参加中国共产党，成为信宜重建党组织的骨干。

7 月中旬 在高州中学读书的信宜县进步学生廖盖隆、杨友德、余荣中和茶山进步青年杨立展 4 人同茂名县进步学生 6 人一道，为追求革命真理，经八路军驻广州办事处介绍，几经艰险，投奔革命，同年冬到达革命圣地延安学习，后加入中国共产党。学习结业留在陕、晋抗日根据地工作。在广州市任小学教师的信宜县女青年谢荃于 9 月到达延安参加革命。

1939 年

1 月 信宜妇女救国会成立。梁瑞珍任会长，李乃珠任副会长（担任实际领导工作）。此后分别在镇隆、北界、怀乡、合水等地集训妇女，开展抗日救国宣传。

2 月 广州沦陷后，广雅中学迁到信宜水口村，取名"南路临时中学"。

5 月 4 日　南路临时中学学生会到信宜城公演进步戏剧《凤凰城》，并出版铅印的《五四专刊》纪念五四青年节，后被国民党县党部的陆祖光追查。钟国祥等六名抗先队员于 6 月份撤离信宜。1940 年秋，党组织重新在南路临时中学活动。

11 月　党组织派张昌仁返回信宜建党。

是月　信宜县战时乡村工作团成立，团员 50 多人，林树辉任团长，中共党员程耀连任副团长主管全团实际领导工作。当时进步青年梁特立、丘壁坚、丘妙英、刘美燧、陈克英、梁志坚、梁巧云等考入信宜县战时乡村工作团。

11 月下旬　中共高雷工委派共产党员曾旭涛、冯冰心、梁毅、梁迪祺、林伟、林惠琼 6 人，由支书曾旭涛带队，以香港学赈会青年回国服务团成员名义到信宜建党。

12 月　学生队第三中队 30 多人，由副队长、中共党员陈有臣率领到达信宜。队员中有共产党员 6 人（李秀山、李绍佑、梁光煊、梁实辉、梁昭恂、梁儒杰），成立党支部，陈有臣任支部书记。

1940 年

1 月　中共信宜县特别支部成立。党员 14 人，陈有臣任特别支部书记，曾旭涛任组织委员，张昌仁任宣传委员，指定程耀连为特别支部的通讯联络员。特支下设支部 3 个。

3 月　张昌仁在信宜中学吸收梁永曦、李湘、林芳 3 人入党，建立党支部，张昌仁任党支部书记。

7 月　中共南路特委派王国强来信宜任特支副书记，加强信宜党的工作。8 月吸收彭之柱、陈瑞荣加入中国共产党。11 月，信宜农校吸收朱作彦入党，在农校建立党支部，朱作彦任支部书记。

8 月　中共党员李晖雅在信宜县城同越南难民中的 3 名共产党员，组成一个党支部，开展抗日宣传和反法西斯教育。

9 月　信宜中学的共产党员除已毕业离校之外，尚有党员 3 人即李泽均（李毅、李林鹰）、梁肇庆、林树藩，建立党支部，李泽均任支部书记。

11 月　中共信宜县特支举办第一期党员学习班，由陈有臣主持，地点在怀乡竹头窝丘妙英家里，为期 10 天。

12 月　中共信宜县特支举办第二期党员学习班，由陈有臣、王国强主持，地点在镇隆猪六窟的根竹园，主要对党员进行政治思想教育。

是月　陈有臣调离信宜，王国强接任中共信宜特支书记。

1941 年

1 月　中共南路特委把特支改为特派员制。委任王国强为信宜县特派员。

2 月　党报发行站在东镇成立。由党员朱作彦、颜沛勋、吴承燊、陆仁英等人负责发行。这工作一直坚持到 1945 年 8 月抗战胜利止。

是月　中共南路特委派陈其辉到信宜担任副特派员，协助王国强领导建党工作。

3 月　南路特委书记梁嘉到信宜指导工作，具体审查党员，对信宜党组织进行整顿。

是月　中共广雅中学党支部改选，梁永曦任支部书记，梁光煊、张昌仁、林芳任支委。

9 月　南路特委派全国明到信宜岭东中学读书，进行建党工作。钟江到信宜中学读书，任信宜中学党支部书记。

是月 南路特委调外地党员郑夏、郑诚、李一鸣、叶琼森进入广雅中学读书，做学生工作。整党后，广雅中学设立党支部4个，分别由郑永成、郑诚、梁永曦、李一鸣任党支部书记。同月南路特委调中共党员邹汉尧（邹贞业）到信宜农校，以当教师作掩护，在学校开展党的工作。

12月初 中共党员林芳、梁永曦因政治面目暴露，信宜党组织把他们撤离信宜，由南路特委派往钦县工作。林芳于1945年在钦州小董起义后被捕，英勇牺牲。

1942 年

4月 王国强以《高州国民日报》特约通讯员的身份作掩护、公开在信宜县城、水口、东镇、怀乡、大垌塘、大垌、金渠塘等地活动，并以广雅中学为重点，信宜中学、信宜农校为附点，加紧发展党员，注意培养工农分子入党。

6月 信宜农校党支部通过读书会、歌咏队、剧社等组织，团结青年，宣传抗日，秘密传播马列主义，培养建党对象。

1943 年

2月 日军侵占广州湾，雷州半岛沦陷。中共南路特委号召党员发动群众，开展各种形式的抗日武装斗争。中共信宜特派员王国强指示党员，加紧开展抗日宣传，广交朋友，发动群众，积极发展党的组织，为开展武装斗争创造条件。

5月 信宜农校党支部组织民主宪政讨论会。

是月 信宜党员已发展到74人，除外调10人外，仍有党员64人。

是月 南路特委调王国强去吴川工作，由在信宜师范以音乐教师身份作掩护的陈志辉接任信宜特派员。

1944 年

2 月 茂信边境的柴口建立 1 个中共党支部。支部书记由梁特立担任,党员有罗荣华、任肇基等,属信宜地下党领导。9 月,陆百钟在广雅中学加入共产党。

11 月 中共南路特委任命陈华为茂(名)、电(白)、信(宜)地区特派员。陈到任后即向三县特派员传达特委关于组织武装队伍,在 1945 年春节前后举行武装起义的决定,并布置各县大量发展秘密游击小组。

1945 年

1 月中旬 中共茂电信特派员陈华在凤村向陈志辉传达特委决定,并布置陈志辉回信宜立即组织武装起义,由陈志辉任指挥,先成立一两个大队,目标是建立一个团,团长、政委另定。大队长以下由陈志辉决定呈报上级委任。计划以信宜东部的古丁、马贵到朗韶、大坡、云潭至茂电阳边境为根据地。

1 月中旬 陈志辉回到信宜后,派全国明到怀乡、安莪等地组织武装力量,计划建立一个大队。派钟江到茂信边界的清垌组建一个大队,任命杨超文为大队长,钟江为政委。同期,陈志辉到大垱塘村召开骨干会议,部署起义工作。

2 月 2 日 信宜特派员陈志辉到大垱塘村领导武装起义。

2 月 信宜特派员陈志辉鉴于桃榔起义失败后,部分党组织遭到破坏,决定采取"隐蔽待机"的方针,分别不同情况,对党组织和游击小组全面进行调整。

9 月　中共信宜特派员陈志辉布置党员叶鑫章利用社会关系，进入信宜县城民众教育馆当馆长，搜集敌方情报；由党员梁景燊出面，介绍杨进瑞到小水中心小学任教师；党员杨叙庆、黄源传（黄沛霖）到茶山小学任教，建立起新的工作基点。

10 月　王国强第二次调任信宜特派员。陈志辉调离信宜到电白工作。

是月　王国强到信宜后，通过廖抡万介绍到怀乡中垌小学，以教员身份作掩护，领导全县党的工作。党的领导中心转移到中垌。

11 月　参加吴川起义的党员林植民奉命返到信宜，王国强派他回桃榔东、西乡恢复该地区工作。

1946 年

3 月　茂电信特派员陈华决定，把茂北地区划归信宜党组织联系。

4 月　陈华把党员张虎从茂北调来信宜工作。8 月，张虎又被调回茂北。

5 月　陈华到中垌廖育万家里与王国强研究决定，把茂电信武工队 20 多人调到信宜开辟地区，建立基地。途中发生小水战斗，队长郑奎，队员杨康日、张贵、杨亚松 4 位党员被俘杀害。

7 月　茂电信特派员陈华根据南路特派员吴有恒的指示，调王国强任茂电信军事特派员兼茂名县特派员，任命郑光民担任信宜县特派员。

8 月　为加强农村工作，郑光民把在农校高中毕业的党员吴汉英派回白坡发展游击小组，开辟地区。先后吸收吴汉师、吴国崇、赖长隆、谢万全（谢建民）等入党。由吴汉师负责农校工作。吴国崇、赖长隆则协助吴汉英开辟白坡小水片工作。到 10 月，吸收黄凤等十多人参加游击小组。不久，活动区域扩展到六定，与党员叶正海活动的地区连成一片，成为后来的东镇、岭砥、池洞、小水地区的秘密游击区。

是月 为创建山区游击区，中共信宜县特派员郑光民选择云开、钱排、合水为据点，由李振荣、吴承孚等党员到云开、合水（新东中学）开辟山区游击据点。

是月 郑光民与李振荣到云开组建游击小组，开展对上层人士的统战工作。

9 月 信宜中学在改选学生会时，党员颜沛勋、陆百钟、梁盛权发动学生，揭露反动校长林水湛所培植的"三青团"分子当学生干部的阴谋，结果，颜沛勋被选为学术股长，主持出版《信钟》墙报，登载反对内战的文章，宣传党的政策。同年 12 月，又发动学生拒绝参加"三青团"。

10 月 为创建信宜大雾岭游击基地，打通信宜与茂北的联系，郑光民和党员李乃珠、袁李光和张亚珍在大成圩开设"新就"杂货店，用公开的商人身份作掩护开辟大雾岭山区游击据点，以党员陆仁英、吴汉师、冯宗枢等为骨干，组建交通情报网，领导信宜全县和茂北的工作。直到次年 4 月下旬发现有敌情，才关闭该店，撤离大成圩，转入农村继续发展大雾岭游击区。

12 月 为加快开辟大雾岭山区，信宜特派员郑光民把茂北武工组的周文莲、李文新、胡风惠、冯宗枢 4 人调到大成埇尾地区，以武工队的形式巡逻放哨，开村民大会，宣传教育群众。

1947 年

2 月 春节期间，特派员郑光民在云开举办一期党员学习班。

是月　把信宜大雾岭山区与茂北山区连成一片，建立革命游击基地。

3月　加快开辟农村根据地，建立信宜"中区"游击斗争基地。

4月　为把信宜与茂西连成一片，创建信茂边游击基地，信宜地方党组织派党员何逢林到大应山脉和茂西的大井、清垌、德新、潭头等地开辟新游击区，以镇隆附近的农村为中心。

5月　调杨麟到茂北的黄塘、石骨地区担任武工队长，由李文新、俞钧、廖振海、周宗岳、黎日坤、黎武、黎金耀、黎佰荣、梁枫、梁桃图、打铜佬等人组成武工队。

6月　信宜党组织派周文莲率领武工队员周文杰、冯宗枢、张立群、陆三哥、陆胜、周月、余芝惠、周群等到良德、均圩、大成、白石、古鼓垌等地开辟地区。

是月　中共茂名中心县委成立，统一领导茂名、电白、信宜三县工作。粤桂边地委任命王国强为中心县委书记，林其材为副书记，郑光民、钟正书、钟永月为委员。

7月　郑光民先后吸收列玉阶、任冠英、蔡培清、冯宗枢、夏以勤、黎日坤、俞辉入党。并布置俞辉在镇隆保校任教员，从事地下革命工作，俞辉即与在德新乡保校任教的游击队员陈世炎秘密印刷党的刊物，在信宜县城散发。同时，调陆明章、袁李光、张亚珍、何逢林到大应岭山区至德新乡、清井一带负责工作，初步打开信宜与茂北、茂西边境的山区走廊地带。

8月　茂名中心县委派党员陈达增回信宜做内线工作，陈达增曾任国民党第七区保安司令部参谋主任，回信宜后任信宜师范军训教官、信宜县自卫总队副总队长。

9月　为加强信宜与茂名边境和县内党组织的联系，县委决定在县城镇隆周围建立一批交通联络站，信宜党组织负责人郑光民在信茂边境的镇隆德新乡大�村蔡培清（党员）家和梁萃明家建立交通联络站，专门负责领导来往联系。

12 月 撤销茂名中心县委，成立中共茂电信地工委。

1948 年

1 月 王国强在北内黄廷新家里召开该地区骨干分子会议。传达粤桂边地委的指示，决定迎接东征部队到信宜，立即扩大游击区，建立群众基础，筹枪筹粮，组建武装部队，配合东征部队作战。

2 月至 3 月 原在茂西工作的陆明章，已发展一批游击队员，开辟茂西游击区，使上茂西与下茂西连接起来。从吴川调到信宜的游击队员庞斗才调到中垌负责出版党的刊物兼做群众工作，后被吸收入党。从此，中垌成为粤桂边纵队第五支队和信宜党组织主要领导成员的活动基地。

4 月中旬 南路人民武装部队东征支队 800 多人，在粤桂边委委员欧初，团政委罗明，团长黄飞，副团长黄东明、涂沙（涂明坤），政治处主任陈军的率领下，由茂电信地工委委员车振伦陪同 15 日到达茂北伍村，欧初即写信约王国强下来带队伍入信宜活动。部队途经四方田、云开、白鸡岭、楼垌、渤垌、沙子、合水，并与敌发生战斗。

5 月 王国强根据信宜敌军已在钱排、合水地区"清乡扫荡"的新情况，即在平田附近农村召开"天津区"主要骨干会议，部署反"扫荡"斗争。

6 月下旬 茶山手枪队组成。

7 月 中共茂电信地工委把梁平调来信宜负责城镇和青年学生工作。

8 月 茂电信地工委书记王国强从粤中返抵信宜后，即在中垌召开骨干分子会议，会上在总结前段反"扫荡"经验教训的同时，传达粤中分委书记冯燊"放手发动群众，迅速建立主力部队"的指示，部署反"扫荡"工作。

是月　中共茂电信地工委决定成立中共信宜县委员会。由地工委委员郑光民兼任县委书记。

11 月　中共信宜中区工作委员会成立。吴汉英任书记，吴国崇、张强等任委员。

1949 年

2 月上旬　梁景燊、吴汉英在中垌地区组织起 70 多人枪，成立一个武装中队，代号为"叶挺"中队，袁李光任中队长，廖琼华、陆胜任副中队长，下辖 3 个分队。

2 月 18 日　"叶挺"中队开抵云开同"博古"中队会师。王国强到云开，宣布成立信宜独立大队，代号"若飞"大队，下辖"博古""叶挺"2 个中队和 1 个短枪队。

2 月中旬　信宜西区武工队组成。

3 月上旬　信宜天、地、日、月、星、辰等交通站分别成立。信宜交通总站"天站"设在信宜西区陂底铺地方的大田坳村，由区委委员汤志道直接领导（后是谢树权负责），初由中共党员莫伟光任站长兼交通员，后于 4 月间调黎冠高任站长兼交通员。该站建立后，在接待来往同志，传递信息、情报和转运物资等做了许多工作。"天站"建立后，除同党员彭之柱负责的信宜县城交通站联络外，还同在马坑建立的"地站"（由陆百钟负责），在岭砥建立的"日站"（由罗绍富负责），在双垌建立的"月站"（由黎日荣、叶道明负责），在安莪建立的"星站"（由黄典初负责），在北界罗鸦埇建立的"辰站"（由黄裕民负责）直接联系。

3 月上旬　中区武工队成立。

3 月中旬 茂信两独立大队在云开活动时，为便于统一指挥，梁景燊请示王国强同意，把这两大队合编成立第十二团，经组织决定，梁景燊任政委、梁甫任团长、刘绍兰任副团长、李振荣任参谋长、罗强任政治处主任。

3 月中旬 县委委员张虎在信宜西区组建起西区区中队（长东队），队员 30 多人。

3 月下旬 奉命回云开地区扩充军备的黄豹在罗罅组建起 30 多人的“罗罅”中队，做好绅士张磐石的统战工作，收缴张姓的族枪 30 多支。由黄豹任中队长。

3 月 “若飞”大队和“大钊”大队在茂电信地工委书记王国强主持下，集中在罗定县云沙角进行整军。

4 月初 中区区中队成立。全队 30 多人，下设 3 个分队。吴汉英兼指导员（后依次由张强、钟家佑、李时芬接任），刘周泓任队长（7 月后，调陆胜任队长）。该队活动于东镇、竹山、白石、岭砥、丁堡等地。进行收枪筹粮、锄奸和动员青年参军等活动。

梁枫、杨大鉴到云浮西山建立信（宜）西（山）大队，王国强任命党员杨大鉴为大队长，黎金耀、杨节三为副大队长。全队成立之初有 200 多人，下辖 5 个中队，杨才荫、杨贤七、杨才安、韦业球、杨才承任中队长。该大队初在西山活动，5 月中旬整编为 70 多人，由杨大鉴率领到信罗边境的分界活动，属第十二团指挥。

4 月上旬 “天津区”又组建一批队伍。在中伙的曹德松、曹荣东组织起 30 多人的“中伙”中队；在林垌的张志才组织起 40 多人的“林垌”中队；在罗定边境的黄豆坪张达英组织起一个 40 多人的中队；在信罗边境的张志祥组织起 30 多人的“邓发”中队。这些中队于同月中旬和下旬先后开到分界地区归第十二团指挥。

4 月中旬　中国新民主主义青年团茂电信地委会成立。由地委委员郑光民兼任团地委书记。信宜县团委工作由林育华和吴汉师负责。

4 月下旬　信宜第十二团再次配合罗定第十四团攻打罗镜圩之敌。

4 月　中共茂电信工委在廉江县游击区某地召开会议，参加会议的有全体工委委员。会议由王国强主持，梁广、温焯华到会作了指示。区党委书记梁广宣布组建中国人民解放军粤桂边纵队第五支队，任命王国强为第五支队司令员兼政委。

是月　根据粤桂边区党委指示，中共茂电信地工委改为高州地委，其领导成员除原有不变外，新增陈兆荣为地委副书记。

5 月初　"天津区"党组织负责人叶锦、俞钧在第十二团转移到信罗边境后，再次在云开地区组建起一个 110 多人的大队，由高州地委书记王国强任命黄伟昭（统战对象）为大队长，张世祥为副大队长。大队下辖 3 个中队，第一中队是"罗镰"中队，由黄豹任中队长，第二中队由张其焕任中队长，第三中队由黄奕世任中队长。

5 月 10 日　国民党信宜县长陆祖光调集县警、乡自卫队 800 多人，从湘垌、罗镰、竹垌、楼垌四个方向，分成八路包围云开。

5 月 22 日　为解决春荒缺粮困难，第十二团 500 多人，在政委梁景燊、团长梁甫、副团长刘绍兰、政治处主任罗强的率领下，带着群众 600 多人，从罗定分界出发，远途奇袭国民党的信宜沙子粮仓，俘沙子乡兵 4 人，缴枪 10 多支，夺粮 400 多担。后因取粮时间过长，同钱排、合水两地来援之敌 200 多人发生激战，第十二团即撤出战斗，转移到罗定分界。在沙子战斗中，我"清水"大队大队长叶其猷、战士张国林不幸中弹牺牲。

5月下旬　白坡会议召开。这次会议由中共高州地委书记王国强主持。参加会议的有地委委员、民运部长郑光民，信宜县委书记梁平，委员张虎、全国明、吴汉英等。会上传达区党委关于组建粤桂边纵队第五支队的决定。在内部宣布信宜成立五支十五团，任命全国明为团长兼政委，第十五团下设3个主力连，4个大队，近1000人。原第十二团的政委梁景燊调任西北区区委书记。团长梁甫调任东南区区委书记。同时对今后的工作以武装斗争为中心，扩大主力部队，进一步发动群众，扩大游击根据地，加强统战工作等都做了研究。

5月　信宜地下出版处在信宜西区陂底铺成立，代号"黄河"。

6月下旬　第十五团返回中伙活动，先打函口乡公所，乡兵闻风遁逃。次日即分兵两路：一路由全国明率领，围攻贵子警察所，该所所长黄振明及区警30多人闻风溃逃；另一路由刘绍兰率领前往绿湖，收缴反动族团的枪支。随后，部队返回中伙地区活动。

7月初　中共信宜西区区委决定把长东队和长西队合并，编成西区区中队，全队70多人，任命何超为中队长，区委委员汤志道为指导员，梁鉴轩、林儒栋为副中队长，韦芝梅为文化教员。另外成立一个15人的突击队，李雄任队长，罗汉任代理指导员，赖彪任副队长。区中队组成后，积极筹粮收枪和开展群众工作。

7月中旬至8月上旬　中共高州地委遵照华南分局指示，准备为城市输送大批干部，以便交给军管会使用，并准备开办革命青年训练班，培养大批财经干部，即在信宜陂底铺（现坡岭）连续举办了三期干部学习班，培训干部。

7月24日　半夜，西区区中队和中区区中队智取万安乡公所。

7 月下旬　北区区中队成立。区委书记梁景燊兼指导员，区委副书记简常兼中队长，副中队长何立纪，文化教员余克仁。全队共 40 多人枪，后扩大到 80 多人。

8 月 1 日　经中共中央批准，中国人民解放军粤桂边纵队宣告成立。纵队下辖 8 个支队，在茂电信地区活动的第五支队归中国人民解放军粤桂边纵队序列。

8 月 3 日　第十五团在罗定县罗镜圩附近的橡子山集中整训。后由五支司令员王国强主持举行誓师大会，决定乘云开敌军撤走之机，重返云开地区，镇压反动分子，扩大群众基础。由黄豹率宋志良、张德等 10 多人，组成前锋突击队，先潜抵云开。随后王国强、全国明率领第十五团进驻云开，召开群众大会宣讲当前大好形势，坚定群众必胜信心，广泛开展群众工作，发动青年参军，壮大地方部队。

8 月中旬　中共信宜县委和第十五团党委在中垌召开联席会议，会议决定兵分三路，主动出击消灭敌人有生力量。

8 月　南区区中队在云开成立。全队有 30 多人枪，黄豹任中队长，张其焕任副中队长。下设两个分队。

9 月 4 日　第十五团从内线陈达增处获悉，县自卫队即将进犯云开，当即决定撤离云开，转移到外线作战。7 日凌晨，第十五团从渤垌进军到锦衣，在过河时与敌军一个连发生遭遇战，第十五团先发制人，冲锋过河，打得敌军措手不及，仓皇逃命。第十五团俘敌 40 余人，缴获长枪 30 多支和军用品大批。8 日，第十五团转移到茶垌岭上时，与尾追的信宜县自卫总队和县警、乡兵、保丁近 1 000 人发生激战。在战斗中，第十五团击退敌人多次进攻，毙伤敌军 40 多人。第十五团战士廖全万等 3 人英勇牺牲。11 日傍晚，第十五团子弹快要打光，全国明团长即下令部队交替掩护，分批撤退，手枪队队长宋志良断后。宋负伤坚持到子弹打尽，最后从山上滚下山脚，安全归队。部队转移到中垌隐蔽。

9月下旬 为配合主力部队全面开展武装斗争，减轻云开游击区的军事压力，中共信宜县委指示各区地方武装积极活动，四面出击，吸引与打击敌人。

9月下旬 中共信宜县委再次在中垌召开会议，地委委员郑光民，县委书记梁平，副书记杨飞，委员张虎、吴汉英、全国明等出席会议。会议主要内容是认清形势，加快步伐，迎接解放，调整工作区域，将全县划分为东、南、西、北、中5个区，并配备各区区委的领导成员。

10月上旬 合水杨梅地区建立起一个中队，有80多人，卢彬林任中队长。

10月中旬 信宜西区第二区中队组建，全队七十多人。罗超群任中队长，潘彬修任指导员。活动于北界的六云、六训等地。

1947年冬曾和王国强有过通信联系的钱排达垌李高淦，9月至10月间在当地组织起100余人枪的队伍。第五支队司令员王国强即任命李高淦为该大队的大队长。接着由该队解放马贵西（钱排）乡公所。11月初，该队被编入第十五团第六连。

陈赓桃率部队起义。经中共粤桂边区党委和高州地委艰苦细致的思想发动工作后，原国民党广东省保三师第九团1 200余人，于10月15日在梅菉博铺宣布起义。高州地委即派地委委员车振伦到该部队加强领导，挥师北上。第五支队司令部随即采取果断措施，加快解放信宜的步伐：命令第十五团加快向信宜县城进军；通知打入县自卫队的陈达增加紧发动上层军官弃暗投明；命令车振伦、陈赓桃率起义部队向茂信边境进发，准备配合第十五团解放信宜县城。

10月18日 北区、西区区中队，连续攻克石根、大胜2个乡公所，俘乡兵、职员80余人，缴枪70余支，子弹数千发，稻谷 200 余担，并成立 2 个乡人民政权。

10 月 18 日　第十五团向国民党信宜各级党、政、军、警、机关、团体、学校发出通令，命令他们立即停止作恶，保管好资财、枪械和档案，准备向中共信宜党组织移交。

10 月 22 日　五支司令部按原部署的三股力量，实行内外夹攻，解放信宜县城。王国强和全国明率第十五团从信城北面向信宜城直逼；车振伦率陈赓桃起义部队从东面的柴口直攻信宜城；打入国民党信宜县自卫部队任副总队长的中共党员陈达增以劝说陈赓桃部队不要进攻信宜城为名到柴口，经与车振伦商定如何进军信宜城的事宜后，径直回到自卫部队的阵地上做策反工作。就在这时，国民党县长陆祖光不见陈达增回来报告消息，心急如焚，又听到从城东方向传来炮轰信宜城的隆隆炮声，自知大势已去，残喘无望，即率领警卫连仓皇逃命。经过陈达增的策反，信宜自卫部队的官兵同意起义。陈达增即率麦国焜等四百多人宣布起义，解放了信宜县城。从此，信宜历史揭开了新的一页。

10 月 24 日至 28 日　信宜西区第二区中队解放西区，接收国民党二区区署和警察所；第十五团的"叶挺"连和中区区中队向东镇、白石等地进军，接收该地区的区、乡政权；"博古"连和北区区中队向怀乡、贵子等地进军并接收该地区各级政权；同一时间，东区区中队接收合水、思贺、马贵东、西乡的政权。至此，全县各区及下属 36 个乡均宣告解放。

参考文献

1.《中国共产党信宜地方史（1925—2004）》，中共信宜市委党史研究室著，杨豪明主编，中共党史出版社 2006 年版。

2.《信宜巨变》，中共广东省委党史研究室、中共信宜市委党史研究室编，广东人民出版社 1998 年版。

3.《中共信宜党史大事记》（合订本），黄家琛主编，中共信宜市委党史研究室编，2001 年。

4.《信宜党史资料》第一辑，中共信宜县委党史办公室编，1986 年。

5.《信宜党史资料》第二辑，中共信宜县委党史办公室编，1989 年。

6.《信宜党史资料》第三辑，中共信宜县委党史研究室编，1991 年。

7.《信宜党史资料》第四辑，中共信宜县委党史研究室编，1993 年。

8. 除上述参考文献外，其余资料来源于信宜市档案局及老促会资料室。

根据广东省老促会、广东省老区办有关通知的要求，信宜市老促会和信宜市党史地志办共同组织编纂了这本记述信宜老区人民在中国共产党的领导下，开展革命斗争和进行社会主义建设光辉历程的《信宜市革命老区发展史》。为了使这本书在发扬革命传统、传承红色基因、弘扬老区精神等方面发挥作用，我们作了不懈的努力。

2018年4月，信宜市人民政府成立《信宜市革命老区发展史》编纂委员会，启动编纂工作；5月，拟出编写提纲；6月，召开编纂工作动员大会；10月，召开编纂工作加温会；11月，完成组稿进入初审；12月，完成初稿进入复审；2019年12月，通过终审。

《信宜市革命老区发展史》全书设6章21节，约20万字，彩照62幅。第一章、第二章、第三章由杨豪明执笔；第四章、附录一至附录四、后记由曹金华执笔；第五章由卢昆执笔；第六章由杨荣执笔；附录五至附录七由陈智执笔。文稿初审、复审由杨豪明、陈智、卢昆、梁启德、陈洽宗、邓平、曹金华、杨荣负责，全书由杨豪明、梁启德统稿终审。李富海负责校对。韦影红负责电脑录入。

《信宜市革命老区发展史》的编纂，得到市领导和有关单位以及社会热心人士的大力支持。市委常委组织部部长李江霞、副市长梁志毅主持召开该书的编纂工作会议。为该书提供稿件的单位有：市府办、市人大办、统计局、水务局、电力局、广电局、住建局、开发区管委会、教育局、卫计局、旅游局、农业局、科工商务局、交通局、市委农办、民政局，以及东镇街道、镇隆镇、池洞镇、朱砂镇、洪冠镇、茶山镇、怀乡镇、北界镇、金垌镇、钱排镇、合水镇、平塘镇、思贺镇相关科室。谨此，对支持和帮助编纂《信宜市革命老区发展史》的领导、单位及人士，致以衷心的感谢和崇高的敬意。

由于年代久远，时间跨度长，加之编者水平所限，书中难免存在缺陷和错漏之处，敬请读者批评指正。

编 者

2019 年 5 月